転換期のなかの課題と展望

大槻奈巳 編著

青弓社

派遣労働は自由な働き方なのか——転換期のなかの課題と展望

目次

補　論　新型コロナウイルスの影響と派遣労働　江頭説子　248

おわりに　大槻奈巳　263

装丁――北田雄一郎

凡例

本書では、基本的に以下のように適宜略記する。なお、各章の初出は正式名称を表記する場合もある。

- 筆者たちが実施した調査を以下のように略記する。
二〇一九年のウェブ調査をウェブ調査、二〇一七年のインタビュー調査を二〇一七年インタビュー調査、二〇二〇年のインタビュー調査を二〇二〇年インタビュー調査とする。「はじめに」の表1も参照のこと。
- 労働者派遣法は派遣法、二〇一五年に改正された労働者派遣法は二〇一五年改正法とする。
- 産前産後休業は産休、育児休業は育休、新規卒業者は新卒、高等学校は高校、高等専門学校は高専、短期大学は短大、などとする。
- パワーハラスメントはパワハラ、セクシュアルハラスメントはセクハラ、マタニティハラスメントはマタハラとする。
- 日本経済団体連合会は経団連とする。

はじめに

大槻奈巳

派遣労働は自由な働き方なのか。かつて人気を博したテレビドラマの影響もあって、派遣労働を自由な働き方だと思っている人が多いのではないだろうか。担当する仕事は契約によって決まっていて、その仕事だけをすればいい。契約にない仕事をさせられそうになったら断ればいい。職場がいやになったら別の職場を紹介してもらえばいい。派遣労働にはこのようなイメージがあるが、現実もこのイメージどおりなのだろうか。本書ではこの問いを考えたい。

今後、日本の働き方や雇用管理がより仕事基準のものになっていく可能性がある。そのため、仕事を基準にした雇用である派遣労働の動向、働き方や待遇、派遣労働者の気持ちや派遣労働者と正社員の関係を考えることは、日本の働き方の今後を考えるうえで重要な示唆を与えるだろう。

一九八六年に初めて労働者派遣法が施行されたときに派遣労働の対象とされたのは十三業務で、派遣期間の上限は九カ月だった。しかしその後、規制緩和のための改正が繰り返され、派遣労働は拡大していった。

派遣法はこれまで十一回改正されていて、二〇二一年と二二年にも改正法が成立しているが、大きな転換点は一五年の改正である。一五年の改正法では、①労働者派遣事業の許可制への一本化、②労働者派遣の期間制限の見直し、③キャリアアップ措置、④均衡待遇の推進、⑤労働契約申し込みみなし制度が盛り込まれた。

具体的には、第一に、人を替えれば同じ仕事を派遣社員に任せ続けることを可能にした。二〇一五年の改正法後は、労働者派遣の期間は全業種一律に「同一の事業所で三年間」になったが、過半数労働組合と相談して合意を得られれば、四年目以降も同じ仕事を派遣労働者に任せることができるようになった。

第二に、労働者の雇用安定やキャリアアップを図るための措置を盛り込んだ。三年を超えた派遣終了時に、①派遣先に直接雇用するよう依頼したり、②新たな派遣先を提供したり、③自ら無期雇用する措置を講じたりすることを派遣会社に義務づけた。

第三に、派遣会社への監視を強化した。届け出るだけで派遣業を開業できる現状を改め、許認可の条件を厳しくし、国の指導・監督を強化した。

このような変化をふまえ、本書が目的とするのは、第一に二〇一五年に改正された派遣法（二〇一五年改正法）の効果で雇用は安定したのか、派遣労働者の専門性は上がったのかを明らかにすること、第二に雇用の安定や専門性の向上を派遣労働者のライフコース全体を通したキャリア形成過程の分析から明らかにすること、第三に派遣労働者として働くことが人々に何をもたらすのかを明らかにすることである。

派遣労働に関しては経済学的なアプローチが取られることが多いが、本書では社会学的な視点からアプローチし、派遣労働者と社会との関係（他者との関係、行動の影響、過去の経験など）もふまえて検討することをめざした。

そのための具体的な方法として、重層的な調査を実施した。二〇一六年から二一年にかけて、派遣労働者を対象に四回のインタビュー調査と四回のメール調査を実施し、一九年にはウェブ調査（モニター）をおこなった。一六年には、派遣元会社二社、派遣協会、派遣ユニオン、はたらく女性の全国センター（ACW2）に対する聞き取り調査を実施し、一九年には人材派遣会社二社、人材派遣会社ネットワーク事務局一つへの聞き取り調査をおこなった（日本学術振興会科学研究費基盤研究〔C〕「派遣労働のキャリア形成――専門性・職域・年齢制限を軸とした社会学的アプローチ」〔研究代表：大槻奈巳、二〇一六―二〇年度〕として実施した）。

本書の内容を紹介したい。

第1章「事務職派遣労働者の直接雇用転換と選択」（江頭説子）では、事務職派遣労働者の直接雇用への転換に焦点を当てて検証し、直接雇用への転換を推進した結果、派遣労働者は選別され始めたと指摘している。派遣

表1　本書で用いる研究グループによる調査一覧（筆者作成）

調査	概要
2016年 インタビュー調査	2016年12月から17年3月にかけておこなった派遣労働者40人への聞き取り調査。本書では**2016年インタビュー調査**と称する。
2016年 派遣元会社・派遣協会調査	2016年9月から同年3月に派遣元会社、派遣協会２社、派遣ユニオン、ACW2に実施した聞き取り調査。本書では、**2016年派遣元会社・派遣協会等インタビュー調査**と称する。
2017年 インタビュー調査	2017年11月に雇い止めになった派遣労働者２人におこなった聞き取り調査。本書では**2017年インタビュー調査**と称する。
2018年 インタビュー調査	2018年2月に派遣労働者1人におこなった聞き取り調査。本書では**2018年インタビュー調査**と称する。
2018年 メール調査	2018年3月に実施した、2016年インタビュー調査対象者へのメール調査。対象者36人。本書では**2018年メール調査**と称する。
2019年 メール調査	2019年7月に実施した2016年インタビュー調査対象者へのメール調査。対象者23人。本書では**2019年メール調査**と称する。
2019年 ウェブ調査	2019年12月に派遣労働者におこなったウェブ上のアンケート調査（モニター）。本書では**ウェブ調査**と称する。
2019年 派遣元会社調査	2019年7月から12月にかけておこなった人材派遣会社2社、人材派遣会社ネットワーク事務局１つへの聞き取り調査。本書では**2019年派遣元会社調査**と称する。
2020年 インタビュー調査	2020年1月から2月におこなった、2019年メール調査回答者から選定した対象者への聞き取り調査。対象者8人。本書では**2020年インタビュー調査**と称する。
2020年6月 メール調査	2020年6月におこなった2016年インタビュー調査対象者へのメール調査。対象者40人。本書では**2020年メール調査**と称する。
2021年2月 メール調査	2021年2月におこなった2016年インタビュー調査対象者へのメール調査。対象者40人。本書では**2021年メール調査**と称する。

労働者は直接雇用転換の可能性がある者と、雇い止めになる者に二分され始めていて、特定の要因が作用して雇い止めの対象になる可能性が高くなること、そして、直接雇用転換の可能性がある派遣労働者にとって、直接雇用されることを選択しようと、派遣労働者として働き続けることを選択しようと、どちらにしてもそれは、雇用安定措置（直接雇用転換の推進）が引き起こした葛藤の「受諾」であることを論じる。

　事務職派遣労働の自律性について検討するのが第2章「事務派遣労働者の働き方と自律性」（大槻奈巳）である。事務職派遣労働者の働き方は、知識・スキルを蓄積できない、仕事の内容を知らない正社員から指示されることが多い、派遣先都合で契約期間中の契約終了が簡単にできるなど、自律性が低い働き方であることを指摘する。そして、事務職派遣労働者の多くが初職では正社員であること、事務職ではそもそも正社員の働き方さえ自律的でないとみなされていることを示す。さらに、このような「自律的」でない正社員の働き方からキャリアを転換しようとして正社員を辞めることが正規雇用からの離脱を招き、派遣労働者として働くことにつながっていることを明らかにし、派遣労働の自律性を考えることは正社員の働き方の自律性を検討することだと述べる。

第3章「派遣労働を積極的に選択するのは誰か」（鵜沢由美子）では、有期雇用派遣労働を積極的に選び、生き生きとキャリアを紡いでいる人たちを紹介する。待遇や職務選択の自由を重視した結果、あえて有期雇用派遣を選択している人々だ。こうしたキャリア形成を可能にしているのは、需要がある専門性を身に付けていること、それを武器に、派遣元や派遣先を相手にして労働条件について交渉する力をもっていること、高いコミュニケーション能力をもっていること、そして仕事をしない時期があってもすぐには困らない家庭環境や経済状況にあることだった。

第4章「派遣労働の現状と課題――派遣労働者として働く人たちの自己概念に注目して」（田口久美子）では、働き方に関する自己概念と派遣労働者としての自己概念に着目し、派遣労働者による自己の客観的な相対化を通して、派遣労働の問題点や課題を浮き彫りにする。派遣労働に関する研究で派遣労働者の内面に言及したものは少ないが、派遣法改正後の派遣労働者の内面を捉えておくことは、二〇一五年改正法の評価や、派遣労働者の雇用の改善につながるものである。

派遣法の改正が雇用の安定やキャリアアップ研修の実施にどのような影響を及ぼしているか、また派遣労働者が労働にどの程度満足しているかを分析したのが第5章「派遣労働者の働く現状と満足度――ウェブ調査の結果から」（大槻奈巳）である。雇用の安定措置やキャリアアップ研修の実施は限定的であり、これらの恩恵は女性よりも男性のほうが多く得ている。また、派遣労働への満足度を上げる要因は「職場の正社員とコミュニケーションが取れている」「いまの収入で十分一人暮らしできる」「派遣社員として働くことで、新たな仕事上の知識や技術を身に付けた」「派遣社員として働くことで、今までとは異なる業種で働くことができた」であり、満足度を下げる要因は「いつ職を失うか不安」「家計の担い手が自分」「二〇一五年四月から二〇一八年九月の間に契約の更新がなかった」だった。

第6章「事務職派遣労働者の無期雇用派遣転換と選択」（江頭説子）では、「無期雇用」転換に焦点を当て、事務職派遣労働者が「無期雇用」へ転換するプロセスで何を考え、何を基準に選択したのかについて分析する。そして、派遣労働者が多様な就業形態や長短がある契約期間を組み合わせて、就業し続けるというキャリア形成を模索していることを明らかにする。

第7章「二〇一五年派遣法改正が増幅した「正社員」の多様化——無期雇用派遣社員とは：技術者を中心として」（鵜沢由美子）では、二〇一五年改正によって増加した、技術職の無期雇用派遣と「正社員」の実態を検討する。この検討を通して、技術者の無期雇用派遣「正社員」は、一九九五年に日本経営者団体連盟（現・日本経済団体連合会。以下、経団連）が出版した『新時代の「日本的経営」——挑戦すべき方向とその具体策』（新・日本的経営システム等研究プロジェクト編著）で示された労働者の三類型、「長期蓄積能力活用型グループ」「高度専門能力活用型グループ」「雇用柔軟型グループ」を架橋する存在になる可能性があると論じる。一方で、「正社員の代替にしない」はずの派遣法の精神が骨抜きになっている、キャリア形成の困難が伴うなどの課題も明らかにした。

派遣労働者として働く人たちへのハラスメントの実態に迫ったのが第8章「派遣労働者をめぐるハラスメント」（田口久美子）である。なんらかのハラスメントを受けている派遣労働者の割合は女性も男性も三〇％を超えること、セクシュアルハラスメントを受けたと答えた女性の割合は、女性派遣労働者全体のおよそ一五％と高いことを明らかにしている。

補論「新型コロナウイルスの影響と派遣労働」（江頭説子）では、新型コロナウイルス感染症禍の派遣労働者への影響を論じている。派遣労働者たちにコロナ禍の影響を聞くと約六〇％がとくにないと回答するものの、実際には収入が減っているなど生活が苦しくなっているケースもあり、コロナ禍が長期化するなかで、雇用継続の不安やコロナ感染の不安も抱いていた。自分自身が被害に気がつかない「被害の非認識」、社会的な事情で被害を口にしない／できない「被害の沈黙化」が「被害の潜在化」につながる過程をたどり、コロナ禍の派遣労働者の状況を明らかにしている。

読者のみなさんも、派遣労働は本当に自由な働き方なのかあらためて問いながら本書を読んでほしい。

第1章　事務職派遣労働者の直接雇用転換と選択

江頭説子

はじめに

二〇一五年に改正された労働者派遣法が効力をもつ一八年九月を控え、派遣労働者を直接雇用に切り替えることが推進された。しかしその一方で、直接雇用への転換を回避することを目的とした派遣労働者の雇い止めが起き始めた。本章では、二〇一五年改正法の雇用安定措置の一つとして派遣先会社の努力義務となった直接雇用転換に焦点を当てる。

派遣労働とは、派遣労働者と派遣元会社が雇用契約を、派遣元会社と派遣先会社が労働者派遣契約を結び、双方の契約に基づき派遣労働者が派遣先会社に派遣されて派遣先会社の指揮命令のもとで就業する働き方である。そして派遣労働制度は、派遣労働者、派遣元会社、派遣先会社の三者関係による間接雇用が制度化されたものであり、派遣労働を法的に認める目的で制定されたのが派遣法（一九八五年）である。派遣法は、労働者派遣を第一義的に労働力の需給調整システムであると認めている。しかし同時に、労働者派遣に対して人材育成機能を重

表1　2015年労働者派遣法改正の概要

1. 労働者派遣事業の健全化 ・特定労働者派遣事業（届出制）と一般労働者派遣事業（許可制）の区分を廃止し、全ての労働者派遣事業を「許可制」とする ・許可基準、許可条件の見直し ―キャリアアップ支援措置、雇用安定措置の実施に関する事項の追加 ―小規模事業主の資産要件の暫定的な緩和措置
2. 派遣期間制限の見直し ・従来のいわゆる26業務に該当するか否かによる区分、業務単位の期間制限を改め、全ての業務について、次の二つの軸による共通ルールとする ―個人単位の期間制限：派遣先の同一の組織単位（課）で、同一の派遣労働者の継続的な受け入れ→3年 ―事業所単位の期間制限：派遣先の同一の事業所における派遣労働者の継続的な受け入れ→原則3年。過半数労働組合などからの意見聴取を要件として延長可
3. 派遣労働者の雇用安定措置（直接雇用の推進） ・派遣元事業主に、派遣終了後の派遣労働者の雇用安定措置（派遣先への直接雇用の依頼、新たな派遣先の提供、無期雇用等）を義務付ける ―同一組織単位に継続3年派遣見込み→義務付け ―同一組織単位に継続1年以上3年未満派遣見込み→努力義務 ・直接雇用の依頼があった組織単位ごとの同一の業務に、1年以上継続して受け入れている派遣労働者について、その業務に労働者を雇い入れる場合に、優先的にその者を雇用することを、派遣先の努力義務とする ・1年以上受け入れている派遣労働者に対する正社員の募集情報の提供、3年間継続就業見込みの有期雇用、派遣労働者に対する労働者（正社員以外も含む）の募集情報の提供を派遣先に義務付ける
4. 派遣労働者のキャリアアップ支援措置 ・派遣元事業主に、派遣労働者に対する「計画的な教育訓練」「キャリア・コンサルティング」（派遣労働者の希望がある場合）の実施を義務付ける
5. 均等待遇措置の強化 ・派遣元と派遣先双方において、均等待遇確保のための措置を強化する

（出典：「労働者派遣事業の適正な運営の確保及び派遣労働者の保護等に関する法律等の一部を改正する法律案要綱」「厚生労働省」（http://www.mhlw.go.jp/file/06-Seisakujouhou-11650000-Shokugyouanteikyokuhakenyukiroudoutaisakubu/youkou_1.pdf）［2017年8月20日アクセス］をもとに筆者作成）

視すること、そして「労働者全体の雇用の安定」に配慮すること、すなわち正規雇用社員の雇用を脅かさないという政策原理に沿うことを求めた[1]。その後、一九九六年の政令指定業務の大幅拡大、九九年のネガティブリスト方式への転換すなわち業務臨時的・一時的派遣（一年の期間制限あり）の解禁、二〇〇四年の期間制限緩和（例外として最長三年まで可とした）と製造業務の解禁、一二年の日雇い派遣の原則禁止など労働者保護のための規制強化と四度の法改正を経て、一五年の改正に至った[2]。二〇一五年改正法は、①労働者派遣事業の健全化、②派遣期間制限の見直し、③派遣労働者の雇用安定措置（直接雇用の推進）、④派遣労働者のキャリアアップ支援措置、⑤均等待遇措置の強化が盛り込まれた。その概略をまとめたものが表1である。

二〇一五年改正法の雇用安定措置とは、「特定有期雇用派遣労働者等の雇用の安定等のための措置」（第三十条）であり、ここでいう特定有期雇用派遣労働者とは、ⓐ派遣先の事業所などで同一の組織単位の業務に就いて継続して一年以上派遣就業に従事する見込みの者、ⓑ当該派遣元会社事業主に雇用された期間が通算して一年以上である者、ⓒ当該派遣元事業主に雇用された期間が通算して一年以上で、今後派遣労働者として期間を定めて雇用しようとする労働者を意味する。二〇一五年改正法は派遣元事業主に、これらⓐからⓒに対して①「派遣先への直接雇用の依頼」（第三十条第一項第一号）、②「新たな就業機会（派遣先）などの提供」（同項第二号）、③「派遣元事業主での無期雇用」（同項第三号）、④「その他安定した雇用の継続が確実に図られると認められる措置」（同項第四号）のいずれかの雇用安定措置を実施することを義務づけた。

二〇一五年改正法の雇用安定措置について検討する際には、二〇一三年に改正された労働契約法（以下、二〇一三年改正法）での無期労働契約への転換も視野に入れる必要がある。二〇一三年改正法の主な内容は、①「反復更新で通算五年を超えた場合の無期契約への転換」（第十八条）、②「有期雇用契約労働者に対する「雇止め法理」の法定化」（第十九条）、③「有期・無期契約労働者間での不合理な労働条件の相違の禁止」（第二十条）である[3]。二〇一三年改正法と二〇一五年改正法のどちらも法の施行が一八年であることから「二〇一八年問題」といわれ、有期雇用から無期雇用への転換の動きは、二〇一三年改正法の施行が一八年の四月であることから、直接雇用のパートタイマーや契約社員に対して起き始めていた。労働政策研究・研修機構が一六年十月から十一月にかけて実施した調査によると、二〇一三年改正法以降、有期契約労働者から無期契約労働者（正社員を含む）への転換を実施した企業は四一・三％（二千六百八十三社）であり、転換者数は計三万二千三百七十五人（推定）になっている。(4)

本書の「はじめに」（大槻奈巳）で述べたように、筆者たちは二〇一六年十二月から一七年三月にかけて派遣労働者へのインタビュー調査（調査対象者四十人。以下、二〇一六年インタビュー調査）を実施した。その次の調査として一九年度にウェブ調査を予定していた。しかし、直接雇用への転換を回避するために一七年十月ごろから派遣労働者に対する雇い止めが起き始めていたことから、一七年十一月に雇い止めになった労働者二人（うち一人は二〇一六年インタビュー調査対象者）へのインタビュー調査（以下、二〇一七年インタビュー調査）を実施した。また、二〇一六年インタビュー調査の対象者だった派遣労働者の現状を把握することを目的として、一八年三月にメールによる調査（調査対象者三十六人、回答者三十二人。以下、二〇一八年メール調査）を実施した。二〇一八年メール調査の結果、直接雇用に転換した、または直接雇用に転換する可能性がある人が三人（九・四％）、雇い止めになった人が四人（一二・五％）、退職予定者が二人（六・二％）、模索中が二人（六・二％）、育休中が一人（三・一％）、アルバイトで就業が一人（三・一％）、派遣先会社が同じまたは異なることはあっても派遣労働者として働き続けている人が十九人（五九・四％）であることが明らかになった。

本章では、二〇一五年改正法の雇用安定措置の一つとしての直接雇用転換に焦点を当て、直接雇用転換が派遣労働者を選別する機能を持ち始めていることについて、筆者たちが実施した調査をもとにした事例研究によって明らかにしていく。まず、直接雇用に転換した経緯とその決定をしたのは誰かを明らかにし、直接雇用転換の推進が、派遣労働者を、直接雇用転換の可能性がある労働者と雇い止めになる労働者に選別し始めていることについて述べていく（第1節）。次に、雇い止めにされる可能性を高くするのは何か、その要因について検討する（第2節）。また、派遣労働者が選別され始めているなかで、派遣として働き続けている労働者の選択の意味について検討する（第3節）。さらに直接雇用転換の可能性がある労働者の選択の実態が、二〇一五年改正法の雇用安定措置（直接雇用の推進）という外的要因によって労働者に強いられる「受諾」であることを明らかにする（「受諾」の詳細については後述する）（第４節）。最後に、本章から得られた知見をもとに派遣労働者にとっての課題について述べていく。

1　直接雇用転換と派遣労働者の選別

二〇一八年メール調査の結果、直接雇用転換または直接雇用転換の可能性がある労働者が三人、雇い止めになった労働者が四人いることが明らかになった。ここではさらに追加調査を実施した雇い止めになった労働者一人を加え、直接雇用転換または直接雇用転換の可能性がある労働者三人と、雇い止めになった労働者五人の計八人を分析の対象とする。まず、直接雇用転換または直接雇用転換の可能性がある労働者と雇い止めになった労働者の特徴を明らかにし、派遣労働者が雇い止めになった経緯とそれまでの経験について述べる。直接雇用転換または直接雇用転換の可能性がある三人と雇い止めになった五人のプロフィルを簡単にまとめると表２と表３のようになる。

事例①は、二〇一六年インタビュー調査時点で派遣という働き方で就業を継続する気持ちはなく、一六年夏ごろから転職活動をおこなって正社員に転換している。事例①については、二〇一五年改正法と関係なく、自らの意思で転職して直接雇用転換したといえるだろう。事例②は、一七年六月から二年後の直接雇用転換を条件とした時給千二百円の契約社員として働き始めている。現在の状況について事例②は「甘い言葉に誘われて」と表現し、さらに「同じ職場で同じ仕事をしている派遣は時給千六百円をもらっているのになんなのですかね」と時給が低下した現状に疑問を抱きながらも、直接雇用転換の可能性を選択した。事例③は、現在、直接雇用転換に向

表2　直接雇用転換または直接雇用転換の可能性がある3人のプロフィル（筆者作成）

事例	学歴	年齢	派遣歴	派遣数	事業売却などの経験	雇い止めの経験	派遣以外の就業形態経験	備　考
①	大学	20代後半	2年	3	—	—	正社員	転職活動をおこない、正社員へ転換
②	短大	30代後半	5年	8	—	—	正社員	2年後の直接雇用転換を条件とした契約社員に転換
③	短大	50代前半	6年	1	—	—	正社員	直接雇用転換へ調整中

表3　雇い止めになった5人のプロフィル（筆者作成）

事例	学歴	年齢	派遣歴	派遣数	事業売却などの経験	雇い止めの経験	派遣以外の就業形態経験	備　考
④	専門学校	40代後半	11年	4	○	—	正社員	営業力あり 正社員になることの期待があった
⑤	高校中退（専門学校）	40代前半	4年	約20	○	○	正社員 契約社員	親の経済状況の影響あり 職業訓練経験あり
⑥	専門学校	40代前半	7年	9	—	○	アルバイト	事務職転換の手段としての派遣
⑦	大学中退	50代後半	16年半	1	—	—	パート、公務員（現業）、個人事業主ほか	正社員になることへの期待があった
⑧	大学	40代後半	11年半	9	—	—	正社員、アルバイト、契約社員	初めての雇い止め経験

けて調整されている。

二〇一三年改正法の影響で、直接雇用であるパートタイマーや契約社員などに移行し無期労働契約（無期雇用）に転換した労働者は、「多様な形態による正社員（以下、「多様な正社員」）」として位置づけられる。「多様な正社員」とは、いわゆる正社員と同様に無期労働契約でありながら、職種、勤務先、労働時間などが限定的な正社員である。[5] 直接雇用転換または直接雇用転換の可能性がある労働者も、いわゆる正社員とは異なる「多様な正社員」になる可能性がある。

では、雇い止めになった労働者はどのような経緯で雇い止めになり、それまでどのような経験をしてきたのだろうか。ここでは、雇い止めにされる可能性が高くなる要因を明らかにすることを目的に、雇い止めになった五人について詳しく述べていく。

事例④　専門学校卒／派遣歴十一年／事業売却などによる解雇の経験あり

これまでのキャリア

初職＝正社員（十年）→派遣（四年六カ月）→派遣（二年）→正社員（三年）→正社員（三年）→派遣（三年）→派遣（一年六カ月）→雇い止め。

これまでの経験と雇い止めになった経緯

事例④は、初職の正社員としての就業期間が十年と長く、営業・販売員管理の仕事でも業績を上げていたが、就業先の倒産によって離職することになった。その際、これからは倒産しない企業で働く必要があると考え、ＩＴ企業で働くことを考えていたところ、派遣元会社の支店長を紹介され、派遣という働き方を選択することになった。

初めての派遣先であるＩＴ企業Ｚ社では、立ち上げたばかりの営業開発部に派遣された。派遣先会社から、人材・やる気を重視する、知識は派遣先会社で教えるので、入社までに自分でも勉強するようにと言われたことから、派遣されるまでの三カ月間でパソコン教室に通い、情報処理技能検定三級を取得した。Z社で四年六カ月働いたが、Z社が業務を手放すことになって部署とプロジェクトがなくなり、契約終了になった。二番目の派遣先であるIT企業Y社では二年間働いたが、契約が終了するころに担当していた取引先からヘッドハンティングされ、IT企業X社の正社員になった。その後X社の事業が売却されることになり、事例④は離職することになったが、紹介でW社に正社員として転職した。しかし、また事業が売却されることになり解雇された。

二〇一六年インタビュー調査後に、面談中だった企業にその後派遣社員として就業したが、条件も業務内容も派遣期間も派遣元会社の説明とはまったく異なるものだった。改善を求めると、「派遣先会社から仕事をもらえなくなるので契約を切る」と派遣元会社から強制的に終了させられた。

学歴の問題

事例④は、ビジネス関係の専門学校を卒業後、初めての派遣先であるIT企業Z社で働きながら夜間の短大に通って卒業した。その背景には、初職の企業が倒産したあとの就職活動時に「大学卒でないと当社は受けられません」と言われた経験がある。W社の事業売却に伴い解雇されたあとは、正社員の職を探した。しかし、短大卒だったことから学歴を理由に正社員として就業することができず、結果的に再び派遣という働き方を選択することになった。そこでさらに大学三年次に編入学し、二〇一六年九月に大学を卒業している。事例④は、「これで文句を言われずに就職活動ができる。お金がたまったら大学院（ビジネススクール）にいく予定である」と語っていた。

事例⑤　高校中退（専門学校卒）／派遣先約二十社／事業売却などによる解雇の経験あり

これまでのキャリア

初職＝正社員（一年六カ月）→ワーキングホリデー（一年）→派遣（一年）→正社員（三年）→契約社員（五年）→仕事の空白（一年六カ月）→派遣社員（約二十社）→二〇一八年三月現在、失業中で仕事を探している。

これまでの経験と雇い止めになった経緯

事例⑤は、これまで金融関係の仕事を中心に約二十社の派遣先会社で就業してきた。金融関係の仕事は、決済業務のシステム化や業務の海外へのアウトソーシングの影響を受けやすく、リーマンショックの影響も大きいという。自身も、年俸制の契約社員として五年間働いていた銀行が決済業務の取り扱いをやめることになって解雇された経験がある。そのときは雇用保険を受給して職業訓練学校に三カ月間通い、金融関係で働くために役立つのではないかと考えてファイナンシャルプランナー二級を取得した。しかし、ファイナンシャルプランナー二級の資格が、その後、仕事に就くうえで役に立つことはなかった。また、上司やプロジェクトの変更などによって短期もしくは予定期間未満で派遣契約が終了になる場合もあった。

二〇一六年インタビュー調査時点では、ＩＴ専門の派遣会社から外資系の銀行に産休の代替要員として派遣されていたが、二〇一八年メール調査時点では契約の終了によって失業中である。

年齢と学歴の問題

事例⑤は正社員になりたいと考えているが、四十歳を超えると求人がほとんどなくなると感じている。さらに、本人の年齢（四十代前半）では、未経験の業種では就業が難しいと考え、金融関係での正社員をめざして複数の企業に応募している。勤務地がネックになり人が集まらないところにニーズがあるのではないかと考え、地方での就職でもいいと考えている。これまでに紹介予定派遣でも応募はしているが通らなかったという。その理由について、学歴（高校中退）か年齢が問題になっていると考えていて、学歴の開示はせずスキルと経験だけを開示している。学歴について事例⑤は、親から「高校進学は公立高校でないとだめ。大学にいくなら自分でいけ」と言われたことから、親の経済状況が影響したと語っていた。

事例⑥　専門学校卒／事務職転換を目的とする派遣就業／派遣のミスマッチによる雇い止めの経験あり

これまでのキャリア

初職＝アルバイト（八年）→日雇い派遣（一カ月）→派遣（二カ月）→派遣（六カ月）→ハローワークによるトライアル雇用（六カ月）→派遣（一年）→ボランティア（六カ月）→派遣（三年二カ月）→派遣（二カ月）→派遣（一年）→二〇一七年六月雇い止め→雇用保険→アルバイト。

これまでの経験と雇い止めになった経緯

事例⑥は、専門学校を卒業後、取得した資格を生かして就職したが、その就業形態はアルバイトだった。その仕事が体力的にきついことから事務職に就きたいと考えるようになった。しかし、「事務職にたどり着くまでにまだ早い、というかわからないことが多いと思った」ことから日雇い派遣を経験する。その後、経験はなかったがコールセンターの派遣に思いきって応募して採用されたことを端緒に、派遣という働き方で就業するようになった。

二〇一六年インタビュー調査のあとで一七年六月に雇い止めになり、雇用保険を受給した。その後はさらに生命保険を解約し、現在はアルバイトで就業している。

派遣のミスマッチによる雇い止めの経験

事例⑥は、二〇一七年六月の雇い止め以前にも三回雇い止めになっており、雇い止めになったあとは、雇用保険を受給しながら次の仕事を探している。雇い止めになった理由の一つは、派遣元会社が労働者のスキルを把握せず、教育や訓練をすることなく、派遣先会社にも説明することなく派遣したために発生したミスマッチだった。

ある派遣先会社では「事務能力が高い派遣社員がくる」と思われていたのに対して、本人には派遣先会社が求めるスキルどころか、事務に関する基本的なスキルと経験がなかった。派遣先会社で Excel のセルの加工の仕方などについて「そうやるのですか」と言ったところ「わからないんだ……」と言われ、その後、半年間何もせずに座っている状態が続いた経験がある。事例⑥は六番目の派遣先会社で雇い止めになったあと雇用保険を受給しながら一六年六月から十二月まで職業訓練学校に通い、そこで初めて Word や Excel の基礎を学んでいる。

事例⑦　同一の派遣先で約十六年半就業継続／多様な就業形態を経験

これまでのキャリア

初職＝パート→公務員（五年）→生命保険の営業職（個人事業主）、ほかにマーケティングプランナー、請負での販売促進ツール作成、委託業務での輸入の酒販売の四つの仕事を掛け持ち（七年）→正社員（二年）→区議会議員秘書（二年）→派遣三カ月更新で約十六年半、二〇一七年十二月末で雇い止め。

これまでの経験と雇い止めになった経緯

事例⑦が派遣という働き方を選択したのは四十歳を過ぎてからだった。それまでにパート、公務員（現業）、個人事業主などの多様な就業形態を経験している。特に、個人事業主として生命保険の営業職で就業していた際には、ほかにマーケティングプランナー、販売促進ツールの請負での作成、商品の委託販売などの仕事を掛け持ちしていた経験がある。派遣労働者になった当時は、派遣は三十五歳が定年だという風潮があり、派遣として働けることを幸運だと感じていたという。職場環境については、「働きぶりは認めてくれたし、愛着もあった。仕事のチャンスを与えてくれたのはよかった」と語っている。

また、派遣先会社から「正社員以上だから正社員にしてくれる」という話があり、派遣先会社の管理職が推薦状も書いてくれたが、正社員になることはかなわなかった。その後の七年間は、「悪いようにはしない」と言われ続けた。しかし、管理職の異動によって正社員になるという話はなくなった。それでも事例⑦は、派遣先会社で就業を継続するために、同僚や職場環境に気を使うだけでなく、仕事に必要だと考えて秘書検定、ビジネス能力検定、ファイナンシャルプランナーなどの資格を自費で習得している。

二〇一七年十月三十日に派遣先会社から派遣契約の「更新なし」を言い渡され、雇い止めになった。事例⑦は二〇一年四月から三カ月更新で約十六年半、同一の派遣先会社で事務職派遣として就業を継続してきた。二〇一五年改正法成立後の一五年五月に、派遣先会社の社長に改正後の働き方を尋ねたところ「雇い止めにする」と明言された。また、同時期に派遣元会社に雇用安定措置の一環として無期雇用を要請したが却下された。

派遣という働き方について

派遣はあってはならないと思うが、生きるためには仕方がなかった。幼い子どもを二人抱え、大学中退でシングルマザー、現実には正社員になる基盤がなかった。選択肢が乏しく、社会的なリソースがなく、目の前の生活をこなすだけで精いっぱいで余裕がなかった。「なぜ同じところで派遣社員を続けたのか」と言われるが、正社員にしてもらえるという思いがあった。雇い止めにあったいまでも正社員になりたいという気持ちがあるが、難しいだろうと考えている。派遣元会社には「これまでより条件のいいところはない」と言われ、「年齢の壁はある」と感じている。

事例⑧　初めての雇い止め／多様な就業形態を経験

これまでのキャリア

初職＝正社員（三年）→短期語学留学→派遣（一年）→派遣（一年）→派遣（二年）→派遣（二年）→アルバイトから契約社員へ（六年）→派遣（六カ月）→派遣（六カ月）→派遣（二カ月）→派遣（三年一カ月）→派遣（一年三カ月）→二〇一七年十二月末で雇い止め。

これまでの経験と雇い止めになった経緯

事例⑧は、正社員として三年間就業後、短期語学留学のため離職した。帰国後、英語を使う仕事を正社員で探したがなかなか見つからず、すぐに仕事に就けるという理由で派遣元会社に登録した。その後は、派遣という働き方で就業しながら取得したフラワーアレンジメントの資格を生かして、フラワーコーディネーターの仕事に就き、アルバイトから契約社員に転換している。当時、正社員にならないかという話があったが、正社員になると異動があり、花に関係がない業務に従事することになる可能性もあったため、正社員は選択しなかった。しかし、花関係の仕事は体力的に厳しかったことから、事務職に戻るのであれば三十歳代のうちだと考え、事務職に戻ることを選択した。しかし、正社員として就業することができず、派遣という働き方を選択した。そのことについて事例⑧は、「難しい選択だった」と語っていた。

事例⑧は三カ月更新の派遣で働いていて、二〇一七年十二月末で契約更新になることから、十一月上旬に就業の継続を希望することを派遣元会社に伝えた。派遣先会社では、正社員が担当していた職務も遂行するようになっていて、さらに新たな職務を派遣先の上長と二人で担当するようになっていたことから、一八年の三月までは就業を継続できると思っていた。しかし、十一月二十七日に派遣元会社の担当者から対面で契約の終了を言い渡された。理由は、他部署から移管される業務の遂行に英語力が必要であることから、英語ができる人を雇うことになったというものだった。事例⑧はその理由に納得していなかったが、派遣元会社と派遣先会社に本当の理由を聞くことはしなかった。そして、引き継ぎ資料やマニュアルを作成し、十二月末で離職した。派遣元会社に次の派遣先会社の紹介を依頼したが紹介はなく、自分で次の派遣先会社を探した。結果的には同じ派遣元会社が扱う派遣先会社での就業になった。

雇い止めを初めて経験して

事例⑧にとって、就業の継続を希望したにもかかわらず契約が更新されなかったのは初めての経験だった。納得できなかったが、仕方がないとあきらめた。事例⑧は、初めて雇い止めになり、突然契約が終了する派遣という働き方の怖さを感じたという。二〇一六年インタビュー調査時点では契約社員について、月給制になるので年末年始など休みが多いときはいいが、時給は下がり、ボーナスはなく、昇給もないことから否定的だった。しかし、二〇一八年メール調査時点では「契約社員でもよかった。どこかで正社員になっておけばよかった」と語っていた。

派遣労働者を選別するのは誰か

以上の事例から明らかなように、派遣労働者が雇い止めになった経緯は多様であり、すべてが直接雇用転換を回避するための雇い止めであるとはいえない。ここでは、雇い止めになった経緯から、派遣労働者を選別するのは誰なのか検討していく。

二〇一五年改正法では派遣労働者の雇用安定措置について、派遣元会社に、派遣終了後の派遣労働者の雇用安定措置（派遣先への直接雇用の依頼、新たな派遣先の提供、無期雇用など）を義務づけている。雇用安定措置を推進する業務を派遣元会社に負わせているのである。しかし、実際に受け入れている派遣労働者を直接雇用転換するか雇い止めにするかを決定するのは、派遣先会社にある。派遣元会社にとって派遣先会社は顧客であり、その権力関係でいえば派遣元会社は弱く、派遣労働者はさらに弱い立場にある。実際に派遣労働者が、就業条件が派遣元会社の説明と異なっていたので改善を求めると、「派遣先会社から仕事をもらえなくなるので契約を切る」と、派遣元会社によって強制的に契約を終了させられたケースがある。

さらに、派遣労働者を直接雇用転換するか雇い止めとするかは、派遣先会社の組織全体の労働力の需給を調整する部署（主に人事部であることから、以下、人事部とする）が決める場合と、派遣労働者が就業する職場の上長が決める場合がある。派遣労働者に関わる費用は人件費ではなく経費であるため、派遣労働者を配置するか否か、派遣労働者の契約を更新するか否かを決定するのは派遣労働者が就業する職場の上長である。また同時に、直接雇用転換して正社員にする場合には、その労働者に関わる費用が経費ではなく人件費になるため、派遣労働者を直接雇用転換するか雇い止めにするかを人事部が決定する場合もある。実際に、派遣労働者が就業する職場の上長から「正社員にしたい／正社員にする」と言われて期待し、派遣として働き続けて成果を出したにもかかわらず雇い止めになったケースがある。

派遣労働者を直接雇用転換するか雇い止めにするかを決定するのは派遣先会社だが、雇用安定措置を推進する義務は派遣元会社が負っている。派遣元会社には、派遣先会社への直接雇用の依頼、新たな派遣先の提供、派遣元会社での無期雇用などが義務づけられている。しかし事例⑦では、派遣元会社に雇用安定措置の一環として無期雇用を要請したが却下されているし、事例⑧も雇い止めになった際に次の派遣先会社の紹介を依頼したが、紹介されることはなかった。たとえ契約が終了したとしても、派遣元会社から新たな派遣先会社の紹介があれば、派遣労働者は雇い止めと感じることなく、単に契約期間が終了しただけであり、引き続き派遣という働き方で就業を継続できると感じたと思われる。派遣元会社が無期雇用の依頼を却下したり新たな派遣先の提供を怠ったりするせいで派遣労働者が雇い止めになると考えられるので、派遣元会社も、直接雇用転換するか雇い止めとするかを決定しているといえる。

前述の事例で示したように、派遣労働者は派遣先会社と派遣元会社の双方によって、直接雇用転換の可能性がある労働者と直接雇用転換の可能性がない労働者、すなわち雇い止めになる労働者に選別されているのである。事例研究から、もう一つ浮き彫りになったものがある。何が雇い止めを発生させるかである。次節ではその発生の要因について吟味していく。

2　雇い止めが発生する要因

直接雇用へ転換した、または直接雇用へ転換する可能性がある労働者と雇い止めになった労働者の事例研究から、雇い止めの発生には、①学歴、②年齢、③派遣としての就業期間（以下、派遣歴）と派遣先の数（以下、派遣数）、④事業売却などによる解雇の経験や雇い止めの経験、⑤派遣以外の多様な就業形態の経験、⑥直接雇用へ転換されると期待させて裏切るという派遣先会社の対応が関係していることが浮き彫りになった。ここでは、それぞれの要因について検討する。

学歴と雇い止め

まず、学歴が雇い止めに関係していると考えられる。雇い止めになった五人のうち大学卒は事例⑧だけであり、ほかの四人は専門学校卒または大学中退である。学歴の問題について事例④は、初職の企業が倒産したあとの就職活動時に、大学卒でなかったため就職試験を受けられないという経験をしたことから、働きながら短大と大学を卒業し、「これで文句を言われずに就職活動ができる」と語っている。事例⑤は、紹介予定派遣を活用した直接雇用への転換を試みているが通らないという。そのことに対して事例⑤は学歴が問題になっていると考え、その後は学歴の開示はせずスキルと経験だけを開示している。

また、専門学校卒という学歴は雇い止めになる可能性を高くするだけでなく、専門学校卒であることによって初職で事務職に就きにくくさせ、事務職として必要な一般的なスキルを身に付けることを難しくする。そしてそのスキル不足による派遣先会社とのミスマッチも雇い止めにされる可能性を高くする。

年齢と雇い止め

雇い止めになった五人全員が四十代以上である。日本人材派遣協会が毎年実施している派遣社員ウェブアンケートによると、派遣労働者の平均年齢が三十九・六歳[6]であることから、平均年齢を超えると雇い止めになる可能性が高くなると考えられる。しかし、事例③は五十代前半であるにもかかわらず、直接雇用転換に向けて調整中である。事例③は、なぜ直接雇用転換の可能性が得られたのだろうか。その要因を明らかにするために、事例③のこれまでの働き方と経験について述べていく。

事例③　五十代前半で直接雇用転換の可能性がある事例

これまでのキャリア

初職＝正社員（二年六カ月）→正社員（九年）→アメリカ留学（一年三カ月）→正社員（一年）→正社員（三年）→正社員（一年）→派遣（二〇一一年二月から現在に至る）。

事例③は正社員歴が十六年六カ月と長く、現在の派遣先会社が一カ所目でありかつ七年目である。派遣として働き始めたころから、派遣先会社に「ずっといてください」と言われ、実際に四十代半ばで正社員への転換試験を受けたが、そのときはハードルが高く正社員になることはかなわなかった。二〇一五年改正法後には、派遣元会社から「三年まで」と言われたため今後の働き方を考えなければならないと感じ、紹介予定派遣も探していた。キャリア形成について、それまでやってきたマーケティングの経験を生かせる分野か、データベースのアシスタントとしての仕事を視野に入れて検討していた。しかし、派遣の求人サイトをみていると、「エルダー歓迎」や「エルダー向け」のアイコンがついている求人を見かけること、また二十代から三十代の募集が多いことから、年齢で差別されていると感じていた。しかし、「正社員の求人は、部署内の年齢構成のバランスをとるため年齢制限がされている」と自分なりに解釈していた。

五十代前半の事例③が、直接雇用転換への可能性を得るまでに至った理由として、複数の会社で働いてきたとはいえ正社員歴が長いこと、またその職務内容はいずれもマーケティングやデータベースを中心にしていて一貫性があることが考えられる。また、年齢が就業継続の妨げになる理由を自分なりに理解していて、年齢的に可能な外資系企業を中心に紹介予定派遣を視野に入れて検討していることも挙げられる。これらのことから、年齢は雇い止めにあう要因の一つではあるが、直接雇用への転換の妨げにはならないと考えられる。

派遣歴と派遣数と雇い止め

派遣歴については、雇い止めになった事例④⑦⑧が十一年以上であることから、派遣歴が長くなると雇い止めになりやすいと考えられる。また派遣数については、事例⑤に注目する。事例⑤は派遣歴は四年と短いにもかかわらず雇い止めになっているが、これには、派遣先の数が約二十と多いことが影響していると考えられる。現時点で派遣という働き方で就業を継続している労働者であっても、派遣歴が長い、あるいは派遣数が多い労働者は雇い止めにあう可能性が高いことから、今後の動向に注意が必要である。

事業売却などによる解雇の経験や雇い止めの経験と雇い止め

直接雇用転換または直接雇用転換の可能性がある三人は全員、事業売却などによって解雇された経験や雇い止めになった経験がないのに対して、雇い止めになった五人のうち、二人には事業売却などによって解雇された経験がある。また、雇い止めになった五人のうち二人には、雇い止めの経験がある。

事例④と事例⑤は、就職した企業の事業売却や事業撤退による解雇を経験している。事例④は、倒産しない企業で就業したいと考え、IT業界で派遣として働くことに活路を見いだした。そして営業力を生かして正社員として就業する機会を得るものの再び事業の売却によって解雇されている。事例⑤は契約社員として働いていたときに事業の撤廃の影響を受けて解雇された経験があり、その後は派遣として働き続けることが困難になっている。

また事例⑥は、事務職へ転換するための足がかりとして派遣という働き方を選択した。しかし、たびたび雇い止めになる経験をしている。雇い止めになった理由の一つは、事例⑥が事務経験もなく事務職に必要な基本的なWordやExcelなどのパソコン操作スキルを身に付けないまま派遣されていたことである。派遣元会社が労働者のスキルを把握せず、教育や訓練をすることもなく、派遣先会社に説明することもなく派遣したせいで発生したミスマッチによって雇い止めになっている。

このように、事業売却などによる解雇や派遣のミスマッチによる雇い止めという本人の意思とは関係ない離職の経験が、その後雇い止めにあう可能性を高くするという負のスパイラルが起きている。このような離職の経験は、回を重ねるごとに労働者がそこから抜け出すことを困難にする。

派遣以外の多様な就業形態の経験と雇い止め

直接雇用転換または直接雇用転換の可能性がある三人は、全員派遣以外の就業形態の経験が正社員だけだった。それに対して雇い止めになった五人は、事例④を除いて、派遣以外にも契約社員やアルバイトなどの多様な就業形態を経験している。特に事例⑦は、パートタイム労働、現業職の公務員、個人事業主など、生活を維持するために多様な就業形態を選択せざるをえなかった。

派遣以外に多様な就業形態を経験していることが雇い止めを誘発するという因果関係を、本事例研究から明確にすることはできない。しかし、離職を経験した労働者は、就業を継続し生活を維持するために派遣という働き方を選択せざるをえない状況にあったといえるだろう。

直接雇用へ転換されると期待させて裏切るという派遣先会社の対応と雇い止め

事例⑦は、十六年半就業した派遣先会社で、派遣先会社の職場の上司から「正社員にする」「悪いようにはしない」と言われ続けたことによって、派遣先会社での直接雇用転換への期待をもちながら働いた。しかし、上司の異動によって、結果的には期待が裏切られ、そのうえ雇い止めになった。

派遣という働き方を選択した労働者、または派遣という働き方を選択せざるをえなかった労働者は、派遣として就業を継続しながらも、「正社員」になること、直接雇用へ転換することを期待しながら就業し続けている。その結果、年齢は高くなり、派遣歴が長くなり、雇い止めになる可能性が高くなるという現実がある。その意味では、事例②は、二年後に直接雇用へ転換するという条件で派遣から契約社員へ転換しているため、期待が裏切られる可能性がある点で今後の動向に注意が必要である。

雇い止めが発生する要因とその重層性

派遣労働は本来、必要とされる期間(temporary)、必要とされるスキルと経験をもつ労働者が派遣(dispatch)されることで成立する。そのため、労働者の学歴、年齢、容姿や人柄などの属人的な要素が問われることはなく、事前面接も禁止されている。しかし実際には、派遣先会社は複数の派遣元会社に労働者の派遣を依頼して派遣条件を競合させたり事前面接を実施したりしている。そうすることで、スキルや経験だけでなく、派遣労働者の属人的な要素や時給などの就業条件を考えあわせて受け入れる派遣労働者を決定している。学歴や年齢という属人的な要素が派遣として採用されるための要因になっているだけでなく、雇い止めになる可能性が高くなる要因にもなっているのである。ただし、年齢は雇い止めになる可能性が高くなる要因の一つではあるが、直接雇用への転換の妨げにはならない可能性もある。

また、派遣歴の長さや派遣数の多さは雇い止めになる可能性を高くする。年齢が高くなること、派遣歴が長くなること、派遣先の数が多くなることで派遣労働者が雇い止めにあいやすくなることは、派遣という働き方でキャリアを形成することが困難であることを示唆している。現時点で派遣という働き方で就業を継続している労働者であっても、年齢が高く、派遣歴が長い、あるいは派遣数が多い労働者は、雇い止めにあう可能性が高いことから、今後の動向に注意が必要である。

さらに派遣という働き方は、業界や企業の浮き沈みの影響を受けて雇い止めになりやすい。また、派遣元会社が労働者のスキルを把握せず、教育や訓練をすることなく、さらに派遣先会社にも労働者のスキルについて説明することなく派遣することで発生するミスマッチによって雇い止めになることもある。派遣のミスマッチは、学歴とも関係してくる。専門学校卒という学歴は、それ自体が雇い止めにあう可能性を高くするだけでなく、初職で事務職に就けなかった場合には事務職として必要な一般的なスキルの不足がミスマッチの原因になり、そのミスマッチが雇い止めの要因になる。事業売却などによる解雇や派遣のミスマッチによる雇い止めなど本人の意思とは関係ない離職の経験は、その後雇い止めにあいやすくなるという負のスパイラルを起こす。また正社員になること、直接雇用へ転換することを期待しながら派遣として就業し続けることで、年齢が高くなり、派遣歴が長くなり、派遣数が多くなり、雇い止めにあう可能性が高くなる。

このように、①学歴、②年齢、③派遣歴と派遣数、④事業売却などによる離職の経験や雇い止めの経験、⑤派遣以外の多様な就業形態の経験、⑥直接雇用へ転換されると期待させて裏切るという派遣先会社の対応は、互いに作用しながら幾重にも重なり、派遣労働者を直接雇用へ転換する可能性がある派遣労働者と雇い止めになる派遣労働者に選別しているのである。

3　派遣として働き続ける派遣労働者の選択

二〇一五年改正法の雇用安定措置は、直接雇用転換を推進する一方で、派遣労働者を選別するものとして機能し始めている。派遣労働者が選別され始めているなかで、派遣として働き続ける労働者は、二〇一五年改正法をどのように受け止め、どのような選択をしているのだろうか。

二〇一八年メール調査では、退職予定者が二人、模索中が二人、育休中が一人、アルバイトで就業が一人、派

表4　派遣として働き続けることを選択した2人のプロフィル（筆者作成）

事例	学歴	年齢	派遣歴	派遣数	事業売却などの経験	雇い止めの経験	派遣以外の就業形態経験	備　考
⑨	大学	40代前半	7年	3	—	—	正社員	派遣先で正社員への就業形態の転換の経験あり
⑩	短大	40代後半	6年	5	—	○	正社員、臨時職員、契約社員、パート	多様な就業形態を経験

遣として働き続けている人が十九人いることが明らかになった。模索中の二人は、「二〇一八年九月で有期雇用期限を迎えるため、最良の方向性を模索している」「現在の職場で直接雇用になれるように頑張るか、自分のやりたい職種のほかの職場を探すか悩んでいる」という。派遣という働き方を続けている人たちは、「介護福祉士の資格を取るために、実務者講習が受けられる派遣元企業に移った」「内容に見合った報酬がもらえていない。昇給がなく仕事量が増えていくばかりなのは納得がいかないが、交渉の余地はほとんどなく泣き寝入りである」「派遣社員として一年働いてみて、収入の不安定さや会社に意見を出せないことなどの理由から、やはり直接雇用で働きたいと思うようになった」など多様な思いを抱いていた。ここではそれらの派遣労働者のなかでも、直接雇用転換の話があったが派遣として働き続けることを選択した労働者と、直接雇用転換の話はなく派遣として働き続けることを選択した労働者について述べていく。

事例⑨　直接雇用転換を選択せずあえて派遣という働き方を選択した事例

これまでのキャリア

初職＝正社員（三年）→正社員（三年）→派遣（二年）から正社員（三年）に転換→派遣（三年）→派遣（二年）→直接雇用転換の話があるが派遣を選択。

これまでの経験と派遣という働き方を選択した経緯

事例⑨は、正社員歴が九年と長く、現在の派遣先が三カ所目である。また初めての派遣先会社では、一年十カ月就業した時点で、派遣先の上司から「正社員にならないか」と声をかけられ、その後は正社員に転換している。同派遣先会社では前任者も派遣として二年就業したのちに正社員に転換したが、後任者はリーマンショックの影響があり契約社員のままだという。正社員になってからは仕事に変化があり、残業も多く自分が求める働き方ではないと考え、第一子の小学校入学を前に離職することにした。その後、第二子を出産。第一子が小学校二年生になるときに再び働こうと考え、通勤距離・就業時間を考えて派遣という働き方を選択した。

現在の派遣先会社には二〇一五年四月から就業していて、一八年三月末で三年になる。三年間の契約期間満了を控え、派遣元会社から直接雇用転換の話があった。しかし、事例⑨は、派遣元会社から提示された就業条件が「直接雇用になるので雇い止めの心配がなくなる」「派遣社員時代の有給休暇がそのまま引き継げる」というメリットはあるものの、それらは「時給が安くなる（五十円から百円）」というデメリットを上回るメリットと感じることができないことから、これまでと同じ派遣元会社で派遣として働き続ける現状維持を選択した。

派遣という働き方について

事例⑨は、派遣という働き方のいいところは、自分のそのときどきの状況に合わせて、勤務先や勤務時間なども自分で決められることにあるという。年齢については、自身が採用の仕事をした経験があることから、能力が同じであれば若い人のほうが指示しやすいため若い人が採用されることを理解している。派遣は三十五歳が定年だといわれていたが、実際には年齢が高い人も派遣として働き続けている。その人たちは同じところに所属し、実績を積んでいまを迎えている。これまでの働き方は、仕事を取るか、子どもとの生活を取るかで考えてきており、子どもが生まれてからは子どもの生活を中心にした働き方を選択しているという。また事例⑨は、「派遣法が改正されるたびに、ふらふらすることが不安である」と語っている。

事例⑩　直接雇用転換に関係なく派遣という働き方を選択した事例

これまでのキャリア

初職＝正社員（九年）→雇用保険→派遣（一年）→臨時職員（八カ月）→派遣（一年六カ月）→派遣（二年六カ月）から契約社員（七年）に転換→パート（二カ月）→派遣（一年五カ月）→派遣（二〇一八年二月から現在に至る）。

これまでの経験と派遣という働き方を選択した経緯

事例⑩は、初職の正社員歴が九年と長かったため、初職を退職したときには二十代後半になっていて再就職が難しかった。そこで派遣元会社に登録し、一年間派遣で働けば直接雇用になる可能性がある派遣先会社で働き始めた。しかし直接雇用にはならず、契約の更新もされないという雇い止めを経験した。その後は臨時職員、契約社員、そしてパートと多様な就業形態を経験している。二〇一六年インタビュー調査時点ではプラント建設の現場で事務職派遣として就業していて、二〇一八年一月に工事が終了したことから契約も終了になったが、一八年二月からは新しい建設現場で事務職派遣として働いている。建設業界は好況で人手不足であること、急な退職による募集があったことから、運よく派遣として就業することが可能になったという。待遇面については、時給は前職よりも下がったが、交通費が全額支給される契約のために自分の持ち出し分がなくなり、所得税でも控除されるのでよかったと考えている。建設業界では、未経験者でもやる気と一般事務の経験があれば採用されるチャンスがある。また、会社の経理関係の専用システムやそのほかの業務を覚えると次もまた仕事を紹介してもらえるチャンスが多く、登録して稼働している派遣社員には十年を超えて就業している人も多いという。事例⑩もそうやって次も仕事を紹介してもらえるように、とりあえずいまの仕事を契約満了まで全うして、頑張りたいと語っている。

派遣という働き方について

派遣社員が正社員に劣っているとは思わないし、正社員をうらやましいとも思わない。手取り二十万円あれば、母の年金と合わせて年収三百五十万円になる。身の丈に合った生活ができ、健康で、自分のやりたいことをやれれば、それ以上何を望むのか。契約社員として働いていた企業では、正社員への登用はあったが、どういう人がなれるのか、条件が明示されていなかった。正社員になった人が何人かいるが、上司とのコネがあったのだと思う。ずっと契約社員で働いていても正社員になれる確証はない。正社員になる人が有能だとも思わない。仕事を探していけばあるわけだし、五十代でも派遣はいる。派遣は非正規労働で不幸というイメージがついているが、自分次第である。「探せば必ず仕事はある」と語っていた。

派遣として働き続けるという選択

事例⑨は、直接雇用転換の話があったが、そのメリットとデメリットを考慮したうえで、就業条件が低下することを受け入れず、現状を維持するために派遣として働き続けることを選択した。事例⑩は、直接雇用転換の話はなかったが、これまでの経験から直接雇用になる可能性を感じることができず、就業条件を低下させたとしても派遣として働き続けることを選択した。これまでの事例研究で明らかになった派遣労働者が雇い止めにあう要因から、事例⑨と事例⑩について検討していく。

事例⑨は、大学卒、四十代前半、派遣歴七年、派遣先が三カ所、派遣以外の就業形態の経験が正社員だけであり、事業売却などによる解雇の経験も雇い止めの経験もないことから、直接雇用になったあるいは直接雇用転換の可能性がある三人のプロフィルとほぼ同じである。事例⑩は、短大卒、四十代後半、派遣歴六年、派遣先が五カ所と直接雇用転換の可能性がある三人のプロフィルと大差ないが、雇い止めと多様な就業形態を経験していることから、雇い止めになる可能性が高くなることが考えられる。事例⑩は、雇い止めになった経験があるため、雇い止めになることを回避するために、就業条件を下げて派遣として働き続けることを選択した。

これらのことから、現時点で派遣として働いている労働者は、今後、雇い止めの心配があっても派遣として働き続けるのか、たとえ就業条件が低下しても雇い止めの心配がない直接雇用に転換するのか、選択を迫られることが予想される。

4 選別機能としての直接雇用転換と労働者の選択

事例研究から得られた知見は三点ある。まず、二〇一五年改正法の雇用安定措置（直接雇用転換の推進）は、派遣先会社と派遣元会社による、派遣労働者の選別を引き起こしていること。次に、雇い止めになる可能性が高くなる要因として、①学歴、②年齢、③派遣歴と派遣数、④事業売却などによる解雇の経験や雇い止めの経験、⑤派遣以外の多様な就業形態の経験、⑥直接雇用へ転換されると期待させて裏切るという派遣先会社の対応があり、それらの要因は互いに作用しながら幾重にも重なりあっていること。そして、直接雇用転換の可能性がある労働者は、「就業条件の低下」を選ぶか「就業条件の維持」を選ぶのか、また「雇用の安定」を選ぶか「雇用の不安定」を選ぶかを考慮したうえで、「多様な正社員」としての直接雇用転換になるか、派遣労働者として働き続けるかの選択をしていることである。

しかし、直接雇用転換の可能性がある労働者の選択については留意が必要である。直接雇用転換の可能性がある労働者が迫られる選択は詳しくいうと、①就業条件の低下を「受け入れ」、雇用の安定を「受け入れ」、多様な正社員としての直接雇用転換をして働き続けるか、②就業条件の維持または就業条件の低下を「受け入れ」、雇い止めになる可能性がある雇用の不安定を「受け入れ」、派遣として働き続けるか、という選択なのである。ここでは、「受け入れ」の内容について検討していく。

「受け入れる」という行為には、内的要因によって生じた葛藤の結果を「受け入れる」という「受容」

（acceptance）と、外的要因によって生じた葛藤の結果を「受け入れる」という「受諾」（fertility）の二つの側面がある。「受諾」とは、満足なものにせよ、苦渋なものにせよ、一つの解決をわが身に引き受けることであり、その「受諾」が主体にとって最善の場合もあるし、最善ではない場合もある。派遣労働者は、二〇一五年改正法が効力をもつ一八年九月を控え、派遣元会社が提示する就業条件や派遣という働き方について悩み、就業条件の低下を選ぶか就業条件の維持を選ぶか、雇用の安定を選ぶか雇用の不安定を選ぶかについて悩んだうえで、そのいずれかの条件を「受け入れる」ことを自分に納得させて選択している。すなわち、二〇一五年改正法の雇用安定措置（直接雇用転換の推進）という外的要因によって派遣労働者は葛藤させられ、葛藤の結果、提示された条件のなかから一つの選択をする。その選択が労働者にとって満足なものだろうと苦渋に満ちたものだろうと、労働者はそれを「受け入れ」る、または「受け入れ」ざるをえない。労働者は「受諾」することを迫られるのである。

雇い止めになった労働者にも、雇用の安定をめざして就業条件の低下を選択（受諾）し、多様な正社員としての直接雇用転換を選択（受諾）する可能性や、就業条件の維持または就業条件の低下を選択（受諾）し、派遣労働者としての就業継続を選択（受諾）する可能性はある。しかし、多様な形態による就業を継続せざるをえない状況を選択（受諾）する可能性もある。さらに二〇一八年メール調査時点では、派遣として働き続けている労働者も、今後は派遣先会社や派遣元会社から恣意的に選別されて雇い止めになる可能性があり、選択（受諾）を迫られることが考えられる。

二〇一五年改正法の雇用安定措置（直接雇用転換の推進）によって、派遣先会社と派遣元会社が派遣労働者を選別する過程と条件、そして派遣労働者が選択（受諾）する過程と条件をまとめると図１になる。

図1　雇用安定措置（直接雇用転換）の選別と選択（受諾）（筆者作成）

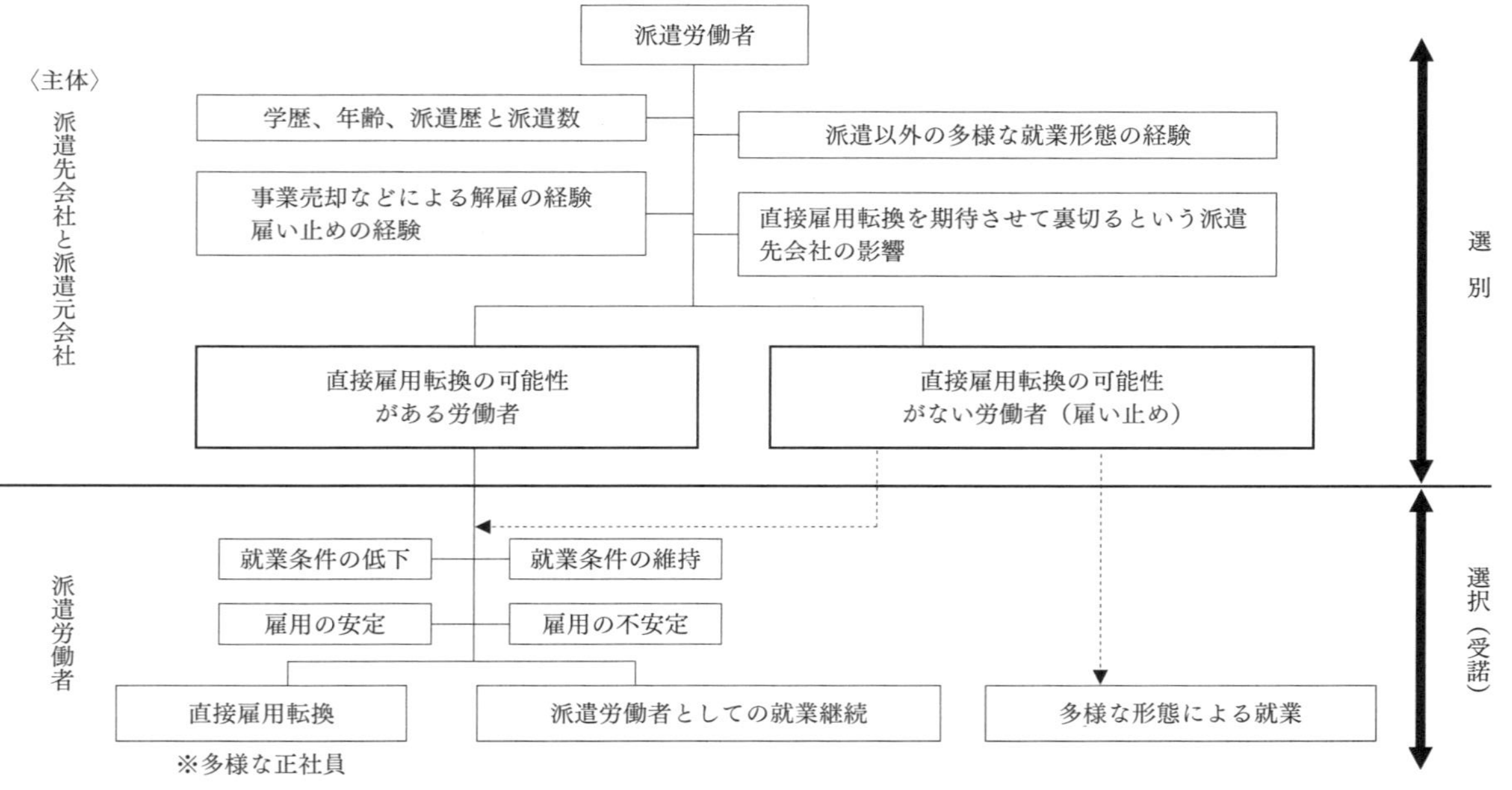

おわりに

本研究から得られた知見は二点ある。二〇一五年改正法の雇用安定措置（直接雇用転換の推進）は、派遣労働者の雇用の安定を図るという機能、すなわち「順機能」ではなく、派遣労働者を選別するという「逆機能」を持ち始めていること。次に、二〇一五年改正法の雇用安定措置（直接雇用転換の推進）は外的要因として、派遣労働者を葛藤させ、提示された条件のいずれかを「受け入れ」ざるをえない状況に追い込み、労働者に「受諾」を強いていることである。しかし、本研究は四十一人を対象としたインタビュー調査をもとにした事例研究であり、本研究から導き出された知見は仮説にすぎないという問題がある。今後は、二〇一五年改正法が効力をもつ一八年九月以降にアンケート調査などを実施すること、一六年調査対象者への継続的なインタビュー調査を実施することによって仮説を検証し、派遣労働者の現状と課題を明らかにしていく必要があるだろう。

また、二〇一五年改正法の雇用安定措置（直接雇用転換の推進）は、一時的な措置になる可能性がある。派遣労働制度は、労働力の需給調整システムとして位置づけられていて、二〇一五年改正法の雇用安定措置は、今日の労働力不足を解消する手段の一つである。これは雇い止めの可能性があり雇用が不安定な間接雇用や有期雇用から、雇用が安定する直接雇用や無期雇用への転換と引き換えに、労働者をいわゆる正社員より不利な立場である「多様な正社員」として囲い込むことを目的にしているのである。厚生労働省は、直接雇用転換を推進することを目的にして、「正社員転換・待遇改善実現プラン」を策定し、「キャリアアップ助成金」などの支援策を講じているが、現時点では二〇一六年四月から二一年三月までの五年に限定されている。[7] 労働者が確保できれば、直接雇用や無期雇用への転換のハードルは再び高くなる可能性がある。

派遣労働制度の研究については、常用代替防止、政令指定業務、派遣期間、派遣労働者の保護などの課題が提起されており、多角的な視点から実証的な研究をする必要がある。また、非正規雇用労働者に対する同一労働同一賃金に関する法整備もおこなわれはじめ、同一労働同一賃金制度の導入が二〇一九年四月に控えていた。今後は、派遣労働者の雇用の安定や就業条件の改善につなげるという実践的な課題解決のための研究や、同一労働同一賃金制度の導入を視野に入れた研究も必要になる。残された研究の課題は多いが、実証研究を積み重ねることによって派遣労働問題の解決に尽力していきたい。

注

(1) 浜村彰「労働者派遣法の立法・改正論議から見た労働者派遣の基本的意義づけと政策原理」「大原社会問題研究所雑誌」二〇一八年二月号、法政大学大原社会問題研究所、三〇ページ

(2) 中野麻美「2015年労働者派遣法の批判的検討」、同誌三九ページ

(3) 「労働契約法の一部を改正する法律」「厚生労働省」(http://www.mhlw.go.jp/seisakunitsuite/bunya/koyou_roudou/roudoukijun/keiyaku/kaisei/dl/joubun.pdf)［二〇一七年八月二十日アクセス］

(4) 労働政策研究・研修機構「「改正労働契約法とその特例への対応状況及び多様な正社員の活用状況に関する調査」結果」「調査シリーズ」No.171、労働政策研究・研修機構、二〇一七年

(5) 「正社員転換・待遇改善実現プラン」「厚生労働省」(http://www.mhlw.go.jp/file/04-Houdouhappyou-11651000-Shokugyouanteikyokuhakenyukiroudoutaisakubu-Kikakuka/0000110909.pdf)［二〇一八年四月三日アクセス］。「多様な正社員」については二〇一一年に厚生労働省が「多様な形態による正社員」に関する研究会を、日本労働政策研究・研修機構（ＪＩＬＰＴ）が労働契約法が改正された一三年に「「多様な正社員」の普及・拡大のための有識者懇談会議」を発足させて研究と推進を図っている。

(6) 日本人材派遣協会がインターネット上で、派遣労働者と過去十年未満の間に派遣で働いていたことがある労働者七千三百三十三人を対象に毎年実施している調査で、二〇一七年で十一回目になっている。「派遣社員ＷＥＢアンケー

ト調査」「日本人材派遣協会」(https://www.jassa.or.jp/employee/enquete/180124web-enquete_press.pdf)［二〇一八年四月一日アクセス］

(7) 前掲「正社員転換・待遇改善実現プラン」。厚生労働省は、正社員への転換を推進するためにポータルサイトの開設、ハンドブックの作成、キャリアアップ助成金の改定を重ね、キャリアアップ助成金の周知を目的としたパンフレットやチラシなども作成している。

第2章　事務派遣労働者の働き方と自律性

大槻奈巳

はじめに

本書の書名『派遣労働は自由な働き方なのか』からもわかるように、筆者たちの大きな問題意識は、派遣が自由な働き方なのか、という点にある。本章では、「自由な働き方」の自律性の側面に焦点を当て、次の二点について考えたい。第一に、現在、派遣労働者として働いている人は、なぜその働き方をしているのかを考えたい。派遣という働き方にどのような経緯で就いたのか、いま、派遣で働いているのは自らそれを選んでいるのか／そうではないのか、派遣労働者が自分の働き方をどう思っているのかに焦点を当て、「自由な働き方か、そうでないか」に迫りたい。

また、派遣労働者のキャリア形成や知識・スキルの取得のあり方、派遣の働き方の自律性について考えたい。「自由な働き方なのか」を考えるには、仕事を通して得られるものの評価や仕事の裁量の大きさ、働くうえでの自律性を知ることが重要だと考えるからである。

本章で用いるデータは、二〇一六年十二月から一七年三月にかけて実施したインタビュー調査によって得たものである。インタビュー調査の対象者はスノーボール方式で依頼し、インタビュー時間は平均して一人あたりおよそ一時間半だった。インタビュー対象者は全部で四十人（女性三十四人、男性六人）だが、本章では、事務職派遣経験者二十三人（二十代三人、三十代六人、四十代十二人、五十代二人。全員女性）だけを対象にして、派遣労働者として働くことの自律性について考えたい。また、一五年の労働者派遣法改正の影響についても検証する。

1　派遣労働や派遣法改正への従来の指摘

まずは、これまで派遣という働き方についてどのようなことが指摘されてきたかを確認したい。

水野有香は、派遣労働が間接雇用であることが、「雇用の不安定さ」と強く結び付いていると指摘し、派遣労働に正規雇用として働くことにはない「自由」があったとしても、それは家族による「セーフティーネット」があってこそ得られる「自由」にすぎないこと、旧専門二十六業務でいわれていた「専門性」は、事務用機器操作、ファイリングなどの事務系業務では虚構であること、将来の展望を描けない不安定な雇用を綱渡りする派遣労働者の姿があることを指摘している。[1] そして、間接雇用の労働者の保護を強化し、派遣労働者を請負労働者に転換する道を断つ必要性、派遣労働からほかの安定した雇用への転換を容易にすること、キャリアパスにつながるようにすること、そして、非正規労働者の処遇を抜本的に改善することを提言している。

小野晶子は、労働政策研究・研修機構が二〇一〇年に実施した派遣労働者、派遣先、派遣元へのアンケート調査の再分析から、以下のことを指摘している。[2] 就職氷河期（一九九三―二〇〇五年）以降に初職に就いたサンプルに限定して、初職の内容と最初の派遣先での仕事内容の関連をみると、初職が非事務系の仕事でスタートした者の半数が最初の派遣先で事務職に転換していること、初職の非事務系から転換し、現在の派遣先で事務系職種に従事している者に共通する特徴は、女性、既婚、短大以上の最終学歴、一九九四年以前に初職を得ている、派遣社員の経験年数が長い、これまで働いた派遣先会社数が少ないことである。派遣事務職の賃金は製造業務よりは高く、専門職よりは低い。また、製造業務に比べて賃金が上がりやすいが、一方で一般事務・管理業務では年齢が高くなると賃金が低くなる傾向がある。小野晶子はこの点について、パートの労働市場との重なりが大きくなるからではないか、という知見を述べている。

また、小野晶子は、二〇一五年改正法について、この改正によって同法で初めて「キャリア形成」に関する事項が定められたことに注目している。二〇一五年改正法は「キャリア形成支援」として、①段階的・体系的に必要な知識や技能を習得するための教育訓練と、②希望者に対するキャリアコンサルティングを、③有給・無償で、④すべての派遣労働者を対象にして実施することを派遣元に求めていると述べ、キャリア形成支援の根幹になる①の教育訓練と②のキャリアコンサルティングに焦点を当てると、一部の派遣元では「段階的」「体系的」なキャリア形成支援の取り組みが始まっているという[3]。そして、キャリアラダーにみられるような「段階的」な職種別のスキルレベルの振り分けと、ゆるやかな賃金の紐づけがみられること、それを研修などの教育訓練やキャリアコンサルティングと「体系的」に結び付け、派遣労働者のキャリア形成を考えたマッチングもされるようになってきていると述べ、今後、職種別のキャリアラダーが地域や業界内で共通化できるかということが課題になってくると指摘している。

島貫智行は、派遣労働者の働き方や賃金に関して以下の問題点を指摘している。賃金はある時点での賃金が正規労働者よりも低いというより、賃金の継続的な上昇を図ることが難しく付加給付を得られないこと、派遣労働者として長期的に就業する者が増えているが異なる企業を移動して技能を蓄積するのは難しいこと、派遣労働の自律性とは派遣労働者にとって派遣元会社が用意した選択肢のなかから自分の希望に合う仕事を選択することにすぎないこと、派遣労働者が派遣先会社で従事する仕事の裁量は小さいこと、派遣先会社からの仕事遂行の創意工夫や改善に関する期待は小さいこと、派遣労働者の労働時間は正規労働者よりも柔軟性が高いとされてきたが、

残業がないかわりに自分の判断で労働時間を変更することができないこと。(4)

また、島貫は、正規労働と比較した場合の派遣労働の付加給付の少なさ、雇用の安定性の低さ、能力開発機会の少なさは有期労働契約と三者雇用関係の両方から生じていると指摘している。賃金の低さと労働時間の柔軟性の高さは有期雇用契約から、仕事の自律性の低さは三者雇用関係から生じている可能性があるという。そして、三者雇用関係は労働時間の柔軟性を高めることがない一方、仕事の自律性を低くするという点で、仕事の質を低くする可能性が高いという。(5) 解決方法として、派遣労働を、①最も労働時間の柔軟性が高い働き方にする、②最も雇用が安定する働き方にする、③最も労働市場で広く活用できる技能や専門性を蓄積できる働き方にすることを提言している。

2　事務職派遣経験者たち

本章で取り上げる事務職派遣経験者二十三人の経歴をみてみると、初職が正社員だった者は二十人、契約社員が一人、アルバイトが一人、仕事に就かなかったのが一人（結婚）だった。多くの者が初職で正社員として働いている。初職で正社員として働いた年数は平均三・三年、二番目の仕事以降で正社員として働いた回数は平均一・五回、年数は平均四・九年だった。

派遣労働に就く前に、派遣労働以外の非正規労働経験（パート・アルバイト、契約社員）があった者が十八人、多くの者が派遣労働の前に別の非正規労働を経験していた。

派遣労働者として働いた期間は、三年未満が一人、三年以上五年未満が六人、五年以上十年未満が八人、十年以上が八人、平均七年だった。派遣労働者として異なる派遣先に派遣された回数は、一―二回が五人、三―四回が八人、五―六回が四人、七回以上が六人である。一―二回の六人のうち、同一派遣先に九年勤務が一人、十三年勤務が一人含まれる。派遣回数の平均は四・八回である。また、派遣労働者として働いた期間の平均が七年、派遣回数の平均が四・八回なので、派遣先一カ所あたり一・五年程度勤務しているという状況である。

3 派遣労働者になったきっかけ――キャリア形成と自律性

事務職派遣経験者二十三人のうち二十人は初職が正社員だった。派遣労働者の初職は、厚生労働省の調査では約七五％が、日本派遣協会の調査でも約八〇％が正規雇用だった。まず、正規雇用で働いていた者がどうして派遣労働者になっていくのかを事例からみてみたい。事例①②は、事務職正社員を辞めたあと、非正規雇用でしか仕事に就けず、そのまま非正規雇用となったものである。

事例①　Aさん：女性／三十歳／短大卒／未婚

短大卒業後、車のリース会社に正社員として就職する。リース車両のメンテナンスを管理する部署で働いた。ディーラーとのやりとりや書類の作成、データ入力などをしていた。二年半勤務するが、事務の仕事だけで終わるのがいや、この職場で何を学べるのかわからない、やりがいが感じられない、自分のためにならないのではという思いから退職した。その後、やりたかった販売の仕事をアルバイトで始める。アルバイトで働き始めたのは、とりあえずアルバイトでいいと思ったからだった。販売のアルバイトの仕事は時給が低く（時給千円）、事務職に戻りたいと思い、二年半働いて辞める。仕事を探すが正社員では仕事がなかった。派遣社員だとすぐに仕事に就けたので、派遣労働者として事務職に就いた。最初の派遣先は二年半、次の派遣先は十カ月、現在の派遣先は一年半勤務している。

事例②　Ｂさん：女性／四十三歳／短大卒／未婚

短大卒業後、初職で正社員の事務職として就職する。バブル最後の年の入社である。月給は手取り十三万円程度。入社直後にバブルが崩壊して会社の業績が悪くなり、リストラが実施されるようになる。八年間は本社で一般事務をしていたが、九年目に新規開拓の部署へ異動した。会社のなかでも行き場がない人たちの寄せ集めのような部署で、内勤で一般事務を担当した。決まった仕事がない、いいように使われているという閉塞感から退職した。正規雇用の仕事を探したが見つからず、その後ずっと派遣社員↓契約社員↓派遣社員で働いている。正規雇用の仕事を辞めた直後はハローワークに通っていたが、応募したい求人はなかった。簿記二級の資格を独学で取得し、正社員の仕事を希望したが、見つからなかった（当時、二十八歳から二十九歳）。新卒か中途でも二十五歳まで、三十歳近い人はいらないのだろうと思った。そこで派遣会社に登録した。最初は事務職派遣の仕事がきたが、現在は駅からバスで二十分かかる朝八時出勤の工事現場の庶務担当として派遣で働いている。

事例③　Ｃさん：女性／四十三歳／短大卒／未婚

次に、初職で事務職以外の正規雇用の仕事に就き、事務職に就きたくて正規雇用の仕事を辞めるが、非正規雇用でないと事務職に就けなかった事例である。

短大卒業時に栄養士の資格を取得（その後、管理栄養士の資格を取得）、初職で病院の食堂の栄養士として就職する。月給は手取り十六万円程度。朝六時から十五時までの勤務で、立ちっぱなしで重いものを持つ仕事で腰を悪くして離職した。その後、事務職として派遣社員（三年）↓派遣社員（一年）↓派遣社員（四・五年）↓正社員（五年）↓派遣社員（五年）を経験した。事務職の経験がなかったので、派遣社員でしか事務職に就けなかった。途中の正社員は派遣先の上司が別会社を立ち上げることになり事務職としてこないかと誘われた。正社員として手取り十八万円だったが、残業は月六十時間から八十時間で、うち四十時間はみなし残業だった。年俸制と言われた。二〇一一年の東日本大震災で会社の経営が危なくなり、早期退職の募集に応えるようにして退職した。この会社には約五年間勤務した。正社員退職後、教育委託制度を利用して大学の中小企業診断士資格取得講座で半期学ぶ。中小企業診断士の資格は取得しなかったが、ビジネスやパソコンを学ぶ。講座終了後、正社員で仕事を探すも見つからず、経済的に厳しくなり再び派遣として働く。

事例④　Dさん：女性／三十五歳／大卒

正社員を辞めてやりたい仕事に就くが、その仕事は非正規のために限界を感じ、方向転換するも派遣でしか仕事が得られなかった事例である。

秘書・翻訳担当の正社員として三年間働く。月給は二十五万円程度。毎日二十三時ごろまで残業していたが、残業代は出なかった。翻訳作業はある一定額がインセンティブとして支給され、三カ月で二十万円程度になった。ただ、かかった時間には見合わなかった。三年間働いたところで、取引先に誘われて環境関連の会社に正社員として転職した。そこで秘書として働くが、もっとフィールドに出て仕事がしたい、オフィスワークがいやだ、花を通して社会に貢献したい、フラワーコーディネーターの仕事がしたいという思いが強くなる。一年間、週末にフラワーコーディネータープロ養成講座に通い、三年間勤務した正社員の秘書の仕事を辞める。大手生花店にフラワーコーディネーターとして入社するが、アルバイトだった（時給は最低賃金の八百五十円からスタート、三年半勤務するが辞めたときの時給は百円上がった程度）。三カ月たつと正社員になれると言われていたがなれなかった。正社員になれる人はほとんどおらず、店長もアルバイトだった。大手生花店は軍隊のような働き方でついていけず、三年半勤務したところで退職した。その後は事務職に戻りたいと思うが、派遣社員でしか事務職の仕事がなく、派遣社員として働いている。

事例⑤⑥は正社員を辞めざるをえない状況があった（倒産、セクハラ）事例である。

事例⑤　Ｅさん：女性／三十九歳／専門学校卒／既婚

一九九八年に専門学校を卒業したが、当時は景気が悪く、求人票はほとんどこなかった。ＯＧ訪問にいっても、話はするけど採用はないよ、と言われるような時期だった。通っていた専門学校の経営者のつてで正社員で就職することができた。月給は二十万円程度。一年目は経理、二年目から三年目は営業内勤を担当するが、三年目に会社が倒産する。社内では同業他社に移った人も多く、声もかけてもらったが、不況業種だったので、再び倒産になるのではと思って断る。好きなことをしようと飲食店で二年弱アルバイトをして、再び正社員として働こうと就職活動をするが、仕事がなく、派遣社員として働くことになる。二〇〇四年から同じ派遣先に十三年間勤務している。

事例⑥　Ｆさん：女性／二十九歳／大卒／既婚

大学卒業後、正社員として勤務（約三年）。会社でセクハラにあい、そのことを人事に告げたところ、人事がセクハラをしている当事者に対してセクハラの訴えがあったことを伝えた。そのせいで当事者が激怒し、職場にいられない状況になり退職した。その後、結婚し、派遣社員として働き始めた。正社員として働きたいと思うが、中途採用で正社員になるには経験がないとみなされる。派遣労働で働いた経験は評価されず、逆に採用しない理由にしている感触がある。正社員としてなかなか採用されず、派遣社員として働く（現在三社目、三年弱派遣）。

なお、本調査の事例のなかでセクハラの事例は四つあった（正社員を辞めたのが二事例、アルバイトを辞めたのが一事例、派遣先を変わったのが一事例）。

次は、留学やワーキングホリデーのために正社員を辞め、帰国後、非正規でしか働けなかった事例である。

事例⑦　Gさん：女性／二十八歳／専門学校卒／未婚

旅行関連の専門学校を卒業後、正社員として旅行会社に就職する。旅行業務取扱管理者の資格を取得している。毎日二十時か二十一時ごろまで残業し、手取りは残業代を入れて二十万円に満たない程度だった。職場の雰囲気はピリピリしていた。三年間働いたところで、もともと行きたいと思っていたワーキングホリデーに行く。学生のときはお金がなくて行くことができず、親からは「三年働いてから行け」と言われていたので、そのようにした。ワーキングホリデーでは、日本食レストランにしか雇ってもらえず、そこで働いた。帰国後、正社員としては仕事に就けず、アルバイト（三カ月）→契約社員（三年）→派遣社員になる。

事例⑧　Hさん：女性／四十五歳／大卒／未婚

一般事務の正社員として三年勤めたのち、学生時代には金銭的余裕がなくてできなかった短期語学留学をする。帰国後、正社員の仕事を探すが見つからず、派遣で働く。ハローワークにも行ったものの魅力的な求人はなかった。その後、四つの派遣先で計六年間働く。社会人になったときから学んでいたフラワーアレンジメントで上位資格を取得できたことをきっかけに、花に関する仕事に就こうと思い、結婚式場に入っている大手生花店にアルバイトから入社して契約社員になる。六年間勤務するものの、勤務先が結婚式関連から撤退することになり、退職を余儀なくされる。生花店の仕事は体力的に厳しく、やれるのは三十代半ば過ぎまでと考え、難しい選択だったが事務職に戻ることにした。事務職は派遣社員でしか仕事がなかった。

事例⑨　Iさん：女性／三十七歳／短大卒／未婚

正規雇用からアルバイト・派遣社員を経て正規雇用になるが、正規雇用を辞めて派遣社員に戻った事例である。正社員として働いていたが、地味な職場がいやで、ここにいたら自分がだめになると思った。先輩たちをみても「ああはなりたくない」と思った。三年は楽しくやったが、職場に派遣社員の人がきていて、派遣社員なら大きい会社に行ける、丸の内ＯＬができると聞き、退職した（正社員として三年勤務）。派遣社員として受付業務に就くが、受付では先がないと思い、その後、複数のアルバイト、派遣労働を経験した。正社員にならなくてはだめだと思い、正社員の仕事を必死で探して、三十四歳のときに販売職で正社員として採用される。しかし、月給十七万円、九時半から二十時までの勤務がいやになるとともに、体調不良になり退職した（約一年間勤務）。その後、再び派遣社員として働いている。

ここまで初職が正規雇用だった事例をみたが、次に初職が非正規雇用だった事例をみてみたい。

事例⑩　Ｊさん：女性／三十三歳／専門学校卒／未婚

保育科卒、保育士・幼稚園教諭の資格あり。専門学校卒業後は、証券代行会社に契約社員として勤務した。激務だったので二年半で退職する。その後、派遣社員になり、現在は五つ目の派遣先で働いている。派遣社員として働きながら、訪問介護士、ヘルパーの資格も取得するが、資格がある仕事では働きたくない。三年間、声優養成所に通っていて、声優になりたいと思っている。

事例⑪　Ｋさん：女性／四十歳／専門学校卒／未婚

マッサージの専門学校に通う（三年間）。資格を取得し、マッサージ店で働くことになるが、正社員としての雇用がなく、アルバイトとして仕事に就く。八年働くが、正社員にはなれなかった。仕事中のセクハラや同僚からのパワハラで退社した。マッサージ店アルバイト（八年）→アルバイト（二カ月）→工場やコールセンターで派遣社員（一年程度）→ハローワークのトライアル雇用（半年）→ハローワークからの紹介で独立法人で簡単な事務作業→無給ライター（半年）→派遣事務補助（三年）→派遣事務補助（二カ月）→派遣事務補助（二カ月）。

ずっと非正規雇用で働いているが、ハローワークのトライアル雇用をきっかけに事務職に転換している。

本節のまとめ

対象者二十三人中二十人が初職は正規雇用だったが、現在は派遣労働で働いている。派遣労働で働くことになった経緯は、①事務職正社員を辞めたあと非正規雇用でしか仕事に就けず、そのまま非正規雇用、②初職で事務職以外の正規雇用の仕事に就き、事務職に就きたくて正規雇用の仕事を辞めるが、非正規雇用でないと事務職に就けなかった、③正社員を辞めてやりたい仕事に就くがその仕事は非正規雇用のために限界を感じ、方向転換するも派遣でしか仕事に就けなかった、④正社員を辞めざるをえない状況があり（倒産、セクハラ）、正規雇用を辞めたあと、非正規雇用でしか働けなかった、⑤留学、ワーキングホリデーのために正社員を辞め、帰国後は非正規雇用でしか働けなかった、⑥初職が非正規雇用で、そのまま非正規雇用として働く、などだった。女性は一度、非正規雇用になると、なかなか正規雇用になれないという社会構造を反映している。

また、正規雇用で働いていても、「この職場で何を学べるのかわからない、やりがいが感じられない、自分のためにならない」（事例①）、「決まった仕事がない、いいように使われているという閉塞感」（事例②）、「先輩たちをみても「ああはなりたくない」と思った」（事例⑨）という状況になったり、残業代がきちんと支払われなかったり（事例③④⑦）、セクハラがあり対応が不十分だったり（事例⑥）と、正規雇用の働き方が自律的といえるかは難しい状況がある。

今回の事務職派遣経験者のなかに、栄養士資格保持者が二人、美容師資格保持者が一人、保育士資格保持者が一人の計四人の国家資格保持者がいた。民間資格だがマッサージ師資格保持者も一人いた。[6] 保育士資格保持者以外の栄養士、美容師、マッサージ師の資格保持者は初職で資格職に就くものの、その後、事務職への転換を希望し、事務職の正社員では仕事が見つからずに派遣労働で働いていた。そして、派遣の事務職経験が次の事務職系の仕事に（非正規ではあるが）つながっていた。栄養士は体力的に無理、美容師は子どもがいるので土日を休みとしたい、マッサージ師はセクハラにあったという理由で離職していた。保育士資格保持者は、資格はもっているが保育士として働いた経験はなく、保育士は薄給で激務と聞くので働きたくないということだった。栄養士、美容師、保育士は女性職といわれる職種だが、国家資格が必要な専門職としては賃金が比較的低く、働き方が厳しい状況がある。

第三に、非正規社員から正社員になった事例もあるが、正社員の賃金が低い、忙しいなどの理由で再び離職している。事例⑨では派遣労働の先行きに不安を感じて正社員の仕事を探し、正社員の仕事に就くものの賃金の低さと長時間労働で離職している。具体的には、①障害者施設の事務・管理（年収四百万円）、四年勤務、多忙と残業の多さで離職、②事務職、月給十八万円、五年勤務、希望退職募集で離職、③保険の営業員、三年勤務、あわなかったので離職、などである。

四十五歳の対象者は、四十歳以上で正社員の仕事の求人はほとんどないと話した。もしあったとしても「経験五年から十年以上、TOEIC八百点以上、大卒四十五歳未満」が正社員の条件のように感じる、ハローワークにある正社員の求人は介護や輸送などが多く、月給二十万円未満だと述べていた。

4　知識・スキルの取得

二〇一五年改正法で、派遣元会社には有給で無償の教育訓練とキャリアコンサルティングが義務づけられた。知識・スキルの取得について考える。

事例①　Lさん：女性／四十二歳／短大卒／既婚

二〇一七年一月に派遣元会社から「一年以上雇用がある人は教育訓練があります」という連絡がきた。その教育訓練はeラーニングで内容はゆるく、ためになるものではなかった。二十コース近くあり、一コース三十分である。学ぶ時間の時給は支給されるが、勤務時間外にやるようにと指示された。eラーニングの開講時間は九時から二十一時三十分、日曜日は休むように言われているので、実際にはやるのが難しかった（勤務は九時から十七時三十分）。受講しないとペナルティーをとられるとは聞いていないが、受講することが重要のようだった。受講内容と実際の業務にずれがあった（例えばExcelのバージョンなど）。教育を受けるなら実務に沿ったもの、必要なものをやりたいと思う。英語でのメールの書き方、ビジネス英語などを学びたい。

事例②　Mさん：女性／四十三歳／大卒／既婚

外資系企業で時給千九百円を維持しながら働いている。大学卒業後、結婚・転居して専業主婦。正社員経験なし。二子出産後、二十九歳からパートとして働き始め、三十歳で派遣社員になる（このとき、前職がパートのために複数社落ちている）。以降、派遣先は七社を数えるが、そこで共通する知識やスキルを派遣元の支援などで学べたりはしていない。自力でMS（Microsoft Office）のスキル、BATIC（国際会計検定）、TOEIC六百七十五点を取得した。

事例③　Nさん：女性／四十一歳／短大卒・栄養士資格取得

栄養士資格によって初職は正社員で細菌検査の仕事をする（一年）が、クリエイティブ関係の仕事に就きたい気持ちを抑えられず、退職した。雇用保険をもらいながら職業訓練に半年間通い、印刷やグラフィックに関連するスキルを学んだ。DTP（デスクトップパブリッシング）の知識・スキルで正社員として就職するが、その後、創作活動をしたいと考えて派遣社員になる。以降はDTP関連で派遣労働を続けた。社員に研修や成長のためのプログラムがあって派遣にはないことは不満であり、同じ仕事をしていると自分が成長できていないのではないかと感じている。

事例④　Kさん：女性／四十歳／専門学校卒／未婚

専門学校卒業後、マッサージ師（アルバイト）として働くが、セクハラにあい退職。その後、工場やコールセンターで派遣をした。ハローワークの「トライアル雇用」で事務職の仕事を斡旋してもらう。「事務職経験あり」が条件だったが、事務職経験はなく、事前にパソコンなどの研修を受けることもなく仕事に就いたので、職場では仕事をさせてもらえなかった。しかし、この職をきっかけに、非正規ではあるが事務系仕事に採用されるようになった。派遣先や派遣元に対しては、ちゃんと育ててほしい、書類で引き継ぎをしてほしいと思っている。

本節のまとめ

派遣元会社からパソコン教育などのプログラムが用意され、二〇一五年の法改正後、派遣元はより充実させようとしている。対象者の約六〇％が研修を受講していた（研修を「受講していない」が二〇％強、「不明」が二〇％弱）が、事務職派遣として働いている今回の対象者にとっては基礎的な内容と受け止められていた。「キャリア相談」は、対象者の約五〇％が受けていたが、「受けていない」が二〇％強、「受けたくても受けられない」が一〇％弱、「不明」が二〇％だった。

多くの調査対象者にとって働くためのスキル（パソコン、英語など）は自分で身に付けることが求められている状況があり、この点は不満にもつながっていた。派遣労働者と正社員がまったく別の職務を担当している場合、OJT（オンザジョブトレーニング）もほとんどなく、担当職務をこなしていかなくてはならない状況があった。派遣労働者と正社員が同じ仕事を担当している場合は、正社員からOJTとして仕事内容を学んでいた。

教育訓練が就職に結び付かない場合もある。「トライアル雇用」を利用した元マッサージ師のKさんは、それがきっかけで事務職の派遣へ転換できたが、教育委託制度を利用して講座に半年通ったCさん、独学で簿記二級の資格を取得したBさんのどちらも正社員としての就職には結び付いていない。Kさんの「トライアル雇用」は事務職経験がないにもかかわらず事務職経験を求める職場で働き、かつ事前の研修もなかったので、仕事をほとんどしていない事態が生じていたが、「事務職に就いた」経験が事務職派遣への転換につながっていた。

小野が指摘したような変化──「段階的」な職種別のスキルレベルの振り分けと、ゆるやかな賃金の紐づけ、これを教育訓練やキャリアコンサルティングと「体系的」に結び付け、派遣労働者のキャリア形成を考えたマッチングの実施の実例[7]──は確認できなかった。この点はこれからなのかもしれない。

5 契約期間中の離職と自律性

次に、契約期間中に離職した事例に着目して派遣労働の自律性について考えてみたい。

事例① Aさん：女性／三十歳／短大卒／未婚

年齢的に転々とはしたくないが、仕事がやりづらく契約満了の前に辞めることにしたという。派遣社員と正社員の仕事がはっきりと分かれていて、派遣社員がアシスタントを担当し、社員は別の仕事をしている。同じ仕事をしている正社員がまったくいない状況で、正社員が派遣社員に仕事の指示をするが、派遣社員の仕事の中身をわかっていない。派遣社員がやっていることを社員が理解していないという。何度かそのことを派遣元に訴えたがわかってもらえないことからあきらめて辞めることにした。

事例② Kさん：女性／四十歳／専門学校卒／未婚

一緒に仕事をしていた社員が途中で辞め、そのあと人が入らず、「このままいけるよね」と言われ、二人分の仕事を一人でやった（一年半）。時給は千百円のままで別の仕事まで担当した。打ち合わせに出ていないので状況がわからないまま、正社員から丸投げの指示を出され、なんとかやってみると「ちょっと違う」と言われた。負担が大きくなり、時給は変わらないので先行きに行き詰まりを感じて辞めなければならないという思いに駆られた。

事例③　Oさん：女性／四十三歳／専門学校卒／未婚

それまで二十社ぐらいの派遣先で働いたが、一カ月で終わりになった派遣先や、上司が代わったりプロジェクトが変更になったりで「明日から来なくてもいい」と言われた派遣先もある。予定期間未満で契約終了になる場合は一カ月分の給与をもらい、派遣元から言われて念書を書くことになる。短期で切られることも多い。近いうちになくなる仕事だったり、未経験の職種に雇われたりするなど、二週間でクビになったこともある。

事例④　Pさん：女性／三十八歳／大卒／既婚

派遣先の上司を信頼していたので、派遣健保（人材派遣健康保険組合）の産休・育休の取得を希望していることを伝えたところ、派遣先上司の態度が変わり、次の契約更新を渋られる状況になった。また、妊娠がわかった直後から週五日の勤務を週四日に変更してもらっていたが、産休・育休取得の希望を派遣先上司に伝えたあとに、週五日勤務してほしいと告げられた。通常は職場に常駐している派遣デスク（派遣元の社員）に勤務や仕事の要望を伝え、それを派遣先に伝えてもらう。今回、派遣デスクを通さず直接派遣先上司に告げたのは、そのほうが角が立たないと思ったためだった。

事例⑤　Qさん：女性／五十三歳／専門学校卒／既婚

同一派遣先で約十年間勤務している。派遣先から派遣法の改正に関するチラシが届き、自分から申し込んで、派遣法の改正で自分の雇用がどうなるのかを派遣先に聞きにいった。派遣先の部長とコーディネーターが対応し、

「三年後に現在担当している事務部門で働けるのか」と聞くと、「事務部門にはいられない」と言われた。「どうなるのか」と聞くと、「三年を超えそうになったときに、ほかの仕事を紹介する。しかし、事務職でない可能性はある。いまの職場の課長はQさんのことを気に入っているが、次の課長はもっと若い人を希望するかもしれない」「事務職ではないかもしれない。年齢も年齢だし」と言われた。派遣先に、直接雇用してほしい、時給を上げてほしいと言ったが、予算的に厳しい面があり、直接雇用はできない、時給は上げられないと言われた。

本節のまとめ

ほとんどの対象者が契約期間満了前に辞める、もしくは派遣を打ち切られる経験をしていた。仕事上の困難や問題は派遣元社員から派遣先に連絡する仕組みになっているが、それがうまくいかない場合の離職が事例①だが、仕事の内容をまったく理解していない社員からの指示で働くという状況であることがわかる。事例②ではもともとの契約以上の仕事を同じ賃金でやることがあることがわかる。いずれも自律的とはいえない働き方が派遣労働からの離職につながっている。事例③と事例④では、派遣先の都合で契約期間満了前に契約終了することが簡単なこと、事例⑤では二〇一五年改正法の影響が出ていることがわかる。

6　派遣労働者は、正社員としての働き方／派遣の働き方／二〇一五年改正法の影響をどうみているのか

最後に、派遣労働者が正社員としての働き方、派遣の働き方、二〇一五年改正法の影響をどう捉えているのかについて検討したい。

事例①　Rさん：女性／二十八歳／専門学校卒／未婚

派遣社員やアルバイトは責任がそんなにないので、気持ちが楽である。新卒で入った会社では正社員があまりいなかった。契約社員や派遣社員が多かった。そのなかで、正社員だからと責任が重い立場で働くことを求められたが、二十歳そこそこでとても大変だった。この経験から正社員にこだわらなくなった。いまの派遣先からは三年以上の勤務はないと言われている。

事例②　Fさん：女性／二十九歳／大卒／既婚

現在、正社員の仕事を探しているが、決まらない。面接まで進んだこともあるが、書類が通らないことも多く、こんなに難しいとは思っていなかった。派遣社員で働いた期間が長くなってしまっていた。大企業は派遣社員で働いた経験で不採用にしている感触がある。

派遣社員は仕事の探しやすさがいい。自分の条件（勤務地、勤務時間）に合った勤務先を見つけることができる。派遣として働く不満は給与の低さ。交通費なし、ボーナスなし。同じような仕事をしている正社員が自分の三倍の給与をもらっていると思うと、何かしらのフラストレーションを感じる状況である。

事例③　Aさん：女性／三十歳／短大卒／未婚

派遣社員は、希望する働き方がしやすい。言いづらいことは派遣元会社から言ってもらえる。正社員はその会社のやり方でやるしかない。正社員だから我慢していたことも多かった。派遣社員はやりやすい。正社員は怖い。つらいなと思ったらどうしようと考えてしまう。派遣はどうせ派遣だと思われていて、期待されていない。

事例④　Dさん：女性／三十五歳／大卒／未婚

派遣のいいところは、自分を最優先できること。時間も気持ちも自分を最優先にできる。会社を出てから、会社のことを考えることはない。派遣はストレスなし。正社員は目標設定があり、成果を求められる。これが大変である。正社員は辞めにくいが、派遣はいやなら辞められる。

派遣の悪いところは、自分のような考え方の人が多いと業務はこなすが、部署としての成長を阻害することになると思う。会社は派遣社員をただのコマとしてみている。期待していない。期待されていないと派遣社員も感じている。会社での自己成長のための努力をしない人が（派遣社員には）多い。自分が早く帰るための工夫はするが、この会社を成長させるためにどうするかは考えない。

事例⑤　Iさん：女性／三十七歳／短大卒／未婚

正社員になりたい。社会的な安定感が違う。いつまでも派遣社員はまずいと思っている。結婚して派遣社員ならいいとは思う。いまいる派遣社員の一人で近々辞める人も結婚している。結婚するか正社員か。三十歳になってからはいつも心の片隅に正社員にならなくては、という気持ちがある。年齢制限が怖い。

派遣社員から正社員になった人を自分は知らない。派遣社員は雇い止めもある。会議も出られない、呼ばれない。決まったことを伝えられるだけ。大事な仕事も任せられない。目標クリアも派遣には関係ない話。それがよくて派遣になっている人も多いが、自分も二十代では何も考えなかった。

五年ごとの更新で、五年十年と同じ派遣先で働いている人がいるが、これからは三年で切られる。この先どうしようと自分のまわりの人はみんな不安がっている。なぜ派遣のような働き方があるのかと思う。

事例⑥　Nさん：女性／四十一歳／短大卒／既婚

正社員は研修などがあり、成長プログラムもあり、異動や昇進がある。派遣社員は、同じ仕事をずっとすると自分が成長できていないのではないかと閉塞感を感じる。モチベーションの維持が大変である。給与の差についてはあまり考えないようにしている。

事例⑦　Bさん：女性／四十三歳／短大卒／未婚

求めるものは雇用の安定。長く働けるところを探したいと思う。派遣のいい点はブラック企業だったらすぐに辞められること。セクハラをされたら派遣元に言える、相談できる。実際に会社に入ってみないと、会社の雰囲気や人間関係がわからないのが現状。（派遣法が改正になったが）三年たっても正社員になることはまったくできないだろうなと思っている。正社員登用の可能性もあるとはいうが、三年で打ち切りになると思っている。

事例⑧　Rさん：女性／四十五歳／各種専門学校卒／未婚

派遣社員は正社員との連帯感がない。「○○○ちゃん」（派遣会社名）とか「派遣さん」と呼ばれる。名前で呼ばれない。違うものみたいな。従業員というよりも設備のよう。パソコンのリースとかのようである。

本節のまとめ

正社員の働き方は、安定はしている／責任を求められるのが重荷／怖い、ストレスがある働き方と捉えられている。正社員の働き方に魅力がないため、派遣労働者になっている傾向がある。正社員だったときに、将来の展望などないまま、責任をもて、しっかり働けという圧力が強かったと推測できる。派遣の働き方は、仕事に就きやすい／いやなら辞められる／責任がないので気楽と捉えられている。しかしその一方で、ただのコマ／人として見られていない／正社員と大きな待遇差がある／期待されていない／キャリアとして評価されないと認識されている。

派遣元社員を通して派遣先に伝えてもらえれば仕事上の困難や問題を解決できる（解決した）と考えている傾向が強い。派遣先から、要望や不満、その他連絡は派遣元を通して伝えるようにと言われているからだが、自分の仕事上の困難や問題を自分自身で解決できないのは働くうえで自律性の大きな欠如ではないだろうか。対象者たちは派遣元社員から要望を伝えてもらえることを歓迎していて、それで働き方が改善することをよしとしているが、正社員として働いたときに仕事上の困難や問題を放置された経験、もしくは言えなかった経験があるのではないか。

二〇一五年改正法に盛り込まれた期限である三年を超えたときに派遣先で直接雇用になることができると考えている派遣労働者はいなかった。すでに、三年以上の勤続はないと言われていたり、別の職種になると言われている状況があった。

おわりに

本章では事務派遣労働者の働き方と自律性について検討した。その結果、以下の五つが明らかになった。

第一に、正社員の働き方は自律性がないと捉えられていた。派遣労働者のほとんどが正社員経験を経て派遣労働者になっているが、正社員をぜひなりたいもの、「自律的」に働くことが可能なものとは捉えていない。そして正社員として職に就いているときに、キャリアを転換したいと思ったことが（やりたかった仕事に就く、留学に行くなど）、再び正社員職に就けない事態を招き、派遣労働者になっている傾向があった。また、セクハラや倒産などで正社員を辞めざるをえない状況になり、その後、正社員職に就けず、非正規として働いていた。女性の場合、正規雇用の仕事を辞めると再び正規雇用に就けず、非正規雇用になりやすい傾向があり[8]、その大きな構造のなかに、派遣労働者の人々は置かれている。

第二に、派遣労働やアルバイトから正社員になる事例もあったが、再び非正規雇用になってしまっていて、正規雇用に定着していなかった。この点に関して高橋康二は、男性のほうが女性よりも正社員転換を経験しやすいことを指摘しながら、さらに男性の場合、初職が非正規雇用だった者が正社員に転換すると新卒で正社員になった者と同程度に勤務先に定着するが、女性の場合は初職が非正規雇用だった者が正社員に転換しても、新卒で正社員になった場合ほどは勤務先に定着しないと述べ、その背景に女性の場合、正社員転換先が中小企業や資格を要しないサービス職に偏っていることがあるという。女性の転換正社員の離職のしやすさは長時間労働や休日取得とは関連が弱く、職務レベルの低さや教育訓練の少なさなど職場での人的投資が過少であることと関連が強い点を指摘している。(9) 人手不足の事業所で「人手」として女性正社員転換者を受け入れていて、スキルを高めて活躍する将来像が描けないことから離職率が高いと考えることができるという。

第三に、自分で自律的に知識・スキルを取得してもそれを生かした働き方ができていない状況があった。専門学校や短大で国家資格を取得して栄養士や美容師になっても（保育士資格保持者もいたが初職で保育士になっていない）、その後事務職に転換しようとする傾向があり、事務職派遣はそのような層が事務職としての経験を得て、非正規雇用だが事務職へ転換する契機になっていた。栄養士、美容師、保育士は女性職といわれるものであり、専門職ではあるがほかの専門職と比べて低賃金、長時間労働である。これらの専門職の待遇を改善する必要がある。また、専門学校や短大で資格を取得して就いた職業から事務職への転職志向の背景に何があるのか、もっと検討する必要があるだろう。「トライアル雇用」の利用の事例は、派遣労働事務職への転換にはなったが、正社員の仕事には結び付いていなかった。また、自律的に簿記二級を取得した事例、教育委託制度で講座に半年通った事例も正社員としての就職に結び付いていなかった。自律的に得た知識・スキルを生かした働き方ができるようにしていく必要がある。

第四に、派遣として知識・スキルを自律的に得られない状況があった。正規雇用から非正規雇用になると、再び正規雇用になるのは難しく、多くの事例が、いわゆる派遣を「きざむ」状況、短期の派遣を繰り返す状況になっている。この状況で、事務職派遣労働者は派遣労働を通して知識やスキルを蓄積していないし、期待されているとも思っていなかった。知識・スキルの蓄積は本人にゆだねられていた。また、派遣労働経験が正社員応募時の不採用の理由として使われているのではないかと考える対象者もいた。不採用の理由として使われているかは定かではないが、派遣労働が評価されてはいないようである。小野が指摘した[10]ような変化——「段階的」な職種別のスキルレベルの振り分けと、ゆるやかな賃金の紐づけ、これを教育訓練やキャリアコンサルティングと「体系的」に結び付け、派遣労働者のキャリア形成を考えたマッチングの実施——は確認できなかったが、二〇一五年改正法後、派遣元会社は教育訓練とキャリアコンサルティングに力を入れようとしてはいる。これから変化する可能性はある。

第五に、ほとんどの対象者が契約期間満了前に辞める、もしくは派遣契約を打ち切られる経験をしていた。仕事の内容をまったく理解していない社員からの指示で働く、もともとの契約以上の仕事を契約時に提示された賃金のままでやらざるをえないなど、自律的とはいえない働き方が派遣労働からの離職につながっていた。また、派遣先の都合で契約期間満了前に契約終了することが簡単なこと、二〇一五年改正法の影響が出始めていることが明らかになった。二〇一五年改正法の影響としては、三年を超えた派遣終了時に派遣先で直接雇用になれると考えている派遣労働者はおらず、すでに三年以上の勤続はないと言われていたり、別の業種になると言われている状況があった。

ここまで事務職派遣労働の働き方と自律性について検討してきた。事務職派遣労働者の働き方は、知識・スキルが蓄積できない、仕事の内容を知らない正社員から指示される、派遣先都合の契約期間中の契約終了が簡単にできるなど、自律性が低い内実だった。一方で、多くの事務職派遣労働者の初職は正社員であり、彼女たちは正社員の働き方もまた自律的に働くことができるとみなしていなかった。「自律的」でない正社員の働き方からキャリアを転換しようとして、正社員を辞めることが正規雇用からの離脱、そして再び正規雇用に就けなくなる事態を招き、派遣労働者として働くことにつながっていた。派遣労働の自律性を考えることは正社員の働き方の自律性を検討することだった。

注

（1）水野有香「派遣労働問題の本質――事務系女性派遣労働者の考察から」、藤原千沙／山田和代編『女性と労働』（「労働再審」第三巻）所収、大月書店、二〇一一年

（2）小野晶子「就職氷河期以降の派遣社員の職種経歴――非事務系から事務系への職種転換の観点から」、労働政策研究・研修機構『派遣労働者の働き方とキャリアの実態――派遣労働者・派遣先・派遣元調査からの多面的分析』（「労働政策研究報告書」No.160）所収、労働政策研究・研修機構、二〇一三年

（3）小野晶子「派遣労働者のキャリア形成支援――派遣元に求められる対応を中心に」「日本労働研究雑誌」二〇一六年六月号、労働政策研究・研修機構

（4）島貫智行『派遣労働という働き方――市場と組織の間隙』有斐閣、二〇一七年

（5）同書

（6）本研究のインタビュー調査の対象者は四十人、そのうちの国家資格保持者の内訳は、調理師資格保持者が一人、栄養士資格保持者が三人、美容師資格保持者が一人、保育士資格保持者が二人だった。本章で言及しなかった事務職に転換していない調理師資格保持者一人と栄養士資格保持者一人は、派遣社員として資格とはまったく関連がない仕事を担当し（チョコレートの箱詰めなど）、その後、資格にやや関連した仕事（水質検査や微生物関連）をしている。民間資格保持者の内訳はマッサージ師資格保持者が一人、ファイナンシャルプランナー一級が一人、ファイナンシャルプランナー二級が二人、簿記二級が一人だった。その他として、訪問ヘルパー二級が二人だった。

（7）前掲「派遣労働者のキャリア形成支援」

（8）高橋康二「転職による正社員転換と雇用の安定」、労働政策研究・研修機構編『非正規雇用の待遇差解消に向けて』（「ＪＩＬＰＴ第３期プロジェクト研究シリーズ」No.1）、労働政策研究・研修機構、二〇一七年、大槻奈巳『職

務格差——女性の活躍推進を阻む要因はなにか』勁草書房、二〇一五年

（9）前掲「転職による正社員転換と雇用の安定」

（10）前掲「派遣労働者のキャリア形成支援」

第3章　派遣労働を積極的に選択するのは誰か

鵜沢由美子

はじめに

本章では、「派遣労働」という働き方を積極的に選択し、生き生きと働いている人たちを点描する。そもそも労働者派遣法は、一九八五年、正社員に代替できない専門的業務だけを派遣の対象として成立した。専門業務派遣は、会社の側にあったアウトソーシングのニーズと、働き手の側にあった専門能力を活用したいというニーズのマッチングによって成立する。「いい労働者供給」である労働者派遣の原点だということができるだろう(1)。しかし、派遣しうる業務の範囲は拡大し続け、九九年に派遣可能な業務を掲げたポジティブリストから、派遣できない業務を挙げるネガティブリストへと転換した。本書の各章でみるとおり、派遣労働はむしろ日本的雇用システムの正規成員のバッファーの役割を果たしている側面が見いだされた。

「専門的業務」について、派遣法が成立した当初しきりに発信されたのは、高度に専門的な技術や知識をもっているので、派遣元との交渉力もあり労働条件は相当程度高い、また派遣先も容易に見つけうるから雇用は途切れることはなく就労先が変わるとしても雇用は安定している、会社・労働者の双方にとって効率的で社会的にも有益である、という中央職業審議会派遣事業等小委員会『立法化の構想』についての説明だったという。[2]本章では、筆者たちが調査するなかで出会った、そのような「専門的な技術や知識」や「交渉力」を有し、積極的に「派遣労働」という働き方を選択してきた人たちを描き、その特徴を考察する。なお、記述には本調査・研究で得た質的・量的調査データを用いる。二〇一九年のウェブ調査をウェブ調査、二〇一七年のインタビュー調査を二〇一七年インタビュー調査、二〇二〇年のインタビュー調査を二〇二〇年インタビュー調査として示す。また、インタビュー対象者の語りは「 」に入れて記述する。

1 Aさんの事例――旅行添乗／通訳ガイド／五十歳代後半／女性

プロフィル

Aさん[3]は外国語に強い大学を卒業後、非営利国際機関に一般職で就職、のち転換試験を受けて総合職として勤務する。在職中にアメリカの大学院で経済学修士号を取得。その後、退職。夫の海外転勤に伴いアメリカに六年、イギリスに四年、居住する。在外時には二人の子どもの育児をしながら家族であちこちを旅行、旅行の楽しさを感じる一方で、アメリカの法科大学院を修了して英検一級取得、TOEIC九百三十点をマークする。日本在住の際には子どもの英語教室の講師を務めた。その後、四十八歳のときに当時は合格率一〇%だった国家資格、通訳案内士（英語）試験の合格を果たし、旅程管理業務主任証（国内・総合）も取得。育児も一段落し、実母も同居していたことから、資格を生かして海外添乗と通訳ガイドの仕事を始めた。

仕事の内容と一年の過ごし方

Aさんは、通訳ガイドとして一社（Z社）、海外添乗員として一社（Y社）の派遣元会社に登録している。[4]通訳ガイドは会社から仕事を請け負わずにフリーランスで活動する人もいるが、添乗員は派遣元会社一社専属登録というのが旅行業界の不文律のようである。[5]通訳ガイドとしては富裕層の顧客を日本のあちこちに通訳しながら案内している。海外添乗とともにいろいろな旅行会社の仕事が振られる。

国内通訳ガイドとしては、例えば二〇一六年、①三・四・五・九・十・十一月の六カ月間と②十二月二十日から一月五日（ただし十二月二十四日と一月一日の夜間業務を除く）の期間がZ社との業務専属。その期間は競合会社のツアーの業務をせず、必ずZ社の業務を受託することという覚書を交わしている。①の期間は毎月十五日、②の期間はうち七日間を委託の最低保証日数とする。また、①の期間については毎月最低四日は業務の委託をしない。この基本日数に満たない就業日数の場合は一日につき一万円が支払われる。

他方、海外添乗のY社は前述の条件を知っている。休暇取得日一カ月半前までに直接社長に書面かメールで休暇を申請し、社長と話し合いのうえで休暇を取得する。しかし、年末年始、五月の大型連休、お盆時期の休暇の申請は受け付けないことになっている。

前述のような条件によって、ほとんど休みらしい休みがない。年末年始にボリビアに添乗し、Z社に文句を言われたことがあるという。しかし、通訳ガイドと添乗は違うと主張して収まったということだが、それぞれの取り決めをみると、年末年始と五月の大型連休は業務がかちあう可能性がある。ボリビアの添乗を納得させ、その後も通訳ガイドの仕事を続けていることからは、Aさんの交渉力の高さがうかがえる。それと同時に、英語力や高い学歴、豊富な海外在住の経験などから、富裕層相手の通訳ガイドとして欠くべからざる存在だと考えられる。以下に述べる仕事ぶりからもわかるように、専門性に加え、臨機応変に事態に対応する能力も重要な資質だろう。

また、通訳ガイドのほうは有料の研修がGIYSS（通訳ガイドの団体）によっておこなわれている。その研修費は、例えば箱根についての研修なら一日で二万円と高額である。Aさんは講師を務めることもある。その場合は三万円の講師料だそうだ。

仕事のいい点と悪い点

いい点は、本物にふれられることだという。例えば、信楽焼。近頃は体験型観光が人気なので、いろいろな経験が富裕層のお客さんとともにできる。また、美術品などもしばしば鑑賞できる。いろいろな経験ができる。

悪い点は、労働上の問題である。例えば、通訳ガイドは経費を全部自分で立て替えなくてはならない。数十万円になることもある。また、十九日に及ぶ通訳ガイドも担った（瀬戸内の各島の美術展巡り）。通訳ガイドの仕事や添乗の仕事はいったん入ると夜昼かまわず顧客の対応をしなくてはならない。そんなに連続して働くことはどうなのかと思うという。また、様々な問題が現場で起き（ダブルブッキングなど）、富裕層の客のわがままなどで急に日程や行き先を変更して大変な思いをする。例えば、ユニバーサルスタジオに行く予定だったのに客が急に伊勢神宮に行くことを希望し、自分自身行ったこともない名古屋に三泊もして案内しなくてはならないはめになった。そこから東京にきて金沢に移動する際、乗り継ぎがスムーズにいかなくなり、大荷物をもって中央線快速に乗らなくてはならなかったこともあるという。

収入

旅行添乗員の場合、累積添乗日数が賃金を決める一つの基準である。Aさんの添乗日数は千日以上を超え、最高ランクの日給がもらえている。また、客のアンケートの評価は「成績表」であるために重要で、客のアンケートで五段階のなかの四・五以上でないといい仕事が回ってこないという。年収五百万円くらいである。

Z社：四時間まで一万八千五百円、六時間まで二万千円、十時間まで二万六千円、十三時間まで三万二千円。加えて交通費実費、昼食・夕食代が出る。また、富裕層の客から十万円のチップをもらえることもあるという。

Y社：基本的に時給だが、所定内労働のほか深夜労働、打ち合わせなどがある。八日間の一回の添乗で二十万円程度。

派遣労働について

Ａさんは、添乗の仕事も通訳ガイドの仕事も、その仕事に向けて資格を取って経験を重ねてきた。やりたいことを仕事にしたら、それがたまたま派遣の形態だったという(6)。それぞれの仕事で富裕層を対象にした仕事をすることが多いこともあり、顧客の仕事を直接受けるサイトを見ることもあるが、種々のリスクがあると考えている。そのリスクは冒したくない。マージンを取られるが、研修が受けられ、顧客との間に派遣元会社が入ることで安心が得られるという。そのためにはいい方法だとは思うが、労働条件などにいろいろと不満や不明な点がある。

新型コロナウイルス感染症禍の対応

Ａさんは、困難な出来事にあっても何らかの打開策を見いだして次のステップアップにつなげている。二〇一〇年に通訳ガイドの資格を取ったすぐあと、翌年東日本大震災があって日本国内の通訳ガイドの仕事が壊滅状態になったが、それを契機に海外添乗を始めたのだという。コロナ禍の前、二〇一七年インタビュー調査のあと、二〇二〇年インタビュー調査までの三年間は、インバウンド需要が毎年一千万人増える状況だった。そして二〇年は国としても東京オリンピックを見据え、四千万人のインバウンド需要を見込んでいたところにコロナ禍になった。桜の時期は通訳ガイドの仕事が最も忙しい時期であり、東京オリンピックまでぎっしり予定が入っていたが、三月後半からすべてキャンセルになった。その後、ＡさんはＧＯ ＴＯトラベル政策が実施されている最中は国内添乗の仕事もしていた。逆境を力に変えるＡさんは、この「失業」期間、オンラインで大学の観光地経営の企画立案講座を受講して修了証を取得、東京シティガイド検定にも合格、お茶や着付けの教室に通い、インバウンドの需要に備えるなど準備に余念がなかった。

将来展望

二〇一七年インタビュー調査では、東京オリンピックを見据え、少しずつ通訳ガイドに重きを置いていきたい、いまは通訳ガイド・海外添乗が半々で「世界遺産をすべてみたら、海外添乗は卒業してもいいかな（笑）」と語っていた。二〇二〇年インタビュー調査であらためて確認したところ、以下のように語られた。添乗員の働き方としては、大手の旅行会社が作る添乗員の派遣元会社の専属になる方法もあり、そうすると身分保障もされ安定すると思うが、年に百二十日以上飛ばなくてはいけないなどと縛られる。「自由を取るか保障を取るか」ということで、Aさんは通訳ガイドと海外添乗の両方ができる「自由」を選んでいる。賃金でみると、通訳ガイドのほうは確固とした資格があるので一日十三時間働けば三万円＋αもらえるが、海外添乗はどんなに時間外を含めて働いても一日二万円ちょっとしかもらえない。賃金体系は通訳ガイドのほうが恵まれているが、急にキャンセルになったりするリスクがある。安定して一日につき二万円以上もらうには、どちらも欠かせないということだった。気力と体力があれば八十歳超えてでもできる。少なくとも六十歳代で活躍している人はいる。

〈天職がたまたま派遣労働〉

話を聞くと、客の苦情や要求は過大である。海外添乗では、客は説明書を読まず、飛行機の席やホテルのベッド、旅先の天候に至るまですべて添乗員の責任になり、急病の手当て、飛行機遅延などがあっても行程を守り、旅行中に起こるすべてに対応しなくてはならない。また通訳ガイドも、富裕層にとって旅程とはあってないようなもので、いろいろな要求が降って湧いてくるが、それをすべて満足させなくてはならない。

しかし、添乗員や通訳ガイドを管理する立場になりたいかというと、それはまったくないという。デスクワークが嫌いで現場が好き。天職に就けるのがたまたま派遣労働という形態だったといえるだろう。

ウェブ調査によると、ソフトウエア開発で働く派遣技術者の将来展望には幅がある。すなわち、派遣元会社で無期雇用になって派遣先で働きたい人（三二・九％）、いわゆる直接雇用で正社員として働きたい人（二七・四％）、有期派遣で働きたい人（二六％）などとなっている。有期派遣で働きたい人のなかでも「有期派遣で、色々な派遣先会社で働きたい」（一二・三％）という希望をもつ人は、もともとの派遣労働の働き方に最も肯定的だといえるだろう。なぜなら、前述のように「専門的な技術や知識をもっている」労働者は賃金を含む労働条件などの交渉力があるとみなされて派遣労働は導入されたからである。[7]ここで紹介するＢさん[8]はそんな派遣労働に肯定的なソフトウエア開発の派遣労働者である。

2　Ｂさんの事例——ソフトウエア開発／四十歳代前半／男性

プロフィル

Ｂさんは短大の電気科を卒業したのち、まず正社員として自動車部品を取り扱う会社に入社し、試作品を評価する仕事に就く。しかし、外面がいいのに仕事をしない先輩が評価されることに納得がいかず二年半ほどでその会社を辞め、派遣労働の道に入る。以降、仕事の魅力（案件の大きさと新しさなど）と対価（収入）が、Ｂさんが仕事を選ぶ基準になる。大手の総合派遣会社に登録し、重要な業務が災害時に中断しないようなシステム作りや顧客管理・世帯管理・補助金・助成金などに関するウェブサービスの立ち上げ、リニューアルなどの仕事に官庁や企業、大学などで取り組んできた。二〇一七年インタビュー調査の時点では実家で両親と三人暮らしをしていた。

日本のＩＴ業界の特徴とＢさんの経験

日本のＩＴ業界の特徴として、外部のシステムインテグレーターが、顧客であるユーザー企業の業務システムを開発していて、人手が足りずに外部調達し多重下請け構造が形成されていることが挙げられる[9]。人月工程主義を取り、常駐開発する多重下請け構造の現場では偽装請負や多重派遣になることも多い。Ｂさん自身も「業務請負している会社に派遣されている状態」だったり、「案件が他社に移った」ため派遣先の仕事がなくなったりと、働き方の妥当性に疑問符がつくことも多かったようである。また、とあるシステムづくりの仕事が大手の会社の「（Ｂさんが経験する）初めての一次請け」でやりがいを感じたと述べているように、多重下請け構造のなかで奮闘してきた様子もうかがえる。

そのようなソフトウエア開発の現場での経験を重ね、Ｂさんは実力が評価されて徐々に時給が上がっていき、いやになったら短期間で辞められる有期派遣の働き方を肯定的に語る。ある会社では「「スーツを着てこい」と言われたが、囚人服みたいな服を着て、自分は仕事をしたくない。そういう服を着ている人は人間的にネガティブな人である。また、言われた仕事とは違う仕事をやらされた。その会社がいいか悪いか、三日でわかる。今回は妥協して我慢していた。一カ月間、一応いた」と語り契約更新を断ったという。

収入

Ｂさんの月収は四十五万円から五十万円ということで、月収四十七万五千円とすると年収は五百七十万円ということになるだろう。ウェブ調査によれば、ソフトウエア開発に従事する派遣労働者の方々の年収は「二百万～四百万円未満」が三五・六％、「四百万～六百万円未満」が三一・五％、次いで「二百万円未満」が一一・〇％、「六百万～八百万円未満」が九・六％、「八百万円以上」は累計して六・九％（五人）だった。派遣労働としてみると、ソフトウエア開発の時給は相対的に高いが、そのなかでもまずまずの収入を得ているといえるだろう。

正社員や業務委託などほかの働き方と比較した派遣労働の魅力

そんなBさんは「正社員になること」について以下のように語る。「正社員のほうがマイナス。百人の人としか会えない。派遣ならば、会社が百社あれば一万人の人に会える。多くの人との出会いがある。また、派遣会社のほうが、大きな会社に行くことができ、給料もいい」と。登録する派遣元会社から「正社員」の話[10]を受けたときにも、報酬面で折り合わなかったという。

さらに、ソフトウエア開発の現場は、前述のように多重下請け構造を成していて、中小のソフトウエア会社やフリーランスの技術者が業務委託されていずれかの部分を請け負って成立していることが多い。フリーランスで業務委託を受けるという働き方を選択しない理由を、以下のように語る。「周囲では派遣社員は自分だけ。業務委託が多いのでは？　派遣か業務委託かは、組織図（名簿）でわかる。なぜ自分が派遣社員をやっているかというと、税金の計算や手続きを会社でやってくれるから。税理士は信用できない。友人は独立している人が多いし、会社を作る人もいて昔は誘われたこともある。だが未来がなさそう。低空飛行しそう。自分は金銭について嗅覚が鋭い」

こうして、派遣法が改正されて雇用の安定が図られることなどに興味はもたず、「実力があれば、なんでもかなう業態である。実力があればあまり関係ない」とし、有期派遣で働くことにきわめて肯定的だった。「どんな人たちにインタビューしているのか？」と逆に質問され、「ステップアップできない人たちがネガティブになっているのでは？」と自信をのぞかせた。

実家暮らしで、収入は「趣味や遊び」に使える立場にあり、ソフトウエア技術者として脂が乗るとされる四十歳代前半のBさんは、初回のインタビューのあとは連絡がつかない状態である。派遣労働に対する批判的なまなざしは受け付けないという意思の表れのようにも感じられた。

〈有期の技術派遣を積極的に選ぶ〉

二〇一五年の派遣法改正前には、ソフトウエア開発の派遣技術者は特定派遣の派遣元会社に常用雇用されることが多かった。一五年の法改正は、偽装請負などが横行して劣悪な労働条件下で労働者を働かせることもあった特定派遣を廃止し、登録が必要な許可制の派遣元会社に統一することが改正のポイントの一つだった。そして、改正前は常用雇用で、改正後は無期雇用、いずれにしても派遣元会社と長期の契約を結んで雇用の安定を望むソフトウエア開発派遣技術者は多い。そのようななか、大手総合派遣元会社に派遣登録し、有期派遣で仕事を続けていて、かつそれを望んでいる人も一定程度いることがわかっている。[11] Bさんはそのような人たちの一人だった。

前述のように実家暮らしの独身者でかつ四十歳代前半でIT技術者として脂が乗っていて、収入の多くを自分のために使える恵まれた環境にいることもあるだろうが、「いままで一度も切られたことがない」と派遣元にも強気で交渉し、関心がもてて高い報酬が得られる仕事ができる派遣先を選んで働いている。IT業界は需要が多い分野であり、たくさんの人に会え、大きな会社で働くことができ、興味がある案件に取り組め、かつ面倒な税金の計算をしなくてすむ――ソフトウエア開発技術者で有期派遣を積極的に選ぶ背景の一端が示唆される事例といえるだろう。

3　Cさんの事例――看護師／三十歳代後半／女性

続いて、派遣看護師として働くCさん[12]の事例を紹介しよう。前節と同様に需要が高い職種では、労働者側が賃金や働き方の交渉力を派遣元にも派遣先にも行使できることが確認できる。

プロフィル

サラリーマンの夫と小学生の一人息子との三人暮らし。「手に職があるといい」と母に勧められ看護師の道へ。看護系の大学を出たあと、正看護師の資格を得て正職員として大学病院に四年勤務。手当が出て夜勤後の休みが確保できるのでできるだけ夜勤に入りたかったため二交代制を選び、三交代制の勤務先は避けたという。いろいろと経験してみたくて、希望して眼科、整形外科、心臓内科、婦人科、泌尿器科を経験。その後結婚して退職、知り合いの個人病院で看護師としてパート勤務をしたのち、不妊治療をするために派遣登録をする。単発の健診を担ったあと、出産後六カ月で派遣元会社から県の「潜在ナース発掘プロジェクト」を利用してはどうかと声がかかる。以後、病棟やデイサービスで働き、現在は訪問看護を週二回、夫の扶養の範囲内で担っている。この働き方に大変満足しているという。

看護師と非正規労働

潜在看護師が約七十一万人といわれ、看護師の需要は常に高い。正規労働から退出したのち、ワーク・ライフ・バランスを図りながらパートや派遣労働で看護職を続けるCさんのキャリアパスはどのようなものだろうか。

個人病院のパート勤務

結婚し、知り合いの個人病院で週三日のパートを始めた。初めは時給が二千円と聞いていたが、残業が多くなり、知らぬ間に時給を下げられたためにすぐに辞めた。契約書を取り交わしていなかったのがまずかった。

派遣登録

不妊治療のため、自分の都合に合わせて働けるように医療専門の派遣元会社に派遣登録をする。以降、常に扶養の範囲に収入を抑えてきている。企業などの健診やデイサービス、老人ホームで月十五日ほど働いた。健診では血圧と問診ですんで四時間九千円、八時間一万三千円もらえた。派遣元の救急研修があり、まだ採血をやったことがないと言ったら、人形で練習をさせてもらえたという。

妊娠して仕事を受けないでいたところ、出産後六カ月で派遣元から県の「潜在ナース発掘プロジェクト」を利用した働き方として「資格をもってるけど働いていない人に、いま、声をかけているんですけど」と連絡があった。時給が一律二千円、正規職員にプラスワンとしてつくので一人前として働くわけではなく、感染症などの研修も整っているのでどうかという話だった。そこで、病院や老人ホーム、デイサービスなどで週三日、九時から十五時、子どもを駅前保育園に預けて働き始めた。「潜在ナース発掘プロジェクト」期間終了後、デイサービスの仕事と勤務先が気に入り、時給は千四百五十円と下がるものの直接雇用のパートとして仕事を続けた。元気な高齢者が多くて楽しかったが、通勤に時間がかかるために退職した。

現在の職場での派遣労働

その後、子どもが年少に上がったタイミングで自宅の隣の総合病院で直接雇用のパートで働こうかと検討した。いくつかの病棟で体験してみたいと話したところ、とりあえず病院専属の派遣元会社に登録して数日働くことを勧められる。そうしたなかで、派遣看護師とパートの看護師とでは時給がまったく違うことを知り「ちょっとごねて」そのまま派遣看護師として働くことになった。そのときの病棟看護の仕事は派遣で時給二千二百＋α円だったが、パートだと千六百五十円だった。ただし、パートの場合は医療費が無料で託児所が使えるなどの福利厚生があり、月百時間以上働くと翌月は時給が上がるというような制度があった。

こうして、八時半から十四時半、子どもが幼稚園バスで帰ってくるまで働く生活が始まった。まずは、元気な人が多くていいなと回復リハビリテーションをおこなう病棟を希望して部屋付になり、その日のリーダーのもとで指示を受けて働いた。「上の人に相談して仕事をするのが好き。いちばん下でいたい。ふわふわとやってきたのであいまいなところがある。業務はきちんとこなせるが、難しいことを任せられたくない」という思いを口にする。そんな折、人余りの傾向が出てきて主任から「派遣は時給が高いんだから、コマのように働いて」という発言があった。自分はやるべきことはやっていると思うので、このような発言にショックを受けたという（以上、二〇一七年インタビュー調査）。

結局、そのとき勤めていた派遣看護師で、車の運転ができず、週一回しか働けない人が雇い止めになり、自主退職した派遣看護師もいて、派遣看護師に対する逆風は収まった。Cさんに、同じ病院内の訪問看護の部門からも声がかかり、病棟と半々で働いていたが、次第に訪問看護だけになり、二〇二〇年三月当時の時給は二千四百円になった。週二回五時間半働いて年収は百二十九万七千円と扶養手当が出るギリギリになっている。病棟勤務は、肉体的にも負担で実習生がたくさんきて面倒、手技も「点滴のルート入れるとかも、できるかな」という不安もあり、もう戻りたくないという。一日五時間半のうち、三人ずつ入浴介助を中心に携わるが、「接遇だけは、いちばん頑張れるところ」であり「一人ひとりに時間をかけられるので、それはすごいやりがいがあって、楽しい」という。

看護師と派遣法

Cさんの話を聞いて、疑問に思うことがあった。それは、看護職を含む医療関係職は派遣業務の制限がかかっているがそれはどのようにクリアされているのかという問題である。一九九九年に派遣業務は全業種で原則自由化されたが[13]、看護師を含む医療関係業務は、互いに能力や治療方針を把握しチームで提供されるものであり、「医療は、適正に実施されるか否かが即人の身体生命に関わるもの[14]」という理由で派遣の範囲が制限されている[15]。病院などや助産所、介護老人保健施設、患者の居宅では、紹介予定派遣（派遣期間終了後の直接雇用を前提とした派遣）、産休・育児介護休業の代替だけ派遣が許可されている。ただし、訪問入浴介護や介護予防訪問入浴介護に関わるものは制限から除かれている。また、有料老人ホームなどでの業務や健診などは派遣が許可されている。

Cさんの企業などでの健診業務やデイサービス、介護老人保健施設での訪問入浴介護などはこの規定に当てはまるといえるだろう。問題は病棟での業務だが、実は紹介予定派遣として入職して、六カ月の契約期限を迎えないように五カ月働き一カ月休むという契約だったという。また途中から病院専属の派遣元会社が二つ設立され、六カ月ごとに交代で契約書を交わすことになり（担当者は同じ）、この方式がいまでも続いているそうである。その結果、Cさんは直接雇用になることなく、時給が高いパートの看護師のようにして勤務し続けることが可能になっている。需要が逼迫する看護師に仕事をしてもらうには、このような法の抜け道も存在しているということだろう。

派遣労働と将来の展望について

それでは、Cさんは派遣という働き方についてどのように考えているのだろうか。Cさんは「派遣で働くのがいちばん」「派遣でずっと働きたい」と一貫して派遣看護師の働き方を肯定的に捉える。「仕事や時給、働く時間が選べるし、家庭を第一にできる。気が楽」だとする。家庭を第一にして夫の扶養の範囲内で働きたいCさんにとって、正規職員として働くことは想定外である。「雇われたくない。派遣で、ずっと流していきたい」と語り、二〇一五年改正法の影響も何も感じず、無期雇用派遣のようにして束縛されることは考えていない。また、ここまでみてきたように、直接雇用のパートなどほかの非正規の雇用形態に比べて時給がいい状況である。

派遣元会社を通じて仕事内容、働く日数や時間、時給の交渉もできる。Cさんは、「処置が少ないところ」をと願って健診では採血なしにしてもらうなど、はっきり希望や不満を言うことにしている。いまの派遣元会社は勤務先が立ち上げた派遣元会社なので、言っていることが筒抜けになるおそれもあるのでは、と尋ねると、「気にしない、（切られたら）そのときはそのとき」ということだった。現場でも、訪問看護の仕事を受ける際、敷地内の施設しかいきたくないと一年間粘り、その後には、外部の患者のほうが介護度合いが低くて楽であることに気づいて積極的になるなど、自らの希望の勤務地や業務内容を得るのに交渉力を発揮している。前述のように、一度上司に派遣看護師について厳しいことを言われたこともあったが、仮に雇い止めになっても、別の職場をすぐに探せるという確信があるようだ。個々人の能力や事情もあるだろうが、「七十歳代の派遣看護師も同僚にいた」といい、看護師という専門職の需要の高さを感じさせる。

今後、子どもが大きくなって収入を増やすことを考えると、身体への負担や責任が重くなることを避けるため、派遣元会社を複数にして現在の訪問看護と時給が高いデイサービスでの仕事を半々にすることも視野に入れているという。

看護師という仕事

看護師という職業に就いたことを、Cさんは「年々、看護師になってよかったと。子育てと、この働きやすさと、時給とみたいな。休みも、基本的には取れるので、言うことないですね」という。料理が好きで栄養士になりたかったが、母の勧めで看護師になって本当によかった、大学の同期は医師の妻以外はだいたい何らかの看護職に就いている、紹介予定派遣でその後正職員として復職した人や保健師として働いている人が多い、という。Cさんのように「楽に」仕事をしている人もいれば、上位資格を取りキャリアアップをめざす人もいるという。

〈看護師資格は派遣労働にも強い〉

仕事に求めるものが明快である。時間を自分の都合に合わせられる、あまり責任を負いたくない、家庭が大事。かなり時給にこだわりがあり、条件がいい働き方を追求している。派遣という働き方を支持する労働者の側からの声を代表しているだろう。また、看護師資格は本当に強いということがわかる。しかし、その強い看護師資格を有していても供給が少し過剰になると派遣には強く当たられる。需給のバランスがいろいろな力関係を変えることが示唆されている。また、紹介予定派遣の制度が、法の網の目をくぐって用いられていた。看護師不足が常態ではあるが、手技が「点滴のルート入れるとかも、できるかな」というレベルでの病棟勤務は懸念されるところであり、適切な研修制度の導入とともに看護師派遣が見直される必要もあるのではないだろうか。

4　Dさんの事例――主として英語を生かした事務職／四十歳代前半／女性

最後に紹介するのは、派遣社員と正社員とを比較的自律的に移行し、派遣労働の利点を積極的に生かし、評価してきているDさん[16]である。

プロフィル

帰国子女であり英語力（TOEIC九百点弱）を武器にキャリアを構築してきた。子どもが二人いて、二〇一九年までは主たる家計の担い手（夫）がいた。大学を卒業後、得意の英語を生かして外資系企業を中心に働きながら、家族のライフイベントや自身の健康などを理由に、ときに派遣社員として働いてきた。外資系企業に派遣された際には、派遣社員から正社員になる経験もした。次第に医療分野を専門にしながらキャリアを重ねてきた。

外資系企業で正社員

Dさんは就職氷河期世代だが、大学卒業後に外資系企業に正社員として入社、新規部署（お客様相談室）を立ち上げる仕事を一人で担当するも、過労で退社する。その後、再び別の外資系企業に正社員として入社。秘書として仕えていた副社長が帰国してポジションがなくなる。そのタイミングで結婚・出産になり退社する。

第一子出産後に外資系で派遣社員から正社員に

二年間、子育てに専念してから、このまま家にいると取り残されると、英語を使う派遣先を多く有する複数の大手の派遣元会社に登録する。その一つから紹介され、時給がいいということでアメリカに本社がある外資系コンサルティング会社に派遣社員として勤務する（時給千七百五十円）。一年十カ月たったころ、オーストラリア人の上司から正社員にならないかと声がかかった。前任者も二年を経て派遣社員から正社員になったという。正社員として三年勤める間には、月収四十万円で、ボーナス年二回、それ以外に業績がいいときは二月か三月にエキストラで賞与が出たこともある。職務は総務で、正社員になってセキュリティカードの取り扱いをするなどより高いレベルの仕事を任されるようになったものの、残業が多く二十二時二十三時まで働くこともあり、「子どもと一緒に過ごす時間が取れず、自分が求めている姿ではない」こと、子どもの小学校入学を控え、「小学一年生の壁もある」ことから離職する。

第二子出産後に新たな武器になる医療分野の仕事に

離職ののち一年ぐらい休みながら、その間に第二子を出産、長女が小学校二年生になるころ再び働こうと考えた。それまでの勤務先は都心だったが、自転車通勤できる外資系医療機器メーカーに派遣社員として職を得た（時給は千六百円、途中で上がって千六百五十円に）。就業時間は九時から十七時十五分で残業があっても一時間程度だった。この勤務先で、Dさんはその後新たな武器になる医療分野の専門的知識を得ることになる。

三年働いたあと、「長女が中学受験することから Job grade down しようと考え」、所定時間内で終わる仕事を探した。その結果、自転車で通える日本の大学組織に派遣されることになった。初めて英語を使わない仕事をすることになり、「自分史上最低額の時給千五百五十円」で働いた（以上、二〇一七年インタビュー調査）。三年働いてから、二〇一五年の派遣法改正で、派遣元会社から無期雇用の声がかかり一カ月だけ無期雇用派遣として契約するも金銭的なメリットはなく、転職を決めた。そのいきさつとして、まず無期雇用になる際に提示された条件は、時給が百円下がるものの交通費は支給するというものだった。しかし、自転車通勤していたDさんにとっては収入減でしかないうえ、同一職場での派遣労働が四年目に入るにあたり、Dさんの仕事のスピードも上がっているので時給のアップはないのかと交渉したところ、それはないと聞き、転職活動を始めて正社員の仕事を決めたのである。常に労働条件を見極め、派遣元会社と交渉を重ねてきたDさんらしい決断力と行動力が示されたといえるだろう。

また、この派遣先に就職を決めた際には、英語が使えなくても細く長く勤めて正職員になれたらという思いがあったが、そのようなルートはないと聞き、外資系とは違うという学びを得たという。

その後、正社員としての仕事で長時間労働を余儀なくされて体調を崩し、三カ月の試用期間で退職した。そののち再び派遣に登録し、医療機器や薬を扱う外資系ベンチャー企業（時給千八百円）に勤務する。このときは、英語が使えることや時給を意識したという。ここで、「紹介予定派遣のような、業績がよかったら正社員に登用ということはあるかと尋ねたが、いまのところない」という返事だった。初めは時給千七百五十円と言われ、「私、このぐらい経験あるので千八百円のつもりで応募しましたって、交渉したんですよ、五十円違うとだいぶ違うので。そしたら、確認して折り返しますって言って、じゃあ千八百円でいいですって言ったので、言ってみるもんだなって思った」という。

派遣労働について

「派遣のいいところは、自分で決められること。自分の働き方をときどきに合わせて、勤務先なども決められる」と語る。また、四十歳代になって実績を認められ、これまでいちばん高額な時給が得られている。これは一つには、「ちょっといらっとくるなと思うような上司も、何となく流せちゃうっていう潤滑油になれる「調整能力」があること」と、英語が自在に使えて外資系企業を選んで派遣されているということがあるだろう。外資系企業の派遣については以下のように語る。

「ＪＤ（ジョブディスクリプション＝職務経歴書）がしっかりしてるし、海外のほうの拠点も、同じチームにいるけどあっちのほうがＪＤすっごいしっかりしてるねって言って。こっからここまでの仕事みたいな、雑用は含まないみたいな。会社の飲み会のお金の徴収とか、清掃とか宅急便の受け取りだとか、細かいの言っちゃえば本当そういう（ことが含まれない）」

前述のとおり、Ｄさんは外資系企業で働きが認められ、派遣先の正社員になった経験もある。雇用形態による区別・差別が外資系にはないことを感じたという。ちなみに、本調査でインタビューを実施した四十二人のうち派遣先の正社員になった人はＤさん以外にいなかった。

〈本来の派遣労働はジョブ型雇用〉

Ｄさんが経験した外資系企業での派遣社員の扱いをみると、本来の派遣労働はジョブ型雇用であるといわれるゆえんがわかる。ジョブディスクリプションが整っていて、雇用形態による差別はなく、業績を認められれば正社員に登用されるあり方は日本の派遣労働にももっと取り入れられるべきだろう。また、例えば長時間労働に疲弊したり、家族の都合でいったん企業を辞めても、派遣労働をはさんで新たな専門性を身に付けそれを生かして転職するという可能性もみせてくれる貴重な事例である。ただし、外資系企業でも正社員は長時間労働であり、ポストがなくなると雇い止めになる厳しさがあることが垣間見える。また、一般に事務職の派遣労働は四十歳から厳しいといわれている。四十歳前半まではそのときどきのワーク・ライフ・バランスを図りながら自身の最高額の時給を得て働いているＤさんだが、シングルマザーになり、英語と医療分野の知識と経験を武器にしながら今後どのようなキャリア展開を図りうるのかが課題になるだろう。

おわりに

積極的に派遣労働を選んで、その利点を生かして自分らしさを発揮して働く四人について述べてきた。ここで、本章の問いに答えていこう。派遣労働を積極的に選択する、あるいはしうるのは、第一に需要がある専門性を有している人である。特に、出産や育児というライフイベントと仕事の両立を図ってきた三人の女性は、その専門性を資格や試験結果という履歴書に書けるはっきりとした実績にしていた。第二に、需要がある専門性を武器に、派遣元や派遣先に対する賃金含めた労働条件に関する交渉力を有する。四人四様に自分の労働に対する対価である賃金には高い関心を払っていた。第三に、四人とも派遣労働の原則的なあり方である有期派遣にこだわりをもっていることである。派遣元の無期雇用になると雇用は安定しても仕事内容や期間に拘束されるため自由を選ぶというAさん、金銭面で折り合いがつかずに断ったBさん、家庭生活を重視して働きたい看護師のCさん、無期雇用派遣は損だと一カ月で辞めたDさん。みんな第一と第二の特徴を有しているからといえるが、待遇や職務選択の自由を重視する姿勢がうかがえる。第四に、三人の女性たちに共通することとして、コミュニケーション能力の高さがうかがえたことが挙げられる。臨機応変な対応力、接遇の力、調整力、その現れ方はそれぞれの職種によるが、様々な現場、多様な人々と出会い仕事をするなかで大変に重要な特性だと思われる。男性であるBさんも含めて、異口同音に「先方から契約を切られたことはない」と語る。

ところで、このような働き方を可能にする特徴がもう一つ見いだされる。それは、この四人が、たとえ仕事をしていない時期があってもすぐには困らないような家庭環境や経済状況にあったことである。その点で、Dさんのキャリアパスの見通しは今後は不透明だといえるかもしれない。

以上のように、派遣労働のなかでも期間が決まった有期派遣を積極的に選んで自分らしいキャリアを紡いでいる四人の特徴は、注目されるジョブ型雇用を希望する労働者全体に重要な示唆を与えるといえるのではないだろうか。すなわち、ジョブディスクリプションに書ける専門性を育み、自分の仕事には誇りをもってその価値を知ること。コミュニケーション能力を磨くこと。そして、仕事がない時期には、その専門性を錬磨したり常に時流に合ったものにアップデートしていくこと。今後、派遣元を含む官民が能力開発支援制度を整えることが、派遣労働者にかぎらずすべての労働者にとって枢要なものになるものと思われる。

注

(1) 大内伸哉『雇用社会の25の疑問——労働法再入門 第三版』弘文堂、二〇一七年、三一〇ページ
(2) 萬井隆令『労働者派遣法論』旬報社、二〇一七年、二三ページ
(3) 二〇一七年一月と二〇年二月インタビューを実施した。そのあとにメールのやりとりを複数回した。
(4) 二〇二〇年インタビュー調査時点では、Y社は大手の旅行関連派遣元会社の一部門になった。
(5) サービス連合（サービス・ツーリズム産業労働組合連合会）でのインタビュー（二〇一九年五月）による。
(6) 通訳ガイドの仕事は、二〇一九年八月に派遣元会社と派遣先会社との契約が変更され、業務委託に変更になった。いまのところ働き方に変化はないということだったが、コロナ禍で初めて契約の違いを意識したという。通訳ガイドとしては個人事業主が受け取ることができる持続化給付金を、旅行添乗員としては休業支援金・給付金を受給とのこと。
(7) 前掲『労働者派遣法論』
(8) 二〇一七年三月にインタビューを実施した。
(9) 鵜沢由美子「派遣労働における旧「専門業務」の現状と課題」「大原社会問題研究所雑誌」二〇一八年八月号、法政大学大原社会問題研究所
(10) 派遣技術者が派遣元会社の「正社員」になることとの多様性は、本書第7章「二〇一五年派遣法改正が増幅した「正社員」の多様化——無期雇用派遣社員とは：技術者を中心として」（鵜沢由美子）を参照。
(11) 第7章を参照。
(12) 二〇一七年三月と二〇年三月にインタビューを実施した。
(13) 医療・建築・港湾・警備・製造の五業種は対象外のままだった（製造業は二〇〇四年に解禁になった）。
(14) 高梨昌編著『詳解 労働者派遣法 第三版』エイデル研究所、二〇〇七年、三〇八ページ
(15) 僻地にある場合を除く。
(16) 二〇一七年三月と二〇年三月にインタビューを実施した。

第4章　派遣労働の現状と課題
――派遣労働者として働く人たちの自己概念に注目して

田口久美子

はじめに

労働は、人々の自らの生活の維持や充実に直結する重要な問題である。労働はまた、賃金を得て生活を維持していくにとどまらず、自らの存在についての意識に関わる問題でもある。主婦論争、仕事と家庭との両立、育休、待機児童問題、窓際族、モーレッツ社員など、労働をめぐるこうした歴史的・社会的なトピックは、人々の、自らの家庭や社会での存在についての自問を照射してきた。

元来、派遣労働に関する研究は、法律や制度、派遣労働の適用業種などに関するものが大半であり、派遣労働者の内面に言及したものは少ない。だが、二〇一五年の労働者派遣法改正（九月十一日成立、九月三十日施行）[1]と一二年の労働契約法改正（八月十日成立、一部を除き二〇一三年四月一日施行）[2]という二つの法改正に伴い、一八年には派遣労働者の雇い止めの増加や、派遣労働者の生活への不安の高まりが想定される。現に派遣労働者としておよそ十七年間働いていた女性が、一七年十月末に派遣元会社から「契約を更新しない」と告げられた事案が報道され、[3]派遣労働者として働く人々や関係者に衝撃を与えた。

こうしたなかで、派遣法改正後の派遣労働者の内面や心理を捉えておくことは、二〇一五年改正法の評価や今後の派遣労働のあり方を考察するにあたり新たな視座を切り開き、ひいては派遣労働者の雇用の改善や不安の軽減に資することができると考える。

本章では派遣労働者の自己概念を通して、派遣労働の現状と課題を、法律や制度に加えジェンダーの視点も絡めて考察していく。ジェンダーを射程に入れた考察は、下記の理由による。総務省の調べでは、雇用形態別にみた女性比率で最も高いのはパートであり、女性九百九万人に対し男性百十八万人（八八・五％）、派遣労働者に占める女性の割合は女性九十二万人に対し男性五十二万人（六三・九％）と二番目に高い。[4]また直接雇用であるパートと異なる雇用形態であることから、同じ非正規とはいえ、派遣労働者特有のジェンダーを抽出することが可能だと考えたからである。

ここでの自己概念とは、自分（自己）に対しての意識や思いの総体であり、その意識や思いは、自分とは何か、どういう存在かを中核として、働き方や生き方を含めた自分についての意識や思いの総体であり、その内容は個々の人生や働き方のありようによって多様で幅広い。

以下では、働き方に関する自己概念と派遣労働者としての自己概念に着目する。前者については、まず正社員として働くのか派遣労働者として働くのかという問題に代表される雇用形態に関わる問題がある。この問題は、派遣法改正に関わって、雇用や生活の安定に直結する問題である。また、どのように働くのかは、雇用形態の問題に終始せず、家庭での役割やパートナーとの関係性とも不可分であることから、妻であること／母であることや妊娠・出産などのライフイベントすなわちジェンダーと必然的に関連する。したがって、働き方に関する自己概念については、雇用形態ならびにジェンダーとの関わりから抽出していく。

後者については、派遣労働者のメタ的（客観的）な自己の抽出を通して、派遣労働の現状と課題について明らかにすることを試みる。派遣労働者が、派遣先会社での自分のあり方を客観的にどのように捉えているのか、

「派遣労働者として働く自分」を自分がどう捉えるのか、いわばメタ的な自己概念を捉えることによって、派遣労働者が自分の置かれた状況をどうみているのかを明らかにする。派遣労働者による自己の客観的な相対化を通して、派遣労働の問題点や課題を浮き彫りにしたいと考える。

1　二〇一六年インタビュー調査

目的を明らかにするために二〇一六年インタビュー調査を用いる。調査協力者の属性については、本書の第2章「事務派遣労働者の働き方と自律性」(大槻奈巳)を参照されたい。調査期間と調査協力者ほかについて再掲する。

調査期間：二〇一六年十二月―一七年三月
調査協力者：四十人(女性三十四人、男性六人：インタビュー時点に派遣労働者)、平均年齢四十二・六歳。機縁法によって調査協力者を募った。
調査項目：学歴、最終学校卒業後のキャリア、現在の仕事、派遣労働者としての待遇(研修やキャリア相談を含む)、派遣法の説明、正社員への希望など。
調査時間：調査時間は平均九十七分だった。
調査方法：個々の調査については、本書の筆者四人のうち二人から四人で聞き取りをおこなった。インタビューに入る前に調査の趣旨を説明し、同意を得てから聞き取りをおこなった。一部は許可を得て録音し、インタビュー記録を作成して、インタビュー実施者によって内容を共有し修正した。

2　自己概念の抽出

働き方に関する自己概念――どのような働き方をするのか

インタビュー当時に派遣労働者という雇用形態で働いていた調査協力者（以下、協力者）は、この雇用形態を積極的に選んで働いていたのだろうか。二〇一六年インタビュー調査から下記のことがわかっている。

派遣労働者を「継続したい」と答えた十四人（三五・九％）のうち、二人は正社員への希望も表明していて、正社員への転換可能性を視野に入れながら派遣労働者としての働き方を継続せざるをえない様子が見て取れる。「どちらともいえない」と答えた九人（二三・五％）のうち、五人が正社員への希望を表明していることから、「正社員になりたいが、実現可能性を考えるとどちらともいえない」と揺らいでいる様子がうかがえる。「やめたい」と答えた八人（二〇・〇％）についても、五人が正社員への転換を希望していた。

総じて、派遣労働者という雇用形態を積極的に選んでいる協力者は十二人と三〇％であり、十九人（四七・五％）はどちらともいえないもしくは辞めたいという回答であり、そのほとんどが正社員になることを希望していた。協力者のおよそ半数が、結果的に派遣労働者を選ぶという選択に甘んじているといえるだろう。そこでまず派遣労働者という雇用形態をめぐる働き方についての自己概念をみていくことにする。分析と考察にあたっては、インタビュー記録を読み込み、雇用形態やジェンダーに関わる働き方に関する事例を抽出し、その事例を整理・分類したうえでテーマをつけ、そのテーマを典型的に示す事例に通し番号をつけ、ゴシックで示す。派遣労働者としての自己概念についても同様におこなう。

結果としての派遣労働者

二〇一六年インタビュー調査では協力者の契約期間は、三カ月（十五人）と三カ月未満（一人）を合わせると十六人（四〇・〇％）と高い比率を占め、協力者の多くが三カ月先の生活の見通しを立てられず非常に不安な生活を強いられていることがうかがわれる。

事例①　Aさん：女性／四十代後半

派遣先が「頑張れば正社員になれるよ」ということがあるが、なれない。「なれるよ、なれるよ」と言われて結局正社員になれず、切られて悔し涙を流した知り合いもいる。女性の活躍とか言いながら、仕事はなかなかない。今後女性はダブルワークをしていかないと生きていけないのではないか。ダブルワークをしなくても生きていける社会を作っていかなければならない。デパートで土日働いている子たちとも、なんでこんなに働かないと生きていけないんだろうねと言っています。

事例②　Bさん：女性／三十代後半

派遣のままでは立場は弱いし自分は安定して働きたいが、正社員の仕事が見つからず仕方なく就いた就労形態。

事例③　Cさん：女性／四十代前半

本当は直接雇用（正社員）で安定したい。できれば慣れているものをやりたい。

契約を切られる心配をしなくていい生活、正社員として働き安定した生活をしたいという協力者たちの語りから、いまは仕方なく派遣労働者に甘んじているけれども、できれば正社員になって安定して働きたいという切実な思いが見て取れる。

「派遣のままでは立場は弱い」と語るBさんは、派遣元会社にキャリア相談をしても、次の仕事を紹介されないため「派遣会社の人には相談できない」、派遣先会社への相談も「対派遣労働者ではなく会社と会社と契約している」というのが周囲の派遣労働者の共通認識であるとする。一方でBさんは、「日々の仕事は必要とされ、やりがいを感じている」とも語る。

また、事例①からは、「正社員になれるよ」という派遣先会社からの繰り返しの〝励まし〟が、派遣労働者が正社員になるためのインセンティブとして強く機能することが推測される。派遣労働者にとって、「正社員になる」ことは、生活や雇用の安定のための最大のゴールであるにもかかわらず、派遣先会社では「正社員になる」ことを、〝かなわぬ報酬〟として派遣労働者への動機づけとして提示しているケースがあることが推測される。

派遣法改正を機に生じた働き方への揺らぎ

協力者のなかには、派遣法改正前から同一の派遣先会社に長年勤め続ける人たちもいて、「無期限の派遣労働者で入った」と語る人もいた。派遣法改正後の企業の対応と協力者の働き方への揺らぎをみておきたい。

事例④　Dさん：女性／四十代後半

入るとき（派遣法改正前）**は、「ずっといてください」と言われたが、派遣法改正後「三年まで」と言われたので、今後働き方を変えなければならないと感じている。**

入職するときには「ずっといてください」（派遣元と派遣先のどちらの企業の発言か不明）と言われ、無期限の派遣労働者として働けると思っていたにもかかわらず、派遣法改正後に派遣元会社から受けた説明は、「法律が変わってみんなで一律で三年でそのポジションは満期になる」というものだった。夫が最近大病を患い、まだ幼い小学生の子どもを育てるためにも、あと十五年は働くとDさんは決意を語った。夫の病気や派遣法改正による派遣元会社の豹変を機に、正社員としての働き方にシフトした心境がうかがえる。

とはいえ、正社員へのハードルは高いと感じている。現在働いている派遣先会社でも正社員登用の道は開かれているものの、英語や数学をはじめ広範囲にわたるテストが課されていると語る。一方で、自宅から通勤時間一時間ぐらいならば、別の会社であっても正社員として働く準備はあると意欲を高めている。

事例⑤　Eさん：女性／四十代前半

一年半後にいまの職場が三年になる。そのときのことは考える。派遣法が改正されるたびにふらふらすることが不安。

Eさんは大学卒業後に複数の会社で正社員として働き、出産や子育てなどのライフイベントに応じて自律的に働き方を選択してきた。現在は子どもの受験のことを考えて派遣労働者として仕事をしているEさんだが、これまでの働き方は、自分（＝仕事）を取るか子どもを取るかで考えてきたと語る。子どもが生まれてからは、子どもの生活を第一にできるよう仕事を自律的に選択してきたが、派遣法改正という外側からの要因によって、仕事の選択や仕事の仕方が他律的な力で翻弄されかねない不安を漠然と感じている。

Dさんの事例から、夫の病気を機に家計の担い手として正社員として働こうという気持ちが強くなり、派遣法改正がその気持ちを後押ししていることに注目したい。協力者の多くは、派遣元会社から「三年で満期になります」という趣旨の説明を受けている。こうした派遣元会社の対応によってDさんが正社員としての働き方への意欲を高めたことから、「派遣労働者ではなく正社員として働く」気持ちの後押しという限定的な文脈での派遣法改正の積極的な側面を確認することができる。一方、Eさんの事例から、派遣法改正によって、自分や子どもを中心として自律的に選択してきた働き方を他律的に変えなければならないことや、働き方が定まらないことへの不安がうかがわれた。

年齢の壁と正社員への渇望

年齢の壁は仕事を続けていくうえでの問題として多く語られた。なかでも正社員登用に関するハードルの高さを語ったＦさんの事例を紹介する。Ｆさんは短大卒業後に正社員で就職したが三年後に会社を辞め、その後数カ所で派遣労働者として働き、現在の職場は半年強になる。

事例⑥　Ｆさん：女性／三十代後半

キャリアカウンセリングをウェブで受けようと思ったら、「あなたにご紹介できる仕事はありません」と回答があった。三十五歳を過ぎるとなくなると思った。年齢制限は確実にある。正社員になりたい（ただし、派遣労働者よりも給料が高いことが条件）。社会的な安定感が違う。いつまでも派遣はやばい。三十歳になってからは、いつも心の片隅に正社員にならなくてはという気持ちがある。……派遣労働者から正社員になった人を自分は知らない。なぜ派遣のような働き方があるのか。こんなに多いのは日本だけだと聞いている。自分は気が変わりやすく流されやすく無責任でダメなやつ。……楽な道を選んできた罰。

二〇一六年インタビュー調査では、派遣労働者の平均年齢は四十二・六歳であり、四十代は十八人（四五・〇％）と年代別では最も多く、三十五歳以上も派遣労働者の受け皿は一定数以上あることが推測される。Ｆさんは、三十五歳を超えると派遣労働者の雇用がなくなるとみているが、あくまで自分が希望する給料（時給）や職種、派遣先会社などの条件に見合う仕事の範囲内ではということと思われる。ただし、年齢の影響があると語った協力者はほかにもいた。

事例⑦　Ｇさん：女性／三十代後半

年齢制限はある。インターネットで仕事を探すときに、ためしに「二十八歳」（当時の実年齢は三十六歳）で検索したら、検索結果がすごく増えた。

Ｆさんはウェブのキャリアカウンセリングの回答を聞き、年齢を重ねるごとに焦りが増して安定した雇用への渇望は強くなるものの、正社員の仕事探しが思うように進まない現実を、自分の能力や性格のせいだと考え、自己をおとしめている。だが、「派遣労働者を繰り返し正社員になれない」というFさんの働き方は、Fさん固有のものではなく正社員を希望する多くの派遣労働者にみられるもの（A、B、C、Dさん）だし、派遣労働者の能力や性格にだけ帰するものではなく、彼女が指摘しているように、日本の法律や制度の側面からも考える必要があることは明白である。

職責と仕事志向

正社員＝主体的に判断し異動も受け入れる／派遣労働者＝指示されたことを受け身的にこなす。このように、両者の職責（仕事志向）には違いがあるという語りも聞かれた。

事例⑧　Hさん：女性／三十代後半

今後も食品系の仕事をもう少し家の近くで正社員でやれたらいい。以前は二十六業種だったら無期限だったのにとは思う。ただ正社員は自分でいかなければならないし異動もある。自分は言われたことをきちっとやりたいタイプ。派遣の働き方は自分に向いていて、無期限の派遣だったらいいのにと思う。派遣は三年で切られるのが問題。

自宅の近くで正社員をやりたいと答えながらも、自分は正社員ではなく派遣労働者のほうが向いていると自己評価するHさんは、短大卒業後に正社員を数年続けたのち、会社の事情によって退社して派遣労働者として働き始めた。インタビュー当時の派遣先は二カ所目で研究開発の仕事に従事している。

派遣労働者に向いていると思う理由は、正社員＝積極的・異動あり／派遣労働者＝受け身的・異動なしという認識によるとみられ、両者で職務への志向・職責が異なるとしている。雇用形態は正社員のほうがいいと思っているが、「自分は指示されたことをきちっとやるほうが合っている」として派遣労働者への希望をにじませるも、派遣法改正の影響によって「派遣は三年で切られる」ことに対して不満な気持ちを漂わせている。

Ｈさんが考える、仕事への職責（志向性）についての「積極的（主体的）／受け身的」の対照は、雇用形態に端を発する職場と自己との関係性を反映している。正社員にとって職場はホームグラウンドであり、いわば家庭だが、派遣労働者にとって職場はあくまで派遣された先なのでありホームグラウンドでもなければ自分の家庭でもない。派遣労働者は職場ではよそ者だから積極的／主体的に仕事をするというより受け身的に仕事をこなすことが求められると考える心理がうかがえた。Ｈさんの職責と仕事をめぐる葛藤は、男性＝主体的／女性＝受け身的という社会に根強いジェンダー観に裏打ちされているとも考えられる。

働く私と妻／母である私との間で揺れ動く自己概念

事例⑨　Ｉさん：女性／四十代前半

夫は扶養の範囲で働いてほしいと言っている。子どもの世話をしてほしいと思っている。家が荒れていることもある。来年度は長男が中学三年生になり受験がある。スピードダウンをしたほうがいいのかと思う半面、この年でスピードダウンするとこの先このままになってしまう。息子は家にお金がないのは困るからフルタイムで働いてもいいと言っている。

Ｉさんは公務員の夫と育ち盛りの息子三人の五人暮らしである。三人目を出産後にパートや派遣労働者、正社員などをしながら働き、インタビュー当時は住まいからほど近い職場で週五日・九時から十七時の派遣労働者として働き始めて五カ月目を迎えていた。

「受験にさしかかる子どもがいること」や「家の掃除がままならず散らかりがちであること」、これらは育ち盛りの子どもを抱える家庭ではよく見受けられる悩みごとだろう。Ｉさんは、「高校受験を控えた子どもがいるのに、フルタイムで働いていていいのだろうか」「家が散らかっているのに仕事を続けていいのだろうか」と、派遣労働者として働く自分と、母や妻としての自分との間に折り合いをつけられないでいる。さらに、「お金がないと困るので母に働いてほしい」という現実的な息子と、「扶養の範囲で働いてほしい」という旧来的な夫との間で引き裂かれようとしている。

パートという選択肢もあるなかで、過去の就労経験から「パートは派遣労働者より下にみられている」という思いをもつIさんは、定時に帰ることができる正社員か派遣労働者にとどまりたいという願いをもっていて、これまでどおり働き続けたいという意思が感じられる。Iさんは、フルタイムの派遣労働者や正社員として働きたいという気持ちはあるものの、子どもを抱えた生活の現状や夫から寄せられる妻／母としての役割への期待によって葛藤が生じ、働き方の自己概念に揺らぎが生じていると分析できる。

Iさんの働き方をめぐるジェンダー化された葛藤で、雇用形態との関わりをどう考察できるだろうか。総務省の生活時間の調査に照らしてさらに考察を進めていきたい。(5)

夫婦と子供（この調査での表記）の世帯での一日あたりの家事時間は、夫が有業で妻が有業（以下、共働き）の場合、夫は十五分に対して妻は三時間十六分と圧倒的に妻の家事時間が長い。夫が有業で妻が無業の世帯（以下、片働き）でも、夫の家事時間十分に対し妻は四時間三十五分と格段に長い。同様の世帯での夫の育児時間は共働きで十六分、片働きで二十一分に対し、妻は共働きで五十六分、片働きで二時間二十四分になっている。

また同調査による雇用形態別の就業時間（女性）は、正規の職員・従業員（以下、正社員）が六時間十六分に対し、派遣社員が五時間六分と、非正規雇用のなかでは契約社員（五時間四十六分）の次に長く、パート（三時間五十六分）やアルバイト（三時間七分）と比べてはるかに長い。総じて、女性の派遣労働者は非正規雇用の労働者のなかでは労働時間が長いこと、また、夫婦と子供からなる家庭で妻が家事や育児に費やす時間は、夫に比べるととてつもなく長いことがわかる。

定時で退社するとはいえ週五日、九時から十七時と正社員並みに働いているIさんだが、自分はあくまで派遣労働者であり正社員と同じレベルの仕事を要求されても困ると感じている。その一方で、派遣労働者と正社員との間での、情報や福利厚生の差異に違和感を覚えている。派遣労働者／正社員の間に仕事内容の線引きをしながらも、情報や福利厚生の線引きに疎外感を覚えている。

Ｉさんの働き方をめぐる自己概念は、家庭でのジェンダーをめぐる葛藤に加え、職場での正社員／派遣労働者をめぐる葛藤を含み込んでいると考えられる。

妊娠・出産と仕事をめぐる葛藤

事例⑩　Ｊさん：女性／三十代後半

妊娠し、産休・育休を取りたいと申し出たが、派遣会社から更新を渋られている。産休・育休のことを言わなかったほうがよかったんじゃないかと後悔したんですけど……。今回妊娠したことによって、自分は上司（派遣先）を信用していたので派遣健保の産休・育休を希望していることを上司に言ってしまったんですけれども、そのあとで態度が変わったというか、（産休・育休を取ったあとに）辞めるということが気に入らなかったのかもしれないんですけれども、そのあとで週五に戻してほしいと言われた……。

大学を卒業後正社員として数年働き、海外に留学した。帰国後、派遣労働者として働き始め、二カ所目になるいまの派遣先で働いているときに妊娠したＪさんが、派遣先会社に育休を申し出たところ、妊娠後に週三回勤務へと変更していたのを再度週五回勤務に戻してくれと言われたと語る。

いわゆるマタハラが横行し、妊娠・出産に関わる女性の権利が十分に守られていない実態があるなかで、Ｊさんは、言っても解決しないと思ったことは派遣元会社に相談しなかったという。むしろ信頼を置いていた派遣先会社の上司に妊娠の事実と産休・育休を申し出たのだったが、身重の身にとって希望していなかった不利益な契約更新を申し渡されることになった。Ｊさんの労働に関する要望や権利は本来ならば派遣元会社がしっかり受け止め派遣先会社と相談のうえ調整することが望まれたが、派遣元会社のキャリア相談体制に不信を覚えたＪさんが派遣先会社へ直接相談したことは、結果的にJさんが望まない雇用契約をもたらす結果になってしまった。

派遣労働者が妊娠・出産後仕事を継続するのか辞めるのかは労働者の主体的な選択であり、その意思は保障されるべきだが、強大な力をもつ派遣先会社と「相談がままならない」派遣元会社との間で働き方をめぐる葛藤が増幅し、派遣労働者が権利の行使にたじろいでいる様子がうかがわれる。

Jさんの産休・育休取得や働き方をめぐる葛藤に加え妊娠を告げたあとの不利な契約は、いまだに日本に根強く残るマタハラを浮き彫りにする。また同時に、雇用形態が派遣労働者にもたらす働き方の困難をも照射していると考えられる。

ここまで事例を取り上げた協力者の多くは、雇用と生活の安定のために正社員になることを望んでいた。一方で、派遣労働者としての働き方を肯定する協力者もみられた。

派遣労働者としての働き方への肯定感

事例⑪　Kさん：男性／四十代後半

自分としてはこういうふうにきてしまったのは仕方がないと思っているところもある。ただ親きょうだいは理解していない。兄は自分より十歳上で考え方がかなり古く、否定的。まわりから言われるので、不安や疑問は葛藤としてあるが、自分としてそうなった以上仕方ないし、やっていくしかないよねと自分に言い聞かせてやっている部分のほうが強い。社会状況もあり新卒で入れる人も少なくなっている状況で、自分がもっている技術を売る、そうした部分で派遣会社の役割はあるのではないか。ただ、世間の見方は「正社員雇用できなかった人の受け皿」。自分は正社員や派遣社員などの働き方にはこだわっていない。正社員としての保障のところが埋まれば、こだわらない。仕事をするうえでは同じ。「スキルアップして今後の未来につなげましょう」という派遣社員という働き方が日本では受け入れられない。年齢の縛りを超えて歩みたい人生をスタートさせる社会がない。

ワーキングホリデーを利用して高校卒業後にカナダへ渡り、高校時代のアルバイト経験を生かしてレストランで働きながら、当時カナダで進みつつあったＩＴ技術と文化（働き方）を新たに習得し、帰国後はまじめな仕事ぶりで信望を得てＫさんは確実に雇用を重ねてきた。とはいえ、派遣労働者としての働き方に周囲から理解が得られず、葛藤や複雑な思いのなかで、「仕方がない、やっていくしかないよね」と自分に言い聞かせながら仕事に打ち込んでいる。長年かけて積み上げてきた自分の技術は「売り」であり、社会情勢の変化のなかで、派遣労働者としての自分の働き方には価値があるとして誇りを見いだしている。ただ、そうした自分の働き方や自分のあり方と、「正社員」や「年齢」にこだわり、「技術をスキルアップして将来につなげる」派遣労働者の働き方を認めない社会全体との齟齬へのいらだちを募らせていることが垣間見える。

事例⑫　Ｌさん：女性／四十代後半

社員になりたいとみんな言っているけど、わたしは社員に劣っていると思わない。社員は試験を受けたり、プレッシャーが強い、管理的な業務もやる必要が出てくる。偉くなりたいとか思っている人もいる。身の丈に合った、健康で、自分のやりたいことをやれば、それ以上何を望めば？

手取り二十万円あれば、同居する母の年金を合わせると身の丈に合った生活はできるし、正社員のようにプレッシャーを受けながら生活しなくてもいいと、Ｌさんは派遣労働者としての働き方を肯定的に受け止めている。その一方で、後述するように、正社員に「派遣さん」と呼ばれ、「モノ」扱いされることには違和感を覚えている。派遣労働者としての誇りと、正社員からの冷たい扱いとの間で自己が揺らいでいる様子がうかがわれる。

事例⑬　Ｍさん：男性／四十代前半

Ｍさんは、短大卒業後、正社員や派遣労働者をしながらＩＴ関連の仕事で生計を立ててきた。派遣労働者の働き方を肯定していて、正社員の働き方には否定的である。

正社員のほうがマイナス。百人の人しか会えない。派遣ならば、百社会社があれば、一万人の人に会える。多くの人との出会いがある。また、派遣会社のほうが、大きな会社に行くことができ、給料もいい。

その一方で、派遣労働者としての働き方を選択する理由として、業務委託のほうがお金をたくさんもらえるが、税金の計算が煩雑だからと語っている。

自分は派遣が合っているというより、税金の計算（処理）、税務署に行く仕事、あれが面倒くさいから、派遣労働者になっている。

税金の処理の煩雑さを避けるため、また、人との出会いや成長の機会が多く得られるという側面から派遣労働者のよさを語るMさんだが、金銭面では業務委託が最もよく、派遣労働者へのこだわりは業務委託よりは強くはないと思われる。ただし、正社員の働き方は強く否定している。

派遣労働者としての自己概念

次に抽出する自己概念は、派遣労働者である自分に対する思いである。ここまでみてきたように、派遣労働者の雇用は三カ月での契約更新がほとんどであり、次回に更新してもらえるかどうか不安を抱きながら生活をしていること、派遣法改正によって不安をさらに高めている人たちが多くなっていることが明らかになった。ここでは、派遣労働者としての自己がメタ的に語られた「派遣労働者としての自己概念」を通して、派遣労働の実態と課題について考察する。

消費される対象としての自己

事例⑭　Nさん：女性／四十代前半

三年以上の人は正社員にしなければ……といっても、実際はそうじゃない。……三年で切られちゃう。「オリンピックのときはいないよね」と言っている。「スマホみたいだね、わたしたち」。契約してよりいい方向を選べるけど、消費されるものという感じが強いですよね。去年までは、ウオーターサーバーから出る水みたいだと思ってた。飲みたいときだけ飲んで。

Ｎさんは会社員の夫を支えながら、正社員ではなく派遣労働者の働き方を選んでいる。派遣法改正は、派遣労働者ではなく派遣元会社と派遣先会社にとって有益な形態で運用されると推測し、オリンピックのときには「切られているよね」と仲間とともに悲壮感を漂わせている。派遣先の企業に、「都合よく使われる」消費材として自己を捉える背景には、短期間の雇用契約が繰り返されるなど、派遣労働者の働く環境が好転しないという実感があることが推測される。

また、派遣法改正よりも前に働いていた派遣先会社で、言葉によるハラスメントを受けたＮさんは、派遣元会社を通して、派遣先会社にポスターを貼る、注意喚起するなどを訴えた。派遣先会社は「事実確認をしてからでないと動けない」として、派遣元会社から「名前を公表していいか」と聞かれて拒否した経緯がある。Ｎさんはその一週間後に週五勤務から週三へ契約変更を申し渡された。

事例⑮　Ｎさん：再掲

生活があるし、急に言われてもできない。思い当たることは、セクハラのことをこちらからはたらきかけたこと。そこで第三者の機関に相談した。辞めることは望まなかったが、先方も引かなかったため、それぞれの会社と金銭的な解決しかなかった。

派遣先会社は自社にとって「不都合なこと」が生じると、派遣労働者の雇用契約を自由に操る姿勢が見て取れる。派遣元会社は、Ｎさんの訴えに対し派遣先会社の人権侵害に対して毅然と抗議することが求められたが、派遣先会社との調整が不首尾に終わったことに対する不信が、第三者機関への相談として現れている。

派遣先会社での人権侵害をはじめとする派遣労働者の悩みや訴えに対し、派遣元会社は真摯に受け止めて派遣先会社と交渉し、派遣労働者が派遣先会社で人権を尊重されながら仕事ができるように調整を図る必要がある。当然ながら、派遣先会社も派遣労働者の人権を尊重し、働きやすい職場環境を構築することが求められる。

Nさんへのセクハラは、女性／男性＝被支配／支配の関係と、派遣先／派遣元／派遣労働者の三つどもえの権力関係のなかで、女性が重層的に虐げられやすいこと、訴えたら雇用を失うおそれがあることを示唆している。そもそもの性被害に加え、被害が雇用の力関係と性の力関係の重層的なものであることを背景に、訴えが双方の企業での正当な調整に結実していない。そのうえ、不利な条件での契約変更という不利益までこうむっている。Nさんの「消費される自己」という自己概念は、派遣先会社でのセクハラやそのことを訴えても正当な処遇を受けられないことによる無念さを含み込んでいるとも考えられる。

消費される対象として自己を捉えることは、自分たちが人として扱われず「モノ」としてみられているという認識に基づくものであり、セクハラの被害経験が、「消費される自己」としての自己概念を強めていることが推測される。

疎外された自己、孤立した自己

派遣先会社で疎外感や孤立感を感じた派遣労働者の語りを紹介する。Oさん（男性）は高校卒業後に正社員としてメーカーに勤めたが、事情によって正社員を辞めたあとは、親戚の家業の手伝いや派遣労働者・期間工などで生活を支えてきた。

事例⑯　Oさん：男性／五十代前半

派遣法改正のとき、〝モノ扱いから人扱いへ〟って言ってたけど、まだ期間工のほうが人扱いだった。あれは直でやってるから。人の入れ替わりが激しい現場って、社員も教える気なくすんじゃないですか？　一か二を教えてあとはやれ……みたいな感じが多かった。

直接雇用ではない「よそ者」の派遣労働者に対する派遣先会社社員の厳しい対応は、入れ替わりが激しい現場では、より厳しいものと派遣労働者に感じられていたことが想像される。この語りから、派遣労働者が派遣先会社では人として扱ってもらえなかったと感じていたことがうかがわれる。

事例⑰　Aさん：再掲

派遣労働者は、組合に入っているわけでもなく、どこからも守られず、何もない。派遣先で業務外の仕事をするよう言われて断れず、しかも手当も出してくれなかったため派遣元に相談すると、文句言うと次のお仕事がもらえなくなっちゃうからって、派遣元が「我慢して」って言うんです。「うんうん大変だね」って言ってくれるんですけど、「でもねえ、そういうのってやっぱり言えないよ。頑張ろう」とか言われるんです。派遣会社の人って派遣先の味方であって、派遣労働者の味方じゃないんです。

Aさんは専門学校卒業後、アパレル業界に正社員として就職したが、バブル崩壊後に退職して派遣労働者や正社員を繰り返し、現在は派遣労働者やコンサルタント会社のソリューション提案などで生活を支えている。派遣労働者が派遣先会社はもとより派遣元会社からも守られず、疎外感や孤立感を深めていることが事例から推測される。

Lさんは短大を卒業後に就職したが、バブル崩壊後に退職したあとは主に派遣労働者で生活を立ててきた。派遣労働者として働き始めて間もないころの経験を次のように語った。

事例⑱　Lさん：再掲

派遣は正社員との連帯感がない。○○○ちゃん〔派遣会社名〕とか派遣さんとか呼ばれる。名前で呼ばれない。正社員とは違うものみたいな。「社員」よりも「設備投資」のよう。パソコンのリースとかのよう。冷たいんだな……。

Lさんは、派遣先会社の正社員から名前で呼ばれず「派遣さん」と呼ばれることに対し、名前をもつ一個人としてではなく、正社員がLさんを「派遣会社から派遣されているモノ」と捉えていて、「モノ扱いされている」ことに対しての憂慮をにじませている。

3 総合的考察

今回の協力者は二十代から六十代にまで及び、職種も様々だったが、インタビュー記録から雇用形態とジェンダーをめぐる自己概念と、派遣労働者としての自己概念を抽出したことで、いくつかのことが明らかになった。本節では結果を簡単にレビューしたうえで、派遣労働の現状と課題をまとめておきたい。

雇用形態とジェンダーをめぐる自己概念

まず、雇用形態とジェンダーをめぐる自己概念については、①結果としての派遣労働、②二〇一五年改正法を機に生じた働き方への揺らぎ、③年齢の壁と正社員への展望、④職責と仕事志向、⑤働く私と妻／母である私との間で揺れ動く自己概念、⑥妊娠・出産と仕事をめぐる葛藤、⑦派遣労働者としての働き方への肯定感の七つのテーマを抽出した。

多くの協力者が有期の派遣労働者を抜け出して無期雇用や正社員への希望をもっていることが示唆されたものの、正社員になかなかなれない現状や雇用の形態によらず年齢の壁が存在して協力者の働き方に影響を与えていることが明らかになった。派遣法改正を機に働き方への自己概念が揺らいだ協力者もみられ、三年後の働き方への不安を吐露する協力者もいた。レアケースだが、二〇一五年の派遣法改正を機に、無期雇用の派遣労働者が無理ならば通勤時間が少し長くなっても正社員への道を視野に入れる、と正社員への転換に前向きな協力者もいた。

また、正社員＝主体的、派遣労働者＝受動的という捉え方、家庭内・派遣先会社での役割と自分の働き方との葛藤、妊娠・出産と仕事をめぐる葛藤がみられた。協力者の働き方をめぐるこれらの自己概念を通して、社会のなかで意識的・無意識的に形成された性役割分業観（男は外で仕事／女は内で家事・育児、男は主／女が従）が家庭内での生活や派遣先会社での労働で、派遣労働者の働き方にさまざまな制約をもたらしていることが明らかになった。働き方の制約は、ときに「良妻賢母」への圧力として、またあるときにはマタハラとして現れていた。可視化されたジェンダーとしての、いわゆる第三号被保険者問題の影響も示唆された。

とりわけ子育て中の共働き家庭の派遣労働者の自己概念は、パート労働者に比べて一般的に労働時間が長く、夫／妻での家事・育児時間の差が大きいことから、働き方をめぐるジェンダーの葛藤はより大きいことが推測される。夫は「扶養内での働き方」を要求している（事例⑨）が、自己の経験に照らしてパート労働者に転換することを希望しない場合に、直接雇用ではないことによるキャリア相談の難しさなどが重なって、「自分はどう働けばいいのか」についての揺らぎが増幅している可能性もある。

一方で派遣労働を肯定的に捉える協力者もみられたが、働き方についての周囲の見方との齟齬や派遣先会社からの冷たい対応への違和感が語られた。自分の仕事人生の大半を派遣労働者として過ごし、家族の生活を支える協力者からは、派遣労働への社会的な評価の高まりへの要望が語られたが、そのためには彼がいうように、待遇面で正社員との溝を埋めることが必要だと考えられる。その実現可能性は、二〇一八年九月以降の派遣労働者への処遇や、いま進められつつある「働き方改革」での「同一労働同一賃金」に関する法律や制度の進展、実際の運用いかんによるだろう。

派遣労働者としての自己概念

派遣労働者としての自己概念については、①消費される対象としての自己と②疎外された自己／孤立した自己の二つがテーマとして抽出された。

「飲みたいときだけ飲んで」「契約したいものを契約して」と自らをウオーターサーバーやスマホになぞらえる協力者もいれば、リースされたパソコンになぞらえる協力者もみられた。

セクハラもまた、協力者を人権をもった存在としてではなく、消費する対象として、いわばモノとしてみることと不可分である。このことは、派遣先会社が派遣元会社に支払う〝人件費〟が〝物件費〟として計上されていることと無関連ではないだろう。派遣元会社から派遣され派遣先会社で働く派遣労働者は、派遣労働者であり人間であるのに、派遣先会社の帳簿では、人ではなくモノとして扱われているのである。こうした処理の方法、ひいては派遣先会社・派遣元会社での派遣労働者の捉え方そのものに、派遣労働者の問題が象徴的に現れていると思われる。派遣先会社正社員が派遣労働者へのモノ扱いを醸成させた遠因は、派遣先会社の風土やそこに勤める正社員のパーソナリティなどの個別的な問題だけではなく、派遣労働の成り立ち、いわば企業や社会全体が労働者をどのように捉えるのかに関わり、法律や制度に由来する原初的な問題に起因していると考えられる。「派遣法改正のとき、〝モノ扱いから人扱いへ〟って言ってたけど」（事例⑯：Oさん）という協力者の語りを借りれば、派遣法改正後もモノ扱いの側面は残っているということになるだろう。であるならば、多様な雇用形態のなかでも派遣労働者への派遣先会社社員のセクハラは、よりいっそう過酷な側面を帯びることは自明である。派遣労働者へのセクハラへの対応は労働の継続や生活の安定、そして何よりも人権の遵守から派遣先・派遣元双方の会社にとって急務である。

結局のところ、「消費される対象としての自己」と自らを捉える派遣労働者は、正社員を中心とする組織のなかで一生懸命に働いてやりがいを感じていても、疎外感や孤立感を発展的に解消することは困難だろう。

いわゆる二〇一八年問題の渦中にあって、企業での非正規労働者への対応が注目されている。二〇一七年十一月五日付「朝日新聞」では、無期雇用への転換制度を進める企業の例を報告しているが、五年ルールの適用を避けるためにパート労働者を雇い止めにし、派遣社員へと雇用形態を変えさせた事例のほか、雇い止めの事案を数例報じている。(6)

二〇一五年改正法は、人々の雇用や生活の安定に資するものとして機能するのだろうか。二〇一六年インタビュー調査からは、この問いに対する積極的な回答は得られなかった。一八年九月末以降、同一の協力者に再度インタビューをして、派遣法改正後三年以上が経過した派遣労働者の働き方の変化について調査する予定である。派遣法改正後の派遣労働の問題について、今後も継続して調査し、各方面に発信したいと考える。

注

（1）二〇一五年九月三十日以降に労働者派遣契約を締結・更新した派遣労働者は、原則として同一事業所で三年を超えて働くことができないというもの。雇用安定措置として、①派遣先への直接雇用の依頼、②新たな派遣先の提供、③派遣先での派遣労働者以外としての無期雇用、④その他雇用の安定を図るための措置の四点が設定されている（契約更新期間などによって義務／努力義務の違いがある）。「派遣で働く皆様へ」「厚生労働省」（http://www.mhlw.go.jp/file/06-Seisakujouhou-11650000-Shokugyouanteikyokuhakenyukiroudoutaisakubu/0000204879.pdf）［二〇一八年五月二日アクセス］

（2）改正労働法での①無期労働契約への転換、②雇い止め定理の法定化、③不合理な労働条件のうち、①は有期労働契約が五年を超える場合には、雇用者の申し込みによって無期雇用に転換できるルールが含まれるというもので①と③が二〇一八年四月一日施行、②が一二年八月十一日に成立と同時に施行された。「労働契約法の改正について――有期雇用契約の新しいルールができました」「厚生労働省」（http://www.mhlw.go.jp/stf/seisakunitsuite/bunya/koyou_roudou/roudoukijun/keiyaku/kaisei/index.html）［二〇一八年五月二日アクセス］

（3）「「この会社が私の人生を搾取したんです！」――派遣労働者・渡辺照子さん最後の出勤」「レイバーネット」（http://www.labornetjp.org/news/2017/1206teruko）［二〇一八年四月十九日アクセス］、「3カ月更新の契約で17年、突然の「雇い止め」58歳派遣社員の思いは」「ハフィントンポスト」（https://www.huffingtonpost.jp/2017/12/18/haken_a_23310240/）［二〇一八年四月十九日アクセス］

（4）「労働力調査（基本集計）――平成30年（2018年）2月分（速報）」「総務省」（http://www.stat.go.jp/data/roudou/sokuhou/tsuki/pdf/201802.pdf）［二〇一八年四月十九日アクセス］

（5）「平成二十八年社会生活基本調査――生活時間に関する結果：結果の概要」「総務省」（http:www.stat.go.jp/data/shakai/2016/pdf/gHiyou2.pdf）［二〇一八年四月二十七日アクセス］

（6）大日向寛文「（平成経済）第一部・グローバル化と危機：二　非正規頼み、手放さぬ企業」「朝日新聞」二〇一七年十一月五日付

第５章　派遣労働者の働く現状と満足度
――ウェブ調査の結果から

大槻奈巳

はじめに

派遣労働の実態に迫り二〇一五年の労働者派遣法改正の影響をみようと、一九年十二月に派遣労働者を対象にモニターによるウェブ調査を実施した（以下、ウェブ調査）。調査の目的は、第一に、派遣労働者の働く実態を業種、性別、無期雇用か有期雇用かに着目して明らかにすること、第二に、二〇一五年改正法の効果によって雇用は安定するのかどうかを明らかにすること、第三に、派遣労働者として働く満足度を何が決めているかについて考察することである。

調査の対象は、調査した二〇一九年十二月時点で派遣労働者であり、かつ調査時点の一年前（二〇一八年十二月）の時点でも派遣労働者だった人である。一九年十二月に調査を実施したのは、一五年に改正派遣法が施行されて三年を経過する一八年九月から一年あまりたったときだったからである。有効票は千六百五十票だった。

男女が半々になるように、また、年齢は二十代、三十代、四十代、五十代がそれぞれ二五％になるように設計したが、二十代の回答を得るのがやや難しく、二十代は全体の約二〇%、三十代、四十代、五十代がそれぞれ約二七%を占めた。男女はほぼ同数の回答を得た。居住地は全国を対象としたが、関東地方が約四三%を占め、次いで中部地方、近畿地方がそれぞれ約一六%、北海道・東北地方が約一四%、九州・沖縄地方が約一〇%だった。

学歴は、高校卒が約三三%、専修学校卒が約一一%、高専・短大卒が約一四%、大学卒が約三八%だった。厚生労働省が二〇一七年に実施した「派遣労働者実態調査[1]」では、高校卒が四〇・五%、専修学校卒が一三・二%、高専・短大卒が一二・六%、大学卒が二六・六%であり、今回のウェブ調査のほうが、高校卒が少なく、大学卒の割合が高い。これは、厚生労働省の「派遣労働者実態調査」は対象年齢に六十歳以上も含まれたことや(筆者たちが実施したウェブ調査の対象年齢は五十九歳まで)、筆者たちが実施した調査の方法がモニターによるウェブ調査であることが影響していると考えられる。

回答者の派遣労働で得た個人の年収をみると、「百五十万円未満」が約二二%、「百五十万円~二百五十万円未満」が約四三%、「二百五十万円~三百五十万円」が約二四%。「三百五十万円以上」の割合は一一%程度だった。二百五十万円未満の人が約六五%を占めている。男女別にみると、二百五十万円未満の人は男性で約五七%、女性で約七三%、三百五十万円以上の人は男性で約一七%、女性で約五%と、男性のほうが年収が高い。

一方で、約六〇%が、「自分自身が主な家計の担い手」であると回答し、自分自身以外としては、主な家計の担い手が「親」が約二〇%、「配偶者(パートナー含む)」が約一九%だった。男女別にみると、「自分自身が主な家計の担い手」は男性が約七三%、女性が四五%、「配偶者(パートナー含む)」は男性が約六%、女性が約三一%、「親」は男性が約一九%、女性が約二〇%だった。

家族の状況は回答者の約七〇%が未婚だったが、特に四十代男性の未婚割合は約八〇%と高く、派遣労働者として働くことが婚姻に影響している可能性がある。子どもがいない人の割合も回答者の約七〇%を占めた。

1　勤務の状況

ここからは、性別、職種別（「事務」「開発・技術」「製造」「医療・介護／営業・販売」）とそれぞれの職種別の「有期雇用の派遣労働者」と「無期雇用の派遣労働者」の違いについてみてみる。また、厚生労働省が二〇一七年に派遣労働者実態調査を実施している（厚生労働省二〇一七派遣調査）。この調査は常用雇用者五人以上の事業所とそこで働いている派遣労働者が対象だった。労働政策研究・研修機構は一九年に労働者派遣許可事業所のうち、労働者派遣事業を開始後二年以上の事業所を調査対象とした調査を実施し（ＪＩＬＰＴ二〇一九事業所調査[2]）、同一労働同一賃金の施行による影響を検討するため二〇二一年にも派遣元事業所調査を実施している（ＪＩＬＰＴ二〇二一事業所調査[3]）。これらの結果も比較して考えてみたい。

学校卒業後に初めて就いた仕事

学校卒業後に初めて就いた仕事の雇用形態を聞いたが、「正社員（無期雇用派遣労働者を除く）」が約五九％、「無期雇用派遣労働者」が約一〇％、「有期の派遣労働者」が約一三％、「パート・アルバイト」が約一四％だった。現在、派遣労働者である者の約六〇％が、学校卒業後に初めて就いた仕事が「正社員（無期雇用派遣労働者を除く）」である。厚生労働省二〇一七派遣調査では、初職が正社員だったものが約七三％、派遣労働者だったものが約八％なので、本調査の対象者のほうが初職で派遣労働者だったものが多い。調査対象者に六十歳以上を含まないからかもしれない。

筆者たちが実施したウェブ調査の初職と学歴による違いをみると、学校卒業後に初めて就いた仕事の雇用形態が正社員の割合は「中学校卒」で約二六％、高校卒、専修学校卒、高専・短大卒、大学卒で約五七％から約五九

開発・技術									製造									医療・介護／営業・販売								
男女計			男性			女性			男女計			男性			女性			男女計			男性			女性		
合計	無期雇用派遣社員	有期の派遣社員	合計	無期雇用派遣社員	有期の派遣社員	合計	無期雇用派遣社員	有期の派遣社員	合計	無期雇用派遣社員	有期の派遣社員	合計	無期雇用派遣社員	有期の派遣社員	合計	無期雇用派遣社員	有期の派遣社員	合計	無期雇用派遣社員	有期の派遣社員	合計	無期雇用派遣社員	有期の派遣社員	合計	無期雇用派遣社員	有期の派遣社員
185	106	79	152	94	58	33	12	21	331	167	164	256	129	127	75	38	37	175	61	114	82	31	51	93	30	63
6.5%	4.7%	8.9%	5.3%	3.2%	8.6%	12.1%	16.7%	9.5%	12.4%	9.6%	15.2%	8.2%	5.4%	11.0%	26.7%	23.7%	29.7%	14.9%	18.0%	13.2%	11.0%	9.7%	11.8%	18.3%	26.7%	14.3%
9.7%	6.6%	13.9%	9.9%	7.4%	13.8%	9.1%	-	14.3%	21.1%	19.2%	23.2%	18.4%	14.0%	22.8%	30.7%	36.8%	24.3%	17.1%	14.8%	18.4%	13.4%	6.5%	17.6%	20.4%	23.3%	19.0%
13.0%	16.0%	8.9%	9.2%	12.8%	3.4%	30.3%	41.7%	23.8%	28.4%	29.9%	26.8%	28.5%	32.6%	24.4%	28.0%	21.1%	35.1%	22.9%	21.3%	23.7%	22.0%	19.4%	23.5%	23.7%	23.3%	23.8%
11.9%	11.3%	12.7%	9.9%	11.7%	6.9%	21.2%	8.3%	28.6%	18.7%	17.4%	20.1%	21.1%	18.6%	23.6%	10.7%	13.2%	8.1%	14.9%	11.5%	16.7%	13.4%	9.7%	15.7%	16.1%	13.3%	17.5%
14.1%	13.2%	15.2%	14.5%	13.8%	15.5%	12.1%	8.3%	14.3%	11.5%	12.0%	11.0%	13.7%	14.0%	13.4%	4.0%	5.3%	2.7%	17.1%	21.3%	14.9%	20.7%	29.0%	15.7%	14.0%	13.3%	14.3%
11.4%	10.4%	12.7%	13.2%	11.7%	15.5%	3.0%	-	4.8%	4.8%	7.8%	1.8%	6.3%	10.1%	2.4%	-	-	-	5.1%	3.3%	6.1%	7.3%	6.5%	7.8%	3.2%	-	4.8%
33.5%	37.7%	27.8%	38.2%	39.4%	36.2%	12.1%	25.0%	4.8%	3.0%	4.2%	1.8%	3.9%	5.4%	2.4%	-	-	-	8.0%	9.8%	7.0%	12.2%	19.4%	7.8%	4.3%	-	6.3%
185	106	79	152	94	58	33	12	21	331	167	164	256	129	127	75	38	37	175	61	114	82	31	51	93	30	63
19.5%	18.9%	20.3%	19.7%	18.1%	22.4%	18.2%	25.0%	14.3%	20.5%	17.4%	23.8%	14.8%	11.6%	18.1%	40.0%	36.8%	43.2%	26.3%	26.2%	26.3%	24.4%	19.4%	27.5%	28.0%	33.3%	25.4%
7.6%	5.7%	10.1%	6.6%	6.4%	6.9%	12.1%	-	19.0%	20.2%	18.0%	22.6%	18.4%	14.7%	22.0%	26.7%	28.9%	24.3%	13.1%	13.1%	13.2%	12.2%	6.5%	15.7%	14.0%	20.0%	11.1%
13.0%	14.2%	11.4%	8.6%	11.7%	3.4%	33.3%	33.3%	33.3%	29.3%	30.5%	28.0%	29.7%	31.8%	27.6%	28.0%	26.3%	29.7%	22.9%	19.7%	24.6%	19.5%	19.4%	19.6%	25.8%	20.0%	28.6%
6.5%	3.8%	10.1%	4.6%	3.2%	6.9%	15.2%	8.3%	19.0%	13.6%	12.6%	14.6%	17.2%	15.5%	18.9%	1.3%	2.6%	-	12.6%	11.5%	13.2%	7.3%	6.5%	7.8%	17.2%	16.7%	17.5%
13.5%	16.0%	10.1%	15.1%	17.0%	12.1%	6.1%	8.3%	4.8%	10.6%	12.6%	8.5%	12.5%	14.7%	10.2%	4.0%	5.3%	2.7%	14.3%	18.0%	12.3%	19.5%	25.8%	15.7%	9.7%	10.0%	9.5%
11.4%	8.5%	15.2%	13.2%	9.6%	19.0%	3.0%	-	4.8%	3.9%	6.0%	1.8%	5.1%	7.8%	2.4%	-	-	-	5.1%	4.9%	5.3%	8.5%	9.7%	7.8%	2.2%	-	3.2%
28.6%	33.0%	22.8%	32.2%	34.0%	29.3%	12.1%	25.0%	4.8%	1.8%	3.0%	0.6%	2.3%	3.9%	0.8%	-	-	-	5.7%	6.6%	5.3%	8.5%	12.9%	5.9%	3.2%	-	4.8%
185	106	79	152	94	58	33	12	21	331	167	164	256	129	127	75	38	37	175	61	114	82	31	51	93	30	63
13.0%	14.2%	11.4%	15.1%	14.9%	15.5%	3.0%	8.3%	-	7.3%	7.2%	7.3%	8.6%	8.5%	8.7%	2.7%	2.6%	2.7%	12.0%	13.1%	11.4%	8.5%	12.9%	5.9%	15.1%	13.3%	15.9%
11.4%	9.4%	13.9%	12.5%	10.6%	15.5%	6.1%	-	9.5%	10.6%	4.8%	16.5%	10.2%	3.9%	16.5%	12.0%	7.9%	16.2%	14.3%	9.8%	16.7%	18.3%	9.7%	23.5%	10.8%	10.0%	11.1%
11.4%	7.5%	16.5%	10.5%	7.4%	15.5%	15.2%	8.3%	19.0%	12.7%	15.0%	10.4%	14.1%	17.1%	11.0%	8.0%	7.9%	8.1%	13.1%	3.3%	18.4%	17.1%	3.2%	25.5%	9.7%	3.3%	12.7%
31.4%	25.5%	39.2%	28.3%	25.5%	32.8%	45.5%	25.0%	57.1%	38.4%	32.9%	43.9%	34.8%	27.9%	41.7%	50.7%	50.0%	51.4%	32.6%	19.7%	39.5%	26.8%	22.6%	29.4%	37.6%	16.7%	47.6%
33.0%	43.4%	19.0%	33.6%	41.5%	20.7%	30.3%	58.3%	14.3%	31.1%	40.1%	22.0%	32.4%	42.6%	22.0%	26.7%	31.6%	21.6%	28.0%	54.1%	14.0%	29.3%	51.6%	15.7%	26.9%	56.7%	12.7%
185	106	79	152	94	58	33	12	21	331	167	164	256	129	127	75	38	37	175	61	114	82	31	51	93	30	63
5.4%	4.7%	6.3%	4.6%	3.2%	6.9%	9.1%	16.7%	4.8%	4.2%	5.4%	3.0%	4.7%	5.4%	3.9%	2.7%	5.3%	-	6.9%	4.9%	7.9%	6.1%	6.5%	5.9%	7.5%	3.3%	9.5%
8.6%	9.4%	7.6%	10.5%	10.6%	10.3%	-	-	-	3.6%	4.2%	3.0%	3.1%	2.3%	3.9%	5.3%	10.5%	-	8.0%	8.2%	7.9%	9.8%	12.9%	7.8%	6.5%	3.3%	7.9%
30.8%	30.2%	31.6%	28.9%	28.7%	29.3%	39.4%	41.7%	38.1%	28.4%	24.6%	32.3%	27.3%	25.6%	29.1%	32.0%	21.1%	43.2%	42.3%	44.3%	41.2%	34.1%	25.8%	39.2%	49.5%	63.3%	42.9%
43.8%	44.3%	43.0%	44.1%	44.7%	43.1%	42.4%	41.7%	42.9%	47.7%	49.1%	46.3%	46.5%	46.5%	46.5%	52.0%	57.9%	45.9%	30.3%	24.6%	33.3%	36.6%	32.3%	39.2%	24.7%	16.7%	28.6%
8.6%	10.4%	6.3%	10.5%	11.7%	8.6%	-	-	-	13.9%	15.0%	12.8%	16.4%	17.8%	15.0%	5.3%	5.3%	5.4%	9.7%	14.8%	7.0%	9.8%	19.4%	3.9%	9.7%	10.0%	9.5%
2.7%	0.9%	5.1%	1.3%	1.1%	1.7%	9.1%	-	14.3%	2.1%	1.8%	2.4%	2.0%	2.3%	1.6%	2.7%	-	5.4%	2.9%	3.3%	2.6%	3.7%	3.2%	3.9%	2.2%	3.3%	1.6%

表1　派遣労働の現状

		職種・計									事務								
		男女計			男性			女性			男女計			男性			女性		
		合計	無期雇用派遣社員	有期の派遣社員	合計	無期雇用派遣社員	有期の派遣社員	合計	無期雇用派遣社員	有期の派遣社員	合計	無期雇用派遣社員	有期の派遣社員	合計	無期雇用派遣社員	有期の派遣社員	合計	無期雇用派遣社員	有期の派遣社員
昨年1年間（2018年1～12月）の収入（税込）	合計度数	1650	662	988	826	394	432	824	268	556	654	196	458	127	45	82	527	151	376
	150万円未満	12.8%	10.4%	14.5%	9.9%	7.1%	12.5%	15.8%	15.3%	16.0%	13.3%	10.2%	14.6%	12.6%	11.1%	13.4%	13.5%	9.9%	14.9%
	150万円以上200万円未満	16.2%	14.5%	17.4%	14.0%	11.2%	16.7%	18.4%	19.4%	18.0%	15.3%	12.8%	16.4%	11.0%	2.2%	15.9%	16.3%	15.9%	16.5%
	200万円以上250万円未満	27.7%	26.7%	28.3%	23.6%	25.4%	22.0%	31.8%	28.7%	33.3%	32.7%	31.1%	33.4%	22.8%	24.4%	22.0%	35.1%	33.1%	35.9%
	250万円以上300万円未満	16.5%	16.2%	16.8%	15.7%	15.5%	16.0%	17.4%	17.2%	17.4%	18.2%	17.9%	18.3%	15.7%	15.6%	15.9%	18.8%	18.5%	18.9%
	300万円以上350万円未満	13.5%	14.2%	13.0%	15.4%	15.0%	15.7%	11.5%	13.1%	10.8%	14.7%	18.9%	12.9%	23.6%	26.7%	22.0%	12.5%	16.6%	10.9%
	350万円以上400万円未満	5.5%	6.9%	4.6%	8.2%	10.4%	6.3%	2.8%	1.9%	3.2%	3.5%	4.6%	3.1%	7.9%	11.1%	6.1%	2.5%	2.6%	2.4%
	400万円以上	7.7%	11.0%	5.5%	13.1%	15.5%	10.9%	2.3%	4.5%	1.3%	2.3%	4.6%	1.3%	6.3%	8.9%	4.9%	1.3%	3.3%	0.5%
うち派遣労働による収入（税込）	合計度数	1650	662	988	826	394	432	824	268	556	654	196	458	127	45	82	527	151	376
	150万円未満	22.1%	20.7%	23.0%	19.6%	17.8%	21.3%	24.5%	25.0%	24.3%	21.7%	20.9%	22.1%	23.6%	26.7%	22.0%	21.3%	19.2%	22.1%
	150万円以上200万円未満	15.0%	13.3%	16.2%	13.8%	10.9%	16.4%	16.3%	16.8%	16.0%	15.0%	11.7%	16.4%	13.4%	4.4%	18.3%	15.4%	13.9%	16.0%
	200万円以上250万円未満	27.5%	26.3%	28.2%	23.2%	24.9%	21.8%	31.7%	28.4%	33.3%	32.3%	31.1%	32.8%	26.0%	33.3%	22.0%	33.8%	30.5%	35.1%
	250万円以上300万円未満	12.7%	12.2%	13.0%	11.9%	11.4%	12.3%	13.5%	13.4%	13.5%	13.9%	14.8%	13.5%	10.2%	8.9%	11.0%	14.8%	16.6%	14.1%
	300万円以上350万円未満	11.9%	12.8%	11.3%	14.0%	14.5%	13.7%	9.8%	10.4%	9.5%	12.5%	14.3%	11.8%	16.5%	13.3%	18.3%	11.6%	14.6%	10.4%
	350万円以上400万円未満	4.4%	5.1%	3.9%	6.7%	7.6%	5.8%	2.2%	1.5%	2.5%	2.6%	2.6%	2.6%	4.7%	4.4%	4.9%	2.1%	2.0%	2.1%
	400万円以上	6.4%	9.5%	4.4%	10.8%	12.9%	8.8%	2.1%	4.5%	0.9%	2.0%	4.6%	0.9%	5.5%	8.9%	3.7%	1.1%	3.3%	0.3%
現在の派遣先で同一の業務継続期間	合計度数	1650	662	988	826	394	432	824	268	556	654	196	458	127	45	82	527	151	376
	3か月以下	12.6%	9.7%	14.6%	12.7%	11.2%	14.1%	12.5%	7.5%	14.9%	14.2%	8.7%	16.6%	15.0%	11.1%	17.1%	14.0%	7.9%	16.5%
	3か月を超え6か月以下	9.5%	7.6%	10.8%	12.1%	9.1%	14.8%	6.9%	5.2%	7.7%	8.3%	8.2%	8.3%	19.7%	24.4%	17.1%	5.5%	3.3%	6.4%
	6か月を超え1年以下	11.6%	8.9%	13.4%	12.6%	10.7%	14.4%	10.6%	6.3%	12.6%	11.8%	8.7%	13.1%	14.2%	15.6%	13.4%	11.2%	6.6%	13.0%
	1年を超え3年以下	37.1%	25.2%	45.0%	31.6%	25.6%	37.0%	42.6%	24.6%	51.3%	40.8%	21.4%	49.1%	31.5%	20.0%	37.8%	43.1%	21.9%	51.6%
	3年を超える	29.2%	48.6%	16.2%	31.0%	43.4%	19.7%	27.4%	56.3%	13.5%	24.9%	53.1%	12.9%	19.7%	28.9%	14.6%	26.2%	60.3%	12.5%
現在の派遣先での先月1週間の実労働時間	合計度数	1650	662	988	826	394	432	824	268	556	654	196	458	127	45	82	527	151	376
	20時間未満	4.5%	4.5%	4.5%	4.8%	4.8%	4.9%	4.1%	4.1%	4.1%	3.7%	3.6%	3.7%	7.1%	6.7%	7.3%	2.8%	2.6%	2.9%
	20～30時間未満	6.8%	7.4%	6.4%	8.7%	8.9%	8.6%	4.9%	5.2%	4.7%	6.3%	6.6%	6.1%	13.4%	15.6%	12.2%	4.6%	4.0%	4.8%
	30～40時間未満	39.5%	35.2%	42.3%	29.9%	27.4%	32.2%	49.0%	46.6%	50.2%	51.2%	50.0%	51.7%	38.6%	28.9%	43.9%	54.3%	56.3%	53.5%
	40～50時間未満	37.9%	39.1%	37.0%	42.0%	42.1%	41.9%	33.7%	34.7%	33.3%	31.5%	29.6%	32.3%	35.4%	40.0%	32.9%	30.6%	26.5%	32.2%
	50時間以上	8.4%	11.2%	6.5%	12.5%	14.7%	10.4%	4.2%	6.0%	3.4%	3.5%	6.1%	2.4%	4.7%	8.9%	2.4%	3.2%	5.3%	2.4%
	現在の派遣先では働いていなかった	3.0%	2.6%	3.3%	2.1%	2.0%	2.1%	4.0%	3.4%	4.3%	3.8%	4.1%	3.7%	0.8%	-	1.2%	4.6%	5.3%	4.3%

開発・技術									製造									医療・介護／営業・販売								
男女計			男性			女性			男女計			男性			女性			男女計			男性			女性		
合計	無期雇用派遣社員	有期の派遣社員	合計	無期雇用派遣社員	有期の派遣社員	合計	無期雇用派遣社員	有期の派遣社員	合計	無期雇用派遣社員	有期の派遣社員	合計	無期雇用派遣社員	有期の派遣社員	合計	無期雇用派遣社員	有期の派遣社員	合計	無期雇用派遣社員	有期の派遣社員	合計	無期雇用派遣社員	有期の派遣社員	合計	無期雇用派遣社員	有期の派遣社員
180	105	75	150	93	57	30	12	18	324	164	160	251	126	125	73	38	35	170	59	111	79	30	49	91	29	62
22.8%	19.0%	28.0%	20.7%	17.2%	26.3%	33.3%	33.3%	33.3%	26.5%	26.2%	26.9%	23.5%	23.8%	23.2%	37.0%	34.2%	40.0%	32.9%	37.3%	30.6%	27.8%	40.0%	20.4%	37.4%	34.5%	38.7%
28.3%	29.5%	26.7%	27.3%	29.0%	24.6%	33.3%	33.3%	33.3%	31.5%	28.7%	34.4%	31.1%	27.0%	35.2%	32.9%	34.2%	31.4%	45.9%	37.3%	50.5%	38.0%	26.7%	44.9%	52.7%	48.3%	54.8%
28.9%	26.7%	32.0%	30.0%	26.9%	35.1%	23.3%	25.0%	22.2%	20.1%	20.7%	19.4%	20.7%	21.4%	20.0%	17.8%	18.4%	17.1%	14.1%	15.3%	13.5%	19.0%	13.3%	22.4%	9.9%	17.2%	6.5%
16.1%	19.0%	12.0%	18.0%	21.5%	12.3%	6.7%	-	11.1%	17.0%	17.1%	16.9%	19.9%	20.6%	19.2%	6.8%	5.3%	8.6%	5.3%	6.8%	4.5%	11.4%	13.3%	10.2%	-	-	-
3.9%	5.7%	1.3%	4.0%	5.4%	1.8%	3.3%	8.3%	-	4.9%	7.3%	2.5%	4.8%	7.1%	2.4%	5.5%	7.9%	2.9%	1.8%	3.4%	0.9%	3.8%	6.7%	2.0%	-	-	-
139	85	54	119	77	42	20	8	12	238	121	117	192	96	96	46	25	21	114	37	77	57	18	39	57	19	38
67.6%	71.8%	61.1%	65.5%	70.1%	57.1%	80.0%	87.5%	75.0%	89.5%	90.9%	88.0%	89.6%	91.7%	87.5%	89.1%	88.0%	90.5%	74.6%	73.0%	75.3%	64.9%	61.1%	66.7%	84.2%	84.2%	84.2%
18.7%	17.6%	20.4%	19.3%	18.2%	21.4%	15.0%	12.5%	16.7%	7.6%	6.6%	8.5%	7.8%	5.2%	10.4%	6.5%	12.0%	-	11.4%	8.1%	13.0%	19.3%	11.1%	23.1%	3.5%	5.3%	2.6%
9.4%	9.4%	9.3%	10.1%	10.4%	9.5%	5.0%	-	8.3%	1.7%	1.7%	1.7%	1.6%	2.1%	1.0%	2.2%	-	4.8%	4.4%	10.8%	1.3%	5.3%	11.1%	2.6%	3.5%	10.5%	-
4.3%	1.2%	9.3%	5.0%	1.3%	11.9%	-	-	-	0.8%	0.8%	0.9%	1.0%	1.0%	1.0%	-	-	-	8.8%	8.1%	9.1%	10.5%	16.7%	7.7%	7.0%	-	10.5%
-	-	-	-	-	-	-	-	-	0.4%	-	0.9%	-	-	-	2.2%	-	4.8%	0.9%	-	1.3%	-	-	-	1.8%	-	2.6%
185	106	79	152	94	58	33	12	21	331	167	164	256	129	127	75	38	37	175	61	114	82	31	51	93	30	63
1.1%	-	2.5%	1.3%	-	3.4%	-	-	-	15.4%	17.4%	13.4%	11.7%	11.6%	11.8%	28.0%	36.8%	18.9%	9.7%	13.1%	7.9%	9.8%	9.7%	9.8%	9.7%	16.7%	6.3%
15.1%	14.2%	16.5%	15.1%	12.8%	19.0%	15.2%	25.0%	9.5%	48.6%	48.5%	48.8%	46.1%	47.3%	44.9%	57.3%	52.6%	62.2%	30.3%	31.1%	29.8%	26.8%	19.4%	31.4%	33.3%	43.3%	28.6%
23.8%	25.5%	21.5%	19.1%	24.5%	10.3%	45.5%	33.3%	52.4%	26.0%	24.6%	27.4%	30.1%	29.5%	30.7%	12.0%	7.9%	16.2%	26.9%	26.2%	27.2%	24.4%	22.6%	25.5%	29.0%	30.0%	28.6%
20.0%	19.8%	20.3%	20.4%	20.2%	20.7%	18.2%	16.7%	19.0%	6.0%	6.0%	6.1%	7.4%	7.8%	7.1%	1.3%	-	2.7%	22.9%	24.6%	21.9%	25.6%	38.7%	17.6%	20.4%	10.0%	25.4%
12.4%	11.3%	13.9%	11.8%	11.7%	12.1%	15.2%	8.3%	19.0%	1.5%	1.2%	1.8%	2.0%	1.6%	2.4%	-	-	-	7.4%	4.9%	8.8%	12.2%	9.7%	13.7%	3.2%	-	4.8%
27.6%	29.2%	25.3%	32.2%	30.9%	34.5%	6.1%	16.7%	-	2.4%	2.4%	2.4%	2.7%	2.3%	3.1%	1.3%	2.6%	-	2.9%	-	4.4%	1.2%	-	2.0%	4.3%	-	6.3%
185	106	79	152	94	58	33	12	21	331	167	164	256	129	127	75	38	37	175	61	114	82	31	51	93	30	63
31.9%	43.4%	16.5%	32.9%	43.6%	15.5%	27.3%	41.7%	19.0%	22.7%	28.1%	17.1%	21.5%	25.6%	17.3%	26.7%	36.8%	16.2%	23.4%	36.1%	16.7%	23.2%	35.5%	15.7%	23.7%	36.7%	17.5%
3.2%	3.8%	2.5%	3.9%	4.3%	3.4%	-	-	-	1.8%	1.8%	1.8%	2.0%	2.3%	1.6%	1.3%	-	2.7%	1.7%	1.6%	1.8%	2.4%	3.2%	2.0%	1.1%	-	1.6%
35.1%	30.2%	41.8%	32.2%	28.7%	37.9%	48.5%	41.7%	52.4%	40.2%	37.7%	42.7%	39.5%	35.7%	43.3%	42.7%	44.7%	40.5%	39.4%	31.1%	43.9%	42.7%	25.8%	52.9%	36.6%	36.7%	36.5%
8.6%	8.5%	8.9%	9.2%	8.5%	10.3%	6.1%	8.3%	4.8%	6.6%	5.4%	7.9%	7.0%	7.0%	7.1%	5.3%	-	10.8%	4.6%	1.6%	6.1%	8.5%	3.2%	11.8%	1.1%	-	1.6%
3.2%	0.9%	6.3%	3.3%	1.1%	6.9%	3.0%	-	4.8%	4.2%	2.4%	6.1%	5.1%	3.1%	7.1%	1.3%	-	2.7%	3.4%	3.3%	3.5%	1.2%	3.2%	-	5.4%	3.3%	6.3%
11.9%	7.5%	17.7%	11.8%	7.4%	19.0%	12.1%	8.3%	14.3%	12.7%	10.8%	14.6%	14.1%	13.2%	15.0%	8.0%	2.6%	13.5%	14.3%	6.6%	18.4%	8.5%	6.5%	9.8%	19.4%	6.7%	25.4%
5.9%	5.7%	6.3%	6.6%	6.4%	6.9%	3.0%	-	4.8%	11.8%	13.8%	9.8%	10.9%	13.2%	8.7%	14.7%	15.8%	13.5%	13.1%	19.7%	9.6%	13.4%	22.6%	7.8%	12.9%	16.7%	11.1%

		職種・計									事務								
		男女計			男性			女性			男女計			男性			女性		
		合計	無期雇用派遣社員	有期の派遣社員	合計	無期雇用派遣社員	有期の派遣社員	合計	無期雇用派遣社員	有期の派遣社員	合計	無期雇用派遣社員	有期の派遣社員	合計	無期雇用派遣社員	有期の派遣社員	合計	無期雇用派遣社員	有期の派遣社員
現在の派遣先での先月残業時間	合計度数	1600	645	955	809	386	423	791	259	532	629	188	441	126	45	81	503	143	360
	残業は全くなかった	35.4%	32.1%	37.7%	26.1%	24.9%	27.2%	45.0%	42.9%	46.1%	44.8%	43.6%	45.4%	27.8%	22.2%	30.9%	49.1%	50.3%	48.6%
	10時間未満	37.1%	32.7%	40.0%	32.8%	29.0%	36.2%	41.5%	38.2%	43.0%	39.7%	34.0%	42.2%	37.3%	28.9%	42.0%	40.4%	35.7%	42.2%
	10時間～25時間未満	16.5%	19.7%	14.3%	22.5%	23.3%	21.7%	10.4%	14.3%	8.5%	11.3%	16.0%	9.3%	22.2%	28.9%	18.5%	8.5%	11.9%	7.2%
	25時間～45時間未満	8.4%	11.2%	6.5%	14.6%	17.4%	12.1%	2.0%	1.9%	2.1%	3.0%	4.3%	2.5%	9.5%	15.6%	6.2%	1.4%	0.7%	1.7%
	45時間以上	2.6%	4.3%	1.5%	4.1%	5.4%	2.8%	1.1%	2.7%	0.4%	1.1%	2.1%	0.7%	3.2%	4.4%	2.5%	0.6%	1.4%	0.3%
【残業をしたことがある方に伺います】残業代は支払われていますか。	合計度数	1033	438	595	598	290	308	435	148	287	347	106	241	91	35	56	256	71	185
	支払われている	85.0%	82.6%	86.7%	78.4%	76.9%	79.9%	94.0%	93.9%	94.1%	91.4%	84.9%	94.2%	73.6%	57.1%	83.9%	97.7%	98.6%	97.3%
	時間外勤務手当としてあらかじめ定額支払われている	8.0%	10.3%	6.4%	12.2%	13.8%	10.7%	2.3%	3.4%	1.7%	3.5%	9.4%	0.8%	11.0%	28.6%	-	0.8%	-	1.1%
	基本給にあらかじめ定額支払われている	3.4%	4.6%	2.5%	5.0%	6.2%	3.9%	1.1%	1.4%	1.0%	2.3%	2.8%	2.1%	7.7%	8.6%	7.1%	0.4%	-	0.5%
	支払われていない	3.2%	2.3%	3.9%	4.0%	2.8%	5.2%	2.1%	1.4%	2.4%	2.3%	1.9%	2.5%	5.5%	2.9%	7.1%	1.2%	1.4%	1.1%
	その他	0.4%	0.2%	0.5%	0.3%	0.3%	0.3%	0.5%	-	0.7%	0.6%	0.9%	0.4%	2.2%	2.9%	1.8%	-	-	-
時間給	合計度数	1650	662	988	826	394	432	824	268	556	654	196	458	127	45	82	527	151	376
	1000円未満	8.3%	10.1%	7.1%	8.2%	7.9%	8.6%	8.4%	13.4%	5.9%	5.8%	7.7%	5.0%	7.9%	6.7%	8.5%	5.3%	7.9%	4.3%
	1000円以上1250円未満	34.7%	34.0%	35.1%	35.8%	34.8%	36.8%	33.5%	32.8%	33.8%	29.5%	23.5%	32.1%	27.6%	22.2%	30.5%	30.0%	23.8%	32.4%
	1250円以上1500円未満	25.6%	24.6%	26.3%	23.4%	23.9%	22.9%	27.9%	25.7%	29.0%	29.1%	29.6%	28.8%	21.3%	26.7%	18.3%	30.9%	30.5%	31.1%
	1500円以上1750円未満	18.4%	17.5%	19.0%	16.3%	17.8%	15.0%	20.5%	17.2%	22.1%	24.8%	26.0%	24.2%	27.6%	31.1%	25.6%	24.1%	24.5%	23.9%
	1750円以上2000円未満	6.8%	5.9%	7.5%	7.1%	6.3%	7.9%	6.6%	5.2%	7.2%	8.4%	7.7%	8.7%	11.0%	6.7%	13.4%	7.8%	7.9%	7.7%
	2000円以上	6.1%	7.9%	5.0%	9.1%	9.4%	8.8%	3.2%	5.6%	2.0%	2.4%	5.6%	1.1%	4.7%	6.7%	3.7%	1.9%	5.3%	0.5%
現在の派遣労働の昇給に関して、あてはまるものを1つ選んでください。	合計度数	1650	662	988	826	394	432	824	268	556	654	196	458	127	45	82	527	151	376
	同じ派遣先で昇給になった	25.2%	35.3%	18.3%	24.2%	32.0%	17.1%	26.1%	40.3%	19.2%	23.4%	33.2%	19.2%	21.3%	20.0%	22.0%	23.9%	37.1%	18.6%
	同じ派遣先で減給になった	2.2%	3.3%	1.4%	3.1%	4.3%	2.1%	1.2%	1.9%	0.9%	2.8%	6.6%	1.1%	9.4%	17.8%	4.9%	1.1%	3.3%	0.3%
	同じ派遣先で昇給も減給もなく同じ	36.4%	32.0%	39.4%	37.9%	33.0%	42.4%	35.0%	30.6%	37.1%	34.7%	29.1%	37.1%	35.4%	31.1%	37.8%	34.5%	28.5%	37.0%
	派遣先が変わって昇給になった	8.4%	5.9%	10.0%	8.2%	7.1%	9.3%	8.5%	4.1%	10.6%	9.9%	6.1%	11.6%	7.9%	8.9%	7.3%	10.4%	5.3%	12.5%
	派遣先が変わって減給になった	4.3%	2.6%	5.5%	3.6%	2.0%	5.1%	5.0%	3.4%	5.8%	5.8%	4.1%	6.6%	5.5%	2.2%	7.3%	5.9%	4.6%	6.4%
	派遣先が変わって昇給も減給もなく同じ	12.4%	8.6%	15.0%	11.7%	8.6%	14.6%	13.1%	8.6%	15.3%	12.5%	8.7%	14.2%	11.0%	4.4%	14.6%	12.9%	9.9%	14.1%
	わからない	11.2%	12.2%	10.4%	11.1%	12.9%	9.5%	11.2%	11.2%	11.2%	10.9%	12.2%	10.3%	9.4%	15.6%	6.1%	11.2%	11.3%	11.2%

開発・技術									製造									医療・介護／営業・販売								
男女計			男性			女性			男女計			男性			女性			男女計			男性			女性		
合計	無期雇用派遣社員	有期の派遣社員	合計	無期雇用派遣社員	有期の派遣社員	合計	無期雇用派遣社員	有期の派遣社員	合計	無期雇用派遣社員	有期の派遣社員	合計	無期雇用派遣社員	有期の派遣社員	合計	無期雇用派遣社員	有期の派遣社員	合計	無期雇用派遣社員	有期の派遣社員	合計	無期雇用派遣社員	有期の派遣社員	合計	無期雇用派遣社員	有期の派遣社員
185	106	79	152	94	58	33	12	21	331	167	164	256	129	127	75	38	37	175	61	114	82	31	51	93	30	63
21.6%	29.2%	11.4%	25.7%	31.9%	15.5%	3.0%	8.3%	-	10.3%	15.0%	5.5%	11.3%	15.5%	7.1%	6.7%	13.2%	-	6.9%	8.2%	6.1%	8.5%	9.7%	7.8%	5.4%	6.7%	4.8%
49.7%	60.4%	35.4%	53.9%	61.7%	41.4%	30.3%	50.0%	19.0%	64.7%	64.1%	65.2%	65.6%	65.1%	66.1%	61.3%	60.5%	62.2%	53.7%	60.7%	50.0%	52.4%	61.3%	47.1%	54.8%	60.0%	52.4%
18.4%	24.5%	10.1%	21.7%	26.6%	13.8%	3.0%	8.3%	-	3.6%	4.2%	3.0%	3.5%	4.7%	2.4%	4.0%	2.6%	5.4%	8.6%	16.4%	4.4%	11.0%	16.1%	7.8%	6.5%	16.7%	1.6%
18.9%	24.5%	11.4%	21.7%	25.5%	15.5%	6.1%	16.7%	-	6.0%	5.4%	6.7%	7.8%	7.0%	8.7%	-	-	-	3.4%	3.3%	3.5%	4.9%	6.5%	3.9%	2.2%	-	3.2%
9.7%	13.2%	5.1%	11.2%	14.9%	5.2%	3.0%	-	4.8%	11.2%	9.6%	12.8%	11.7%	9.3%	14.2%	9.3%	10.5%	8.1%	5.1%	8.2%	3.5%	9.8%	16.1%	5.9%	1.1%	-	1.6%
8.1%	11.3%	3.8%	7.9%	10.6%	3.4%	9.1%	16.7%	4.8%	4.5%	4.8%	4.3%	5.9%	6.2%	5.5%	-	-	-	3.4%	3.3%	3.5%	7.3%	6.5%	7.8%	-	-	-
44.3%	47.2%	40.5%	43.4%	46.8%	37.9%	48.5%	50.0%	47.6%	51.4%	52.7%	50.0%	49.2%	50.4%	48.0%	58.7%	60.5%	56.8%	39.4%	44.3%	36.8%	34.1%	41.9%	29.4%	44.1%	46.7%	42.9%
44.9%	47.2%	41.8%	43.4%	45.7%	39.7%	51.5%	58.3%	47.6%	50.2%	50.9%	49.4%	48.8%	48.8%	48.8%	54.7%	57.9%	51.4%	40.0%	41.0%	39.5%	32.9%	35.5%	31.4%	46.2%	46.7%	46.0%
17.3%	12.3%	24.1%	15.1%	11.7%	20.7%	27.3%	16.7%	33.3%	15.1%	15.6%	14.6%	15.6%	15.5%	15.7%	13.3%	15.8%	10.8%	24.6%	18.0%	28.1%	30.5%	22.6%	35.3%	19.4%	13.3%	22.2%
185	106	79	152	94	58	33	12	21	331	167	164	256	129	127	75	38	37	175	61	114	82	31	51	93	30	63
23.8%	39.6%	2.5%	25.0%	39.4%	1.7%	18.2%	41.7%	4.8%	21.5%	38.9%	3.7%	21.9%	39.5%	3.9%	20.0%	36.8%	2.7%	14.3%	32.8%	4.4%	14.6%	32.3%	3.9%	14.0%	33.3%	4.8%
8.6%	8.5%	8.9%	9.9%	9.6%	10.3%	3.0%	-	4.8%	5.1%	3.6%	6.7%	5.1%	3.9%	6.3%	5.3%	2.6%	8.1%	9.7%	8.2%	10.5%	7.3%	3.2%	9.8%	11.8%	13.3%	11.1%
10.8%	11.3%	10.1%	12.5%	11.7%	13.8%	3.0%	8.3%	-	3.9%	4.8%	3.0%	3.5%	3.9%	3.1%	5.3%	7.9%	2.7%	3.4%	3.3%	3.5%	6.1%	6.5%	5.9%	1.1%	-	1.6%
5.9%	8.5%	2.5%	7.2%	9.6%	3.4%	-	-	-	3.9%	1.8%	6.1%	4.3%	1.6%	7.1%	2.7%	2.6%	2.7%	3.4%	4.9%	2.6%	4.9%	6.5%	3.9%	2.2%	3.3%	1.6%
7.6%	5.7%	10.1%	6.6%	6.4%	6.9%	12.1%	-	19.0%	4.2%	2.4%	6.1%	5.1%	3.1%	7.1%	1.3%	-	2.7%	10.9%	1.6%	15.8%	11.0%	3.2%	15.7%	10.8%	-	15.9%
6.5%	7.5%	5.1%	5.9%	7.4%	3.4%	9.1%	8.3%	9.5%	2.7%	1.8%	3.7%	2.3%	2.3%	2.4%	4.0%	-	8.1%	4.0%	-	6.1%	3.7%	-	5.9%	4.3%	-	6.3%
3.8%	3.8%	3.8%	3.9%	4.3%	3.4%	3.0%	-	4.8%	1.5%	0.6%	2.4%	2.0%	0.8%	3.1%	-	-	-	4.6%	1.6%	6.1%	6.1%	3.2%	7.8%	3.2%	-	4.8%
3.8%	1.9%	6.3%	3.9%	1.1%	8.6%	3.0%	8.3%	-	2.1%	0.6%	3.7%	2.7%	0.8%	4.7%	-	-	-	4.6%	-	7.0%	3.7%	-	5.9%	5.4%	-	7.9%
1.1%	0.9%	1.3%	1.3%	1.1%	1.7%	-	-	-	1.5%	-	3.0%	1.2%	-	2.4%	2.7%	-	5.4%	2.9%	4.9%	1.8%	4.9%	6.5%	3.9%	1.1%	3.3%	-
3.8%	2.8%	5.1%	3.3%	2.1%	5.2%	6.1%	8.3%	4.8%	1.2%	1.2%	1.2%	1.6%	1.6%	1.6%	-	-	-	1.1%	-	1.8%	1.2%	-	2.0%	1.1%	-	1.6%
17.3%	6.6%	31.6%	17.1%	7.4%	32.8%	18.2%	-	28.6%	25.7%	6.6%	45.1%	25.8%	6.2%	45.7%	25.3%	7.9%	43.2%	25.7%	1.6%	38.6%	18.3%	3.2%	27.5%	32.3%	-	47.6%
13.5%	21.7%	2.5%	15.1%	22.3%	3.4%	6.1%	16.7%	-	11.2%	19.8%	2.4%	11.3%	20.9%	1.6%	10.7%	15.8%	5.4%	13.7%	36.1%	1.8%	12.2%	29.0%	2.0%	15.1%	43.3%	1.6%
2.7%	2.8%	2.5%	2.0%	3.2%	-	6.1%	-	9.5%	1.2%	2.4%	-	0.4%	0.8%	-	4.0%	7.9%	-	2.3%	1.6%	2.6%	1.2%	-	2.0%	3.2%	3.3%	3.2%
20.5%	17.0%	25.3%	19.7%	16.0%	25.9%	24.2%	25.0%	23.8%	27.8%	25.7%	29.9%	27.3%	26.4%	28.3%	29.3%	23.7%	35.1%	24.0%	18.0%	27.2%	25.6%	19.4%	29.4%	22.6%	16.7%	25.4%

		職種・計									事務								
		男女計			男性			女性			男女計			男性			女性		
		合計	無期雇用派遣社員	有期の派遣社員	合計	無期雇用派遣社員	有期の派遣社員	合計	無期雇用派遣社員	有期の派遣社員	合計	無期雇用派遣社員	有期の派遣社員	合計	無期雇用派遣社員	有期の派遣社員	合計	無期雇用派遣社員	有期の派遣社員
支給されている手当（複数回答）	合計度数	1650	662	988	826	394	432	824	268	556	654	196	458	127	45	82	527	151	376
	1　賞与・一時金・退職金	9.4%	16.0%	5.0%	13.7%	19.0%	8.8%	5.1%	11.6%	2.0%	7.8%	18.9%	3.1%	18.1%	33.3%	9.8%	5.3%	14.6%	1.6%
	2　通勤手当	46.7%	57.3%	39.7%	54.4%	57.6%	51.4%	39.1%	56.7%	30.6%	34.4%	55.1%	25.5%	44.9%	53.3%	40.2%	31.9%	55.6%	22.3%
	3　資格手当	6.1%	10.3%	3.3%	9.8%	13.5%	6.5%	2.4%	5.6%	0.9%	3.7%	9.7%	1.1%	12.6%	26.7%	4.9%	1.5%	4.6%	0.3%
	4　住宅手当	5.0%	7.4%	3.3%	9.1%	11.2%	7.2%	0.8%	1.9%	0.4%	1.5%	3.6%	0.7%	6.3%	11.1%	3.7%	0.4%	1.3%	-
	5　精皆勤手当て	5.5%	6.9%	4.5%	8.8%	9.6%	8.1%	2.1%	3.0%	1.6%	1.4%	3.1%	0.7%	4.7%	6.7%	3.7%	0.6%	2.0%	-
	6　上記以外の諸手当	4.1%	5.9%	2.8%	6.3%	7.4%	5.3%	1.8%	3.7%	0.9%	2.0%	4.1%	1.1%	3.1%	4.4%	2.4%	1.7%	4.0%	0.8%
	7　厚生年金保険	47.4%	48.2%	46.9%	42.9%	43.4%	42.4%	51.9%	55.2%	50.4%	47.6%	48.0%	47.4%	29.1%	20.0%	34.1%	52.0%	56.3%	50.3%
	8　健康保険	48.1%	47.4%	48.6%	42.1%	41.4%	42.8%	54.1%	56.3%	53.1%	50.2%	49.5%	50.4%	28.3%	20.0%	32.9%	55.4%	58.3%	54.3%
	9　（諸手当などの）支給はない	22.9%	18.1%	26.1%	21.1%	19.3%	22.7%	24.8%	16.4%	28.8%	28.1%	18.9%	32.1%	26.8%	22.2%	29.3%	28.5%	17.9%	32.7%
2015年4月から2018年9月までの経験（複数回答）	合計度数	1650	662	988	826	394	432	824	268	556	654	196	458	127	45	82	527	151	376
	1　派遣元会社で無期雇用派遣になった	18.8%	42.3%	3.0%	19.9%	36.8%	4.4%	17.7%	50.4%	2.0%	18.0%	53.6%	2.8%	21.3%	44.4%	8.5%	17.3%	56.3%	1.6%
	2　派遣先会社で非正規として直接雇用になった（パート、契約社員など）	5.8%	6.9%	5.0%	8.0%	8.6%	7.4%	3.5%	4.5%	3.1%	4.7%	9.2%	2.8%	16.5%	26.7%	11.0%	1.9%	4.0%	1.1%
	3　派遣先会社で正社員になった（限定付き正社員を含む）	4.0%	5.7%	2.8%	6.7%	7.9%	5.6%	1.3%	2.6%	0.7%	2.4%	5.1%	1.3%	9.4%	17.8%	4.9%	0.8%	1.3%	0.5%
	4　派遣元会社に無期雇用を申請したが、受け入れられなかった	3.3%	3.6%	3.0%	5.0%	5.3%	4.6%	1.6%	1.1%	1.8%	2.9%	3.1%	2.8%	7.9%	11.1%	6.1%	1.7%	0.7%	2.1%
	5　派遣先会社で契約が更新されなかった	8.5%	3.6%	11.8%	8.2%	4.6%	11.6%	8.9%	2.2%	12.1%	11.3%	6.1%	13.5%	15.7%	13.3%	17.1%	10.2%	4.0%	12.8%
	6　派遣先会社の都合（会社の倒産、事業の撤退等）で契約が解除された	4.2%	2.4%	5.5%	4.2%	3.0%	5.3%	4.2%	1.5%	5.6%	4.6%	1.5%	5.9%	5.5%	-	8.5%	4.4%	2.0%	5.3%
	7　派遣元会社との雇用契約が更新されなかった	3.3%	2.3%	3.9%	4.4%	3.0%	5.6%	2.2%	1.1%	2.7%	3.7%	3.6%	3.7%	10.2%	8.9%	11.0%	2.1%	2.0%	2.1%
	8　派遣先、派遣元との契約が更新されず無職になった	4.2%	1.4%	6.1%	4.5%	1.3%	7.4%	3.9%	1.5%	5.0%	5.0%	2.0%	6.3%	7.9%	2.2%	11.0%	4.4%	2.0%	5.3%
	9　転職して非正規雇用として直接雇用になった（パート、契約社員など）	1.8%	1.2%	2.2%	1.9%	1.3%	2.5%	1.7%	1.1%	2.0%	1.5%	0.5%	2.0%	1.6%	-	2.4%	1.5%	0.7%	1.9%
	10　転職して正社員になった（限定付き正社員を含む）	1.8%	1.4%	2.0%	2.1%	1.5%	2.5%	1.5%	1.1%	1.6%	1.5%	1.0%	1.7%	1.6%	-	2.4%	1.5%	1.3%	1.6%
	11　有期の派遣を継続している	27.3%	6.2%	41.5%	23.0%	6.6%	38.0%	31.7%	5.6%	44.2%	31.5%	5.1%	42.8%	22.0%	-	34.1%	33.8%	6.6%	44.7%
	12　無期雇用派遣を継続している	10.8%	23.4%	2.3%	11.5%	22.6%	1.4%	10.1%	24.6%	3.1%	7.2%	19.4%	2.0%	3.1%	8.9%	-	8.2%	22.5%	2.4%
	13　その他	2.2%	1.8%	2.4%	1.0%	1.3%	0.7%	3.4%	2.6%	3.8%	2.8%	1.5%	3.3%	0.8%	-	1.2%	3.2%	2.0%	3.7%
	14　上記のような経験はない	25.9%	20.2%	29.7%	24.6%	21.1%	27.8%	27.2%	19.0%	31.1%	26.0%	15.8%	30.3%	18.9%	13.3%	22.0%	27.7%	16.6%	32.2%

開発・技術									製造									医療・介護／営業・販売								
男女計			男性			女性			男女計			男性			女性			男女計			男性			女性		
合計	無期雇用派遣社員	有期の派遣社員	合計	無期雇用派遣社員	有期の派遣社員	合計	無期雇用派遣社員	有期の派遣社員	合計	無期雇用派遣社員	有期の派遣社員	合計	無期雇用派遣社員	有期の派遣社員	合計	無期雇用派遣社員	有期の派遣社員	合計	無期雇用派遣社員	有期の派遣社員	合計	無期雇用派遣社員	有期の派遣社員	合計	無期雇用派遣社員	有期の派遣社員
185	106	79	152	94	58	33	12	21	331	167	164	256	129	127	75	38	37	175	61	114	82	31	51	93	30	63
19.5%	31.1%	3.8%	20.4%	30.9%	3.4%	15.2%	33.3%	4.8%	14.2%	24.6%	3.7%	14.5%	24.8%	3.9%	13.3%	23.7%	2.7%	12.6%	31.1%	2.6%	15.9%	35.5%	3.9%	9.7%	26.7%	1.6%
4.9%	4.7%	5.1%	5.9%	5.3%	6.9%	-	-	-	3.9%	5.4%	2.4%	3.5%	5.4%	1.6%	5.3%	5.3%	5.4%	3.4%	1.6%	4.4%	4.9%	-	7.8%	2.2%	3.3%	1.6%
9.7%	9.4%	10.1%	11.8%	10.6%	13.8%	-	-	-	2.1%	1.8%	2.4%	2.3%	1.6%	3.1%	1.3%	2.6%	-	1.7%	1.6%	1.8%	3.7%	3.2%	3.9%	-	-	-
4.9%	5.7%	3.8%	5.9%	6.4%	5.2%	-	-	-	3.6%	1.8%	5.5%	3.9%	1.6%	6.3%	2.7%	2.6%	2.7%	2.9%	4.9%	1.8%	4.9%	9.7%	2.0%	1.1%	-	1.6%
7.0%	7.5%	6.3%	8.6%	8.5%	8.6%	-	-	-	4.2%	3.0%	5.5%	4.7%	3.9%	5.5%	2.7%	-	5.4%	6.9%	3.3%	8.8%	4.9%	-	7.8%	8.6%	6.7%	9.5%
5.9%	5.7%	6.3%	6.6%	6.4%	6.9%	3.0%	-	4.8%	1.2%	-	2.4%	1.2%	-	2.4%	1.3%	-	2.7%	2.3%	1.6%	2.6%	1.2%	-	2.0%	3.2%	3.3%	3.2%
2.7%	2.8%	2.5%	2.6%	2.1%	3.4%	3.0%	8.3%	-	0.9%	-	1.8%	1.2%	-	2.4%	-	-	-	4.0%	-	6.1%	3.7%	-	5.9%	4.3%	-	6.3%
3.2%	3.8%	2.5%	3.3%	3.2%	3.4%	3.0%	8.3%	-	0.3%	-	0.6%	0.4%	-	0.8%	-	-	-	2.3%	-	3.5%	2.4%	-	3.9%	2.2%	-	3.2%
2.7%	2.8%	2.5%	2.6%	3.2%	1.7%	3.0%	-	4.8%	0.9%	-	1.8%	1.2%	-	2.4%	-	-	-	2.3%	4.9%	0.9%	3.7%	6.5%	2.0%	1.1%	3.3%	-
3.2%	2.8%	3.8%	3.9%	3.2%	5.2%	-	-	-	0.3%	-	0.6%	0.4%	-	0.8%	-	-	-	2.3%	1.6%	2.6%	3.7%	3.2%	3.9%	1.1%	-	1.6%
21.1%	5.7%	41.8%	17.1%	5.3%	36.2%	39.4%	8.3%	57.1%	25.7%	5.4%	46.3%	24.6%	4.7%	44.9%	29.3%	7.9%	51.4%	26.9%	-	41.2%	22.0%	-	35.3%	31.2%	-	46.0%
17.8%	30.2%	1.3%	19.1%	29.8%	1.7%	12.1%	33.3%	-	17.8%	29.9%	5.5%	18.4%	31.0%	5.5%	16.0%	26.3%	5.4%	9.1%	21.3%	2.6%	8.5%	19.4%	2.0%	9.7%	23.3%	3.2%
0.5%	-	1.3%	0.7%	-	1.7%	-	-	-	1.8%	2.4%	1.2%	1.6%	1.6%	1.6%	2.7%	5.3%	-	2.9%	3.3%	2.6%	2.4%	3.2%	2.0%	3.2%	3.3%	3.2%
23.8%	20.8%	27.8%	22.4%	20.2%	25.9%	30.3%	25.0%	33.3%	32.0%	32.3%	31.7%	32.0%	32.6%	31.5%	32.0%	31.6%	32.4%	34.9%	34.4%	35.1%	32.9%	29.0%	35.3%	36.6%	40.0%	34.9%
106	106	-	94	94	-	12	12	-	167	167	-	129	129	-	38	38	-	61	61	-	31	31	-	30	30	-
26.4%	26.4%	-	28.7%	28.7%	-	8.3%	8.3%	-	17.4%	17.4%	-	17.8%	17.8%	-	15.8%	15.8%	-	23.0%	23.0%	-	22.6%	22.6%	-	23.3%	23.3%	-
18.9%	18.9%	-	19.1%	19.1%	-	16.7%	16.7%	-	5.4%	5.4%	-	6.2%	6.2%	-	2.6%	2.6%	-	9.8%	9.8%	-	6.5%	6.5%	-	13.3%	13.3%	-
18.9%	18.9%	-	21.3%	21.3%	-	-	-	-	6.0%	6.0%	-	6.2%	6.2%	-	5.3%	5.3%	-	9.8%	9.8%	-	12.9%	12.9%	-	6.7%	6.7%	-
12.3%	12.3%	-	13.8%	13.8%	-	-	-	-	6.6%	6.6%	-	7.8%	7.8%	-	2.6%	2.6%	-	8.2%	8.2%	-	12.9%	12.9%	-	3.3%	3.3%	-
4.7%	4.7%	-	5.3%	5.3%	-	-	-	-	1.8%	1.8%	-	2.3%	2.3%	-	-	-	-	3.3%	3.3%	-	3.2%	3.2%	-	3.3%	3.3%	-
-	-	-	-	-	-	-	-	-	-	-	-	-	-	-	-	-	-	-	-	-	-	-	-	-	-	-
52.8%	52.8%	-	50.0%	50.0%	-	75.0%	75.0%	-	68.3%	68.3%	-	65.1%	65.1%	-	78.9%	78.9%	-	60.7%	60.7%	-	58.1%	58.1%	-	63.3%	63.3%	-
106	106	-	94	94	-	12	12	-	167	167	-	129	129	-	38	38	-	61	61	-	31	31	-	30	30	-
29.2%	29.2%	-	30.9%	30.9%	-	16.7%	16.7%	-	13.2%	13.2%	-	12.4%	12.4%	-	15.8%	15.8%	-	24.6%	24.6%	-	29.0%	29.0%	-	20.0%	20.0%	-
17.9%	17.9%	-	20.2%	20.2%	-	-	-	-	9.6%	9.6%	-	9.3%	9.3%	-	10.5%	10.5%	-	9.8%	9.8%	-	9.7%	9.7%	-	10.0%	10.0%	-
10.4%	10.4%	-	11.7%	11.7%	-	-	-	-	4.8%	4.8%	-	5.4%	5.4%	-	2.6%	2.6%	-	9.8%	9.8%	-	12.9%	12.9%	-	6.7%	6.7%	-
10.4%	10.4%	-	9.6%	9.6%	-	16.7%	16.7%	-	5.4%	5.4%	-	6.2%	6.2%	-	2.6%	2.6%	-	3.3%	3.3%	-	3.2%	3.2%	-	3.3%	3.3%	-
3.8%	3.8%	-	4.3%	4.3%	-	-	-	-	1.8%	1.8%	-	2.3%	2.3%	-	-	-	-	1.6%	1.6%	-	3.2%	3.2%	-	-	-	-
48.1%	48.1%	-	44.7%	44.7%	-	75.0%	75.0%	-	68.9%	68.9%	-	67.4%	67.4%	-	73.7%	73.7%	-	54.1%	54.1%	-	45.2%	45.2%	-	63.3%	63.3%	-

		職種・計									事務								
		男女計			男性			女性			男女計			男性			女性		
		合計	無期雇用派遣社員	有期の派遣社員	合計	無期雇用派遣社員	有期の派遣社員	合計	無期雇用派遣社員	有期の派遣社員	合計	無期雇用派遣社員	有期の派遣社員	合計	無期雇用派遣社員	有期の派遣社員	合計	無期雇用派遣社員	有期の派遣社員
2018年10月以降の経験（複数回答）	合計度数	1650	662	988	826	394	432	824	268	556	654	196	458	127	45	82	527	151	376
	1　派遣元会社で無期雇用派遣になった	14.7%	32.8%	2.5%	14.9%	26.6%	4.2%	14.4%	41.8%	1.3%	15.1%	46.4%	1.7%	15.0%	33.3%	4.9%	15.2%	50.3%	1.1%
	2　派遣先会社で非正規として直接雇用になった（パート、契約社員など）	3.5%	4.8%	2.6%	5.2%	6.3%	4.2%	1.8%	2.6%	1.4%	3.4%	6.1%	2.2%	11.0%	17.8%	7.3%	1.5%	2.6%	1.1%
	3　派遣先会社で正社員になった（限定付き正社員を含む）	2.8%	3.6%	2.2%	5.4%	5.8%	5.1%	0.1%	0.4%	-	2.0%	4.1%	1.1%	10.2%	17.8%	6.1%	-	-	-
	4　派遣元会社に無期雇用を申請したが、受け入れられなかった	3.3%	3.8%	2.9%	5.1%	6.1%	4.2%	1.5%	0.4%	2.0%	3.4%	4.6%	2.8%	11.0%	20.0%	6.1%	1.5%	-	2.1%
	5　派遣先会社で契約が更新されなかった	5.8%	3.8%	7.2%	6.5%	5.1%	7.9%	5.1%	1.9%	6.7%	6.3%	3.1%	7.6%	11.0%	6.7%	13.4%	5.1%	2.0%	6.4%
	6　派遣先会社の都合（会社の倒産、事業の撤退等）で契約が解除された	2.8%	2.4%	3.0%	3.4%	3.0%	3.7%	2.2%	1.5%	2.5%	3.1%	3.1%	3.1%	6.3%	6.7%	6.1%	2.3%	2.0%	2.4%
	7　派遣元会社との雇用契約が更新されなかった	2.5%	1.2%	3.4%	3.0%	1.0%	4.9%	2.1%	1.5%	2.3%	3.4%	2.0%	3.9%	8.7%	2.2%	12.2%	2.1%	2.0%	2.1%
	8　派遣先、派遣元との契約が更新されず無職になった	2.5%	1.5%	3.1%	2.1%	1.3%	2.8%	2.9%	1.9%	3.4%	3.1%	2.6%	3.3%	1.6%	2.2%	1.2%	3.4%	2.6%	3.7%
	9　転職して非正規雇用として直接雇用になった（パート、契約社員など）	1.0%	1.2%	0.8%	1.6%	1.5%	1.6%	0.4%	0.7%	0.2%	-	-	-	-	-	-	-	-	-
	10　転職して正社員になった（限定付き正社員を含む）	1.0%	0.9%	1.0%	1.3%	1.0%	1.6%	0.6%	0.7%	0.5%	0.8%	1.0%	0.7%	0.8%	-	1.2%	0.8%	1.3%	0.5%
	11　有期の派遣を継続している	30.7%	4.8%	48.0%	23.7%	5.1%	40.7%	37.6%	4.5%	53.6%	36.5%	3.1%	50.9%	25.2%	-	39.0%	39.3%	4.0%	53.5%
	12　無期雇用派遣を継続している	12.9%	27.5%	3.1%	14.2%	26.4%	3.0%	11.7%	29.1%	3.2%	9.9%	26.5%	2.8%	6.3%	13.3%	2.4%	10.8%	30.5%	2.9%
	13　その他	1.5%	1.1%	1.8%	1.3%	1.0%	1.6%	1.7%	1.1%	2.0%	1.4%	-	2.0%	0.8%	-	1.2%	1.5%	-	2.1%
	14　上記のような経験はない	29.4%	26.4%	31.4%	29.1%	27.7%	30.3%	29.7%	24.6%	32.2%	27.7%	19.4%	31.2%	21.3%	17.8%	23.2%	29.2%	19.9%	33.0%
無期雇用派遣となってから待遇の変化（複数回答）	合計度数	662	662	-	394	394	-	268	268	-	196	196	-	45	45	-	151	151	-
	1　賃金が上がった	19.9%	19.9%	-	19.8%	19.8%	-	20.1%	20.1%	-	18.9%	18.9%	-	22.2%	22.2%	-	17.9%	17.9%	-
	2　通勤手当が支給されるようになった	14.8%	14.8%	-	13.7%	13.7%	-	16.4%	16.4%	-	24.0%	24.0%	-	37.8%	37.8%	-	19.9%	19.9%	-
	3　社会保険に加入できた	10.3%	10.3%	-	15.0%	15.0%	-	3.4%	3.4%	-	9.2%	9.2%	-	37.8%	37.8%	-	0.7%	0.7%	-
	4　ボーナスが出るようになった	6.0%	6.0%	-	7.9%	7.9%	-	3.4%	3.4%	-	5.1%	5.1%	-	6.7%	6.7%	-	4.6%	4.6%	-
	5　任される業務のレベルが上がった	3.8%	3.8%	-	4.8%	4.8%	-	2.2%	2.2%	-	5.6%	5.6%	-	13.3%	13.3%	-	3.3%	3.3%	-
	6　その他	0.9%	0.9%	-	-	-	-	2.2%	2.2%	-	2.6%	2.6%	-	-	-	-	3.3%	3.3%	-
	7　特に変化はない	60.0%	60.0%	-	58.9%	58.9%	-	61.6%	61.6%	-	53.6%	53.6%	-	35.6%	35.6%	-	58.9%	58.9%	-
無期雇用派遣となってから気持ち等変化（複数回答）	合計度数	662	662	-	394	394	-	268	268	-	196	196	-	45	45	-	151	151	-
	1　雇用が安定したという安心感がある	19.5%	19.5%	-	19.3%	19.3%	-	19.8%	19.8%	-	21.4%	21.4%	-	26.7%	26.7%	-	19.9%	19.9%	-
	2　派遣先から長く働く人と思われるようになり嬉しい	14.2%	14.2%	-	15.7%	15.7%	-	11.9%	11.9%	-	19.4%	19.4%	-	37.8%	37.8%	-	13.9%	13.9%	-
	3　派遣期間と派遣期間の間に自由に休めなくなるので困る	7.1%	7.1%	-	9.4%	9.4%	-	3.7%	3.7%	-	7.7%	7.7%	-	24.4%	24.4%	-	2.6%	2.6%	-
	4　派遣先を自分で選べなくなるのではという不安がある	9.1%	9.1%	-	7.9%	7.9%	-	10.8%	10.8%	-	14.8%	14.8%	-	15.6%	15.6%	-	14.6%	14.6%	-
	5　その他（具体的に ）	3.2%	3.2%	-	2.5%	2.5%	-	4.1%	4.1%	-	5.6%	5.6%	-	2.2%	2.2%	-	6.6%	6.6%	-
	6　特に変化はない	57.9%	57.9%	-	56.1%	56.1%	-	60.4%	60.4%	-	50.5%	50.5%	-	31.1%	31.1%	-	56.3%	56.3%	-

開発・技術									製造									医療・介護／営業・販売								
男女計			男性			女性			男女計			男性			女性			男女計			男性			女性		
合計	無期雇用派遣社員	有期の派遣社員	合計	無期雇用派遣社員	有期の派遣社員	合計	無期雇用派遣社員	有期の派遣社員	合計	無期雇用派遣社員	有期の派遣社員	合計	無期雇用派遣社員	有期の派遣社員	合計	無期雇用派遣社員	有期の派遣社員	合計	無期雇用派遣社員	有期の派遣社員	合計	無期雇用派遣社員	有期の派遣社員	合計	無期雇用派遣社員	有期の派遣社員
185	106	79	152	94	58	33	12	21	331	167	164	256	129	127	75	38	37	175	61	114	82	31	51	93	30	63
14.1%	17.0%	10.1%	13.8%	18.1%	6.9%	15.2%	8.3%	19.0%	4.8%	6.0%	3.7%	5.1%	6.2%	3.9%	4.0%	5.3%	2.7%	12.6%	14.8%	11.4%	7.3%	12.9%	3.9%	17.2%	16.7%	17.5%
3.2%	0.9%	6.3%	2.6%	1.1%	5.2%	6.1%	-	9.5%	0.6%	0.6%	0.6%	0.8%	0.8%	0.8%	-	-	-	2.9%	3.3%	2.6%	4.9%	6.5%	3.9%	1.1%	-	1.6%
16.2%	16.0%	16.5%	17.8%	14.9%	22.4%	9.1%	25.0%	-	1.2%	1.2%	1.2%	1.2%	0.8%	1.6%	1.3%	2.6%	-	7.4%	3.3%	9.6%	9.8%	3.2%	13.7%	5.4%	3.3%	6.3%
9.2%	13.2%	3.8%	10.5%	13.8%	5.2%	3.0%	8.3%	-	6.0%	4.8%	7.3%	6.3%	3.9%	8.7%	5.3%	7.9%	2.7%	8.0%	13.1%	5.3%	8.5%	12.9%	5.9%	7.5%	13.3%	4.8%
14.1%	11.3%	17.7%	11.8%	9.6%	15.5%	24.2%	25.0%	23.8%	30.5%	33.5%	27.4%	29.7%	32.6%	26.8%	33.3%	36.8%	29.7%	20.0%	21.3%	19.3%	22.0%	19.4%	23.5%	18.3%	23.3%	15.9%
23.2%	23.6%	22.8%	21.7%	24.5%	17.2%	30.3%	16.7%	38.1%	43.5%	40.1%	47.0%	42.6%	38.8%	46.5%	46.7%	44.7%	48.6%	23.4%	13.1%	28.9%	22.0%	12.9%	27.5%	24.7%	13.3%	30.2%
2.7%	2.8%	2.5%	3.3%	3.2%	3.4%	-	-	-	1.5%	0.6%	2.4%	2.0%	0.8%	3.1%	-	-	-	4.0%	4.9%	3.5%	6.1%	6.5%	5.9%	2.2%	3.3%	1.6%
9.7%	6.6%	13.9%	10.5%	7.4%	15.5%	6.1%	-	9.5%	3.3%	5.4%	1.2%	4.3%	7.0%	1.6%	-	-	-	4.6%	3.3%	5.3%	4.9%	6.5%	3.9%	4.3%	-	6.3%
7.6%	8.5%	6.3%	7.9%	7.4%	8.6%	6.1%	16.7%	-	8.5%	7.8%	9.1%	8.2%	9.3%	7.1%	9.3%	2.6%	16.2%	17.1%	23.0%	14.0%	14.6%	19.4%	11.8%	19.4%	26.7%	15.9%
185	106	79	152	94	58	33	12	21	331	167	164	256	129	127	75	38	37	175	61	114	82	31	51	93	30	63
41.6%	44.3%	38.0%	44.1%	47.9%	37.9%	30.3%	16.7%	38.1%	25.7%	31.1%	20.1%	27.3%	32.6%	22.0%	20.0%	26.3%	13.5%	24.6%	23.0%	25.4%	23.2%	25.8%	21.6%	25.8%	20.0%	28.6%
58.4%	55.7%	62.0%	55.9%	52.1%	62.1%	69.7%	83.3%	61.9%	74.3%	68.9%	79.9%	72.7%	67.4%	78.0%	80.0%	73.7%	86.5%	75.4%	77.0%	74.6%	76.8%	74.2%	78.4%	74.2%	80.0%	71.4%
77	47	30	67	45	22	10	2	8	85	52	33	70	42	28	15	10	5	43	14	29	19	8	11	24	6	18
37.7%	40.4%	33.3%	38.8%	42.2%	31.8%	30.0%	-	37.5%	36.5%	32.7%	42.4%	34.3%	28.6%	42.9%	46.7%	50.0%	40.0%	34.9%	50.0%	27.6%	26.3%	50.0%	9.1%	41.7%	50.0%	38.9%
24.7%	29.8%	16.7%	28.4%	31.1%	22.7%	-	-	-	16.5%	19.2%	12.1%	17.1%	21.4%	10.7%	13.3%	10.0%	20.0%	23.3%	42.9%	13.8%	36.8%	37.5%	36.4%	12.5%	50.0%	-
39.0%	46.8%	26.7%	43.3%	48.9%	31.8%	10.0%	-	12.5%	11.8%	13.5%	9.1%	10.0%	9.5%	10.7%	20.0%	30.0%	-	37.2%	50.0%	31.0%	31.6%	50.0%	18.2%	41.7%	50.0%	38.9%
10.4%	10.6%	10.0%	9.0%	8.9%	9.1%	20.0%	50.0%	12.5%	11.8%	5.8%	21.2%	14.3%	7.1%	25.0%	-	-	-	4.7%	-	6.9%	-	-	-	8.3%	-	11.1%
16.9%	12.8%	23.3%	13.4%	11.1%	18.2%	40.0%	50.0%	37.5%	38.8%	46.2%	27.3%	40.0%	50.0%	25.0%	33.3%	30.0%	40.0%	25.6%	14.3%	31.0%	31.6%	12.5%	45.5%	20.8%	16.7%	22.2%
185	106	79	152	94	58	33	12	21	331	167	164	256	129	127	75	38	37	175	61	114	82	31	51	93	30	63
13.5%	16.0%	10.1%	13.2%	16.0%	8.6%	15.2%	16.7%	14.3%	6.3%	6.6%	6.1%	5.9%	4.7%	7.1%	8.0%	13.2%	2.7%	12.0%	14.8%	10.5%	14.6%	9.7%	17.6%	9.7%	20.0%	4.8%
35.7%	32.1%	40.5%	35.5%	30.9%	43.1%	36.4%	41.7%	33.3%	30.8%	37.7%	23.8%	30.1%	36.4%	23.6%	33.3%	42.1%	24.3%	30.9%	27.9%	32.5%	26.8%	22.6%	29.4%	34.4%	33.3%	34.9%
28.6%	30.2%	26.6%	27.0%	30.9%	20.7%	36.4%	25.0%	42.9%	36.0%	33.5%	38.4%	34.4%	35.7%	33.1%	41.3%	26.3%	56.8%	38.3%	37.7%	38.6%	37.8%	48.4%	31.4%	38.7%	26.7%	44.4%
22.2%	21.7%	22.8%	24.3%	22.3%	27.6%	12.1%	16.7%	9.5%	26.9%	22.2%	31.7%	29.7%	23.3%	36.2%	17.3%	18.4%	16.2%	18.9%	19.7%	18.4%	20.7%	19.4%	21.6%	17.2%	20.0%	15.9%
185	106	79	152	94	58	33	12	21	331	167	164	256	129	127	75	38	37	175	61	114	82	31	51	93	30	63
28.6%	31.1%	25.3%	28.9%	30.9%	25.9%	27.3%	33.3%	23.8%	27.5%	24.6%	30.5%	28.5%	25.6%	31.5%	24.0%	21.1%	27.0%	28.6%	24.6%	30.7%	31.7%	25.8%	35.3%	25.8%	23.3%	27.0%
24.9%	26.4%	22.8%	25.7%	28.7%	20.7%	21.2%	8.3%	28.6%	34.4%	39.5%	29.3%	34.0%	38.8%	29.1%	36.0%	42.1%	29.7%	31.4%	34.4%	29.8%	28.0%	29.0%	27.5%	34.4%	40.0%	31.7%
33.0%	30.2%	36.7%	35.5%	31.9%	41.4%	21.2%	16.7%	23.8%	27.5%	25.7%	29.3%	25.8%	25.6%	26.0%	33.3%	26.3%	40.5%	28.0%	26.2%	28.9%	28.0%	25.8%	29.4%	28.0%	26.7%	28.6%
13.5%	12.3%	15.2%	9.9%	8.5%	12.1%	30.3%	41.7%	23.8%	10.6%	10.2%	11.0%	11.7%	10.1%	13.4%	6.7%	10.5%	2.7%	12.0%	14.8%	10.5%	12.2%	19.4%	7.8%	11.8%	10.0%	12.7%

		職種・計									事務								
		男女計			男性			女性			男女計			男性			女性		
		合計	無期雇用派遣社員	有期の派遣社員	合計	無期雇用派遣社員	有期の派遣社員	合計	無期雇用派遣社員	有期の派遣社員	合計	無期雇用派遣社員	有期の派遣社員	合計	無期雇用派遣社員	有期の派遣社員	合計	無期雇用派遣社員	有期の派遣社員
現在の派遣先で就業している業務の技術・技能を習得した主な方法を1つ選んでください。	合計度数	1650	662	988	826	394	432	824	268	556	654	196	458	127	45	82	527	151	376
	高校・専門学校・高専・短大・大学	10.5%	12.7%	9.0%	8.7%	10.9%	6.7%	12.3%	15.3%	10.8%	12.7%	20.4%	9.4%	17.3%	24.4%	13.4%	11.6%	19.2%	8.5%
	公的機関が実施する職業訓練	2.9%	2.3%	3.3%	3.1%	2.5%	3.7%	2.7%	1.9%	3.1%	3.8%	4.6%	3.5%	6.3%	8.9%	4.9%	3.2%	3.3%	3.2%
	独学（通信教育を含む）	8.8%	6.5%	10.4%	8.2%	6.9%	9.5%	9.5%	6.0%	11.2%	12.1%	7.1%	14.2%	11.0%	6.7%	13.4%	12.3%	7.3%	14.4%
	派遣元の教育訓練	5.7%	7.1%	4.8%	6.9%	7.9%	6.0%	4.5%	6.0%	3.8%	5.7%	7.7%	4.8%	9.4%	15.6%	6.1%	4.7%	5.3%	4.5%
	派遣先の教育訓練	17.0%	19.8%	15.2%	20.9%	20.8%	21.1%	13.1%	18.3%	10.6%	8.9%	10.2%	8.3%	13.4%	6.7%	17.1%	7.8%	11.3%	6.4%
	派遣先で就業中の技能蓄積	32.9%	30.7%	34.4%	31.0%	29.7%	32.2%	34.8%	32.1%	36.2%	33.6%	31.1%	34.7%	22.0%	24.4%	20.7%	36.4%	33.1%	37.8%
	派遣関係以外の勤務先での教育訓練	2.6%	2.9%	2.4%	2.9%	2.5%	3.2%	2.3%	3.4%	1.8%	2.6%	2.6%	2.6%	2.4%	-	3.7%	2.7%	3.3%	2.4%
	派遣関係以外の勤務先で就業中の技能蓄積	7.1%	6.3%	7.6%	6.1%	5.8%	6.3%	8.1%	7.1%	8.6%	9.2%	9.2%	9.2%	4.7%	-	7.3%	10.2%	11.9%	9.6%
	その他	12.4%	11.8%	12.9%	12.1%	12.9%	11.3%	12.7%	10.1%	14.0%	11.5%	7.1%	13.3%	13.4%	13.3%	13.4%	11.0%	5.3%	13.3%
あなたは過去4年半の間（2015年4月～2019年9月）に派遣元又は派遣先が提供するキャリアアップ研修の受講経験がありますか。	合計度数	1650	662	988	826	394	432	824	268	556	654	196	458	127	45	82	527	151	376
	ある	28.6%	31.1%	26.9%	31.1%	35.0%	27.5%	26.1%	25.4%	26.4%	31.5%	37.2%	29.0%	45.7%	62.2%	36.6%	28.1%	29.8%	27.4%
	なし	71.4%	68.9%	73.1%	68.9%	65.0%	72.5%	73.9%	74.6%	73.6%	68.5%	62.8%	71.0%	54.3%	37.8%	63.4%	71.9%	70.2%	72.6%
キャリアアップ研修効果（複数回答）	合計度数	472	206	266	257	138	119	215	68	147	206	73	133	58	28	30	148	45	103
	1　仕事上の知識・技能がました	35.8%	35.4%	36.1%	36.6%	34.1%	39.5%	34.9%	38.2%	33.3%	35.0%	35.6%	34.6%	43.1%	32.1%	53.3%	31.8%	37.8%	29.1%
	2　一段上の仕事につくことができた	15.5%	22.3%	10.2%	25.3%	29.0%	21.0%	3.7%	8.8%	1.4%	10.7%	17.8%	6.8%	32.8%	39.3%	26.7%	2.0%	4.4%	1.0%
	3　自分に自信がついた	23.7%	30.1%	18.8%	28.0%	33.3%	21.8%	18.6%	23.5%	16.3%	21.4%	31.5%	15.8%	36.2%	46.4%	26.7%	15.5%	22.2%	12.6%
	4　その他	9.5%	7.8%	10.9%	9.7%	7.2%	12.6%	9.3%	8.8%	9.5%	10.7%	8.2%	12.0%	12.1%	7.1%	16.7%	10.1%	8.9%	10.7%
	5　効果はなかった	35.0%	31.6%	37.6%	26.5%	26.1%	26.9%	45.1%	42.6%	46.3%	41.3%	34.2%	45.1%	17.2%	14.3%	20.0%	50.7%	46.7%	52.4%
いまの派遣社員としての働き方に満足している	合計度数	1650	662	988	826	394	432	824	268	556	654	196	458	127	45	82	527	151	376
	そう思う	10.3%	10.0%	10.5%	9.3%	8.6%	10.0%	11.3%	11.9%	11.0%	11.2%	8.2%	12.4%	7.9%	2.2%	11.0%	12.0%	9.9%	12.8%
	ややそう思う	34.0%	35.2%	33.2%	32.1%	34.0%	30.3%	35.9%	36.9%	35.4%	36.4%	37.8%	35.8%	37.0%	48.9%	30.5%	36.2%	34.4%	37.0%
	あまり思わない	34.4%	33.7%	34.8%	32.8%	35.0%	30.8%	35.9%	31.7%	37.9%	32.9%	31.6%	33.4%	29.1%	28.9%	29.3%	33.8%	32.5%	34.3%
	思わない	21.3%	21.1%	21.5%	25.8%	22.3%	28.9%	16.9%	19.4%	15.6%	19.6%	22.4%	18.3%	26.0%	20.0%	29.3%	18.0%	23.2%	16.0%
正社員をめざしたい	合計度数	1650	662	988	826	394	432	824	268	556	654	196	458	127	45	82	527	151	376
	そう思う	29.2%	26.6%	31.0%	30.5%	27.4%	33.3%	27.9%	25.4%	29.1%	30.6%	27.6%	31.9%	37.0%	31.1%	40.2%	29.0%	26.5%	30.1%
	ややそう思う	30.2%	34.1%	27.6%	29.2%	34.3%	24.5%	31.3%	34.0%	30.0%	31.3%	37.2%	28.8%	23.6%	35.6%	17.1%	33.2%	37.7%	31.4%
	あまり思わない	27.1%	26.7%	27.3%	28.2%	27.9%	28.5%	26.0%	25.0%	26.4%	24.6%	23.5%	25.1%	28.3%	28.9%	28.0%	23.7%	21.9%	24.5%
	思わない	13.5%	12.5%	14.1%	12.1%	10.4%	13.7%	14.8%	15.7%	14.4%	13.5%	11.7%	14.2%	11.0%	4.4%	14.6%	14.0%	13.9%	14.1%

開発・技術									製造									医療・介護／営業・販売								
男女計			男性			女性			男女計			男性			女性			男女計			男性			女性		
合計	無期雇用派遣社員	有期の派遣社員	合計	無期雇用派遣社員	有期の派遣社員	合計	無期雇用派遣社員	有期の派遣社員	合計	無期雇用派遣社員	有期の派遣社員	合計	無期雇用派遣社員	有期の派遣社員	合計	無期雇用派遣社員	有期の派遣社員	合計	無期雇用派遣社員	有期の派遣社員	合計	無期雇用派遣社員	有期の派遣社員	合計	無期雇用派遣社員	有期の派遣社員
185	106	79	152	94	58	33	12	21	331	167	164	256	129	127	75	38	37	175	61	114	82	31	51	93	30	63
22.2%	25.5%	17.7%	22.4%	26.6%	15.5%	21.2%	16.7%	23.8%	8.2%	6.0%	10.4%	7.0%	4.7%	9.4%	12.0%	10.5%	13.5%	15.4%	16.4%	14.9%	8.5%	6.5%	9.8%	21.5%	26.7%	19.0%
44.9%	40.6%	50.6%	44.1%	40.4%	50.0%	48.5%	41.7%	52.4%	38.4%	43.7%	32.9%	37.1%	43.4%	30.7%	42.7%	44.7%	40.5%	46.3%	39.3%	50.0%	52.4%	51.6%	52.9%	40.9%	26.7%	47.6%
22.7%	25.5%	19.0%	23.0%	24.5%	20.7%	21.2%	33.3%	14.3%	36.6%	36.5%	36.6%	37.9%	38.0%	37.8%	32.0%	31.6%	32.4%	29.1%	34.4%	26.3%	31.7%	35.5%	29.4%	26.9%	33.3%	23.8%
10.3%	8.5%	12.7%	10.5%	8.5%	13.8%	9.1%	8.3%	9.5%	16.9%	13.8%	20.1%	18.0%	14.0%	22.0%	13.3%	13.2%	13.5%	9.1%	9.8%	8.8%	7.3%	6.5%	7.8%	10.8%	13.3%	9.5%
185	106	79	152	94	58	33	12	21	331	167	164	256	129	127	75	38	37	175	61	114	82	31	51	93	30	63
29.2%	31.1%	26.6%	27.6%	31.9%	20.7%	36.4%	25.0%	42.9%	20.8%	16.2%	25.6%	21.1%	14.7%	27.6%	20.0%	21.1%	18.9%	20.6%	21.3%	20.2%	14.6%	9.7%	17.6%	25.8%	33.3%	22.2%
29.7%	29.2%	30.4%	30.9%	28.7%	34.5%	24.2%	33.3%	19.0%	33.8%	33.5%	34.1%	31.6%	31.0%	32.3%	41.3%	42.1%	40.5%	38.9%	41.0%	37.7%	43.9%	48.4%	41.2%	34.4%	33.3%	34.9%
23.8%	25.5%	21.5%	25.0%	27.7%	20.7%	18.2%	8.3%	23.8%	32.9%	37.1%	28.7%	33.2%	40.3%	26.0%	32.0%	26.3%	37.8%	25.7%	27.9%	24.6%	30.5%	32.3%	29.4%	21.5%	23.3%	20.6%
17.3%	14.2%	21.5%	16.4%	11.7%	24.1%	21.2%	33.3%	14.3%	12.4%	13.2%	11.6%	14.1%	14.0%	14.2%	6.7%	10.5%	2.7%	14.9%	9.8%	17.5%	11.0%	9.7%	11.8%	18.3%	10.0%	22.2%
185	106	79	152	94	58	33	12	21	331	167	164	256	129	127	75	38	37	175	61	114	82	31	51	93	30	63
29.7%	30.2%	29.1%	29.6%	31.9%	25.9%	30.3%	16.7%	38.1%	16.6%	18.0%	15.2%	15.2%	14.7%	15.7%	21.3%	28.9%	13.5%	25.1%	32.8%	21.1%	18.3%	22.6%	15.7%	31.2%	43.3%	25.4%
40.0%	41.5%	38.0%	39.5%	39.4%	39.7%	42.4%	58.3%	33.3%	37.5%	40.7%	34.1%	37.9%	43.4%	32.3%	36.0%	31.6%	40.5%	43.4%	39.3%	45.6%	48.8%	48.4%	49.0%	38.7%	30.0%	42.9%
22.2%	18.9%	26.6%	21.7%	19.1%	25.9%	24.2%	16.7%	28.6%	32.0%	31.1%	32.9%	32.0%	31.8%	32.3%	32.0%	28.9%	35.1%	25.7%	19.7%	28.9%	28.0%	25.8%	29.4%	23.7%	13.3%	28.6%
8.1%	9.4%	6.3%	9.2%	9.6%	8.6%	3.0%	8.3%	-	13.9%	10.2%	17.7%	14.8%	10.1%	19.7%	10.7%	10.5%	10.8%	5.7%	8.2%	4.4%	4.9%	3.2%	5.9%	6.5%	13.3%	3.2%
185	106	79	152	94	58	33	12	21	331	167	164	256	129	127	75	38	37	175	61	114	82	31	51	93	30	63
32.4%	32.1%	32.9%	35.5%	33.0%	39.7%	18.2%	25.0%	14.3%	38.4%	31.1%	45.7%	40.2%	31.8%	48.8%	32.0%	28.9%	35.1%	32.6%	19.7%	39.5%	30.5%	19.4%	37.3%	34.4%	20.0%	41.3%
35.1%	32.1%	39.2%	32.2%	31.9%	32.8%	48.5%	33.3%	57.1%	38.7%	43.7%	33.5%	37.1%	45.7%	28.3%	44.0%	36.8%	51.4%	39.4%	42.6%	37.7%	45.1%	48.4%	43.1%	34.4%	36.7%	33.3%
25.4%	27.4%	22.8%	26.3%	27.7%	24.1%	21.2%	25.0%	19.0%	17.5%	19.2%	15.9%	18.0%	18.6%	17.3%	16.0%	21.1%	10.8%	19.4%	27.9%	14.9%	15.9%	19.4%	13.7%	22.6%	36.7%	15.9%
7.0%	8.5%	5.1%	5.9%	7.4%	3.4%	12.1%	16.7%	9.5%	5.4%	6.0%	4.9%	4.7%	3.9%	5.5%	8.0%	13.2%	2.7%	8.6%	9.8%	7.9%	8.5%	12.9%	5.9%	8.6%	6.7%	9.5%
185	106	79	152	94	58	33	12	21	331	167	164	256	129	127	75	38	37	175	61	114	82	31	51	93	30	63
47.0%	43.4%	51.9%	52.0%	47.9%	58.6%	24.2%	8.3%	33.3%	61.6%	58.1%	65.2%	60.9%	56.6%	65.4%	64.0%	63.2%	64.9%	60.0%	49.2%	65.8%	51.2%	32.3%	62.7%	67.7%	66.7%	68.3%
53.0%	56.6%	48.1%	48.0%	52.1%	41.4%	75.8%	91.7%	66.7%	38.4%	41.9%	34.8%	39.1%	43.4%	34.6%	36.0%	36.8%	35.1%	40.0%	50.8%	34.2%	48.8%	67.7%	37.3%	32.3%	33.3%	31.7%
185	106	79	152	94	58	33	12	21	331	167	164	256	129	127	75	38	37	175	61	114	82	31	51	93	30	63
60.0%	64.2%	54.4%	61.8%	63.8%	58.6%	51.5%	66.7%	42.9%	60.4%	56.3%	64.6%	59.8%	58.1%	61.4%	62.7%	50.0%	75.7%	53.1%	55.7%	51.8%	46.3%	41.9%	49.0%	59.1%	70.0%	54.0%
40.0%	35.8%	45.6%	38.2%	36.2%	41.4%	48.5%	33.3%	57.1%	39.6%	43.7%	35.4%	40.2%	41.9%	38.6%	37.3%	50.0%	24.3%	46.9%	44.3%	48.2%	53.7%	58.1%	51.0%	40.9%	30.0%	46.0%

		職種・計									事務								
		男女計			男性			女性			男女計			男性			女性		
		合計	無期雇用派遣社員	有期の派遣社員	合計	無期雇用派遣社員	有期の派遣社員	合計	無期雇用派遣社員	有期の派遣社員	合計	無期雇用派遣社員	有期の派遣社員	合計	無期雇用派遣社員	有期の派遣社員	合計	無期雇用派遣社員	有期の派遣社員
派遣社員として働くことで、新たな仕事上の知識や技能を身につけた	合計度数	1650	662	988	826	394	432	824	268	556	654	196	458	127	45	82	527	151	376
	そう思う	16.3%	13.7%	18.0%	11.5%	10.2%	12.7%	21.1%	19.0%	22.1%	18.7%	14.8%	20.3%	10.2%	6.7%	12.2%	20.7%	17.2%	22.1%
	ややそう思う	45.3%	46.8%	44.3%	44.1%	47.2%	41.2%	46.6%	46.3%	46.8%	50.2%	54.6%	48.3%	52.0%	68.9%	42.7%	49.7%	50.3%	49.5%
	あまり思わない	26.3%	28.7%	24.7%	29.9%	31.5%	28.5%	22.7%	24.6%	21.8%	19.9%	19.4%	20.1%	17.3%	8.9%	22.0%	20.5%	22.5%	19.7%
	思わない	12.1%	10.7%	13.0%	14.5%	11.2%	17.6%	9.6%	10.1%	9.4%	11.3%	11.2%	11.4%	20.5%	15.6%	23.2%	9.1%	9.9%	8.8%
派遣社員として働くことで、今までとは異なる業種で働くことができた	合計度数	1650	662	988	826	394	432	824	268	556	654	196	458	127	45	82	527	151	376
	そう思う	26.7%	21.9%	29.9%	22.4%	19.3%	25.2%	30.9%	25.7%	33.5%	30.6%	21.9%	34.3%	22.0%	15.6%	25.6%	32.6%	23.8%	36.2%
	ややそう思う	37.5%	38.7%	36.7%	36.1%	36.8%	35.4%	39.0%	41.4%	37.8%	42.7%	48.5%	40.2%	44.9%	57.8%	37.8%	42.1%	45.7%	40.7%
	あまり思わない	23.3%	27.2%	20.7%	27.7%	32.0%	23.8%	18.9%	20.1%	18.3%	17.1%	18.9%	16.4%	20.5%	17.8%	22.0%	16.3%	19.2%	15.2%
	思わない	12.5%	12.2%	12.7%	13.8%	11.9%	15.5%	11.2%	12.7%	10.4%	9.6%	10.7%	9.2%	12.6%	8.9%	14.6%	8.9%	11.3%	8.0%
職場の正社員とコミュニケーションが取れている	合計度数	1650	662	988	826	394	432	824	268	556	654	196	458	127	45	82	527	151	376
	そう思う	23.9%	23.7%	24.0%	19.5%	20.8%	18.3%	28.3%	28.0%	28.4%	25.8%	22.4%	27.3%	14.2%	15.6%	13.4%	28.7%	24.5%	30.3%
	ややそう思う	42.8%	42.7%	42.8%	42.6%	43.9%	41.4%	43.0%	41.0%	43.9%	46.3%	48.0%	45.6%	54.3%	60.0%	51.2%	44.4%	44.4%	44.4%
	あまり思わない	24.0%	24.0%	24.0%	26.2%	25.9%	26.4%	21.8%	21.3%	22.1%	19.0%	18.9%	19.0%	17.3%	15.6%	18.3%	19.4%	19.9%	19.1%
	思わない	9.3%	9.5%	9.2%	11.7%	9.4%	13.9%	6.9%	9.7%	5.6%	8.9%	10.7%	8.1%	14.2%	8.9%	17.1%	7.6%	11.3%	6.1%
いつ職を失うか不安である	合計度数	1650	662	988	826	394	432	824	268	556	654	196	458	127	45	82	527	151	376
	そう思う	39.0%	33.1%	43.0%	38.4%	31.5%	44.7%	39.7%	35.4%	41.7%	43.9%	40.8%	45.2%	42.5%	33.3%	47.6%	44.2%	43.0%	44.7%
	ややそう思う	34.2%	35.2%	33.6%	34.7%	38.6%	31.3%	33.7%	30.2%	35.4%	31.3%	29.1%	32.3%	29.1%	33.3%	26.8%	31.9%	27.8%	33.5%
	あまり思わない	19.9%	24.3%	16.9%	20.6%	24.1%	17.4%	19.2%	24.6%	16.5%	18.2%	21.9%	16.6%	20.5%	28.9%	15.9%	17.6%	19.9%	16.8%
	思わない	6.8%	7.4%	6.5%	6.3%	5.8%	6.7%	7.4%	9.7%	6.3%	6.6%	8.2%	5.9%	7.9%	4.4%	9.8%	6.3%	9.3%	5.1%
派遣先会社に対して不満有無	合計度数	1650	662	988	826	394	432	824	268	556	654	196	458	127	45	82	527	151	376
	不満がある	53.8%	52.9%	54.5%	56.9%	52.0%	61.3%	50.7%	54.1%	49.1%	50.0%	54.6%	48.0%	60.6%	55.6%	63.4%	47.4%	54.3%	44.7%
	不満がない	46.2%	47.1%	45.5%	43.1%	48.0%	38.7%	49.3%	45.9%	50.9%	50.0%	45.4%	52.0%	39.4%	44.4%	36.6%	52.6%	45.7%	55.3%
派遣元会社に対して不満有無	合計度数	1650	662	988	826	394	432	824	268	556	654	196	458	127	45	82	527	151	376
	不満がある	55.3%	59.7%	52.3%	60.0%	60.9%	59.3%	50.5%	57.8%	46.9%	52.0%	61.2%	48.0%	66.1%	66.7%	65.9%	48.6%	59.6%	44.1%
	不満がない	44.7%	40.3%	47.7%	40.0%	39.1%	40.7%	49.5%	42.2%	53.1%	48.0%	38.8%	52.0%	33.9%	33.3%	34.1%	51.4%	40.4%	55.9%

開発・技術									製造									医療・介護／営業・販売								
男女計			男性			女性			男女計			男性			女性			男女計			男性			女性		
合計	無期雇用派遣社員	有期の派遣社員	合計	無期雇用派遣社員	有期の派遣社員	合計	無期雇用派遣社員	有期の派遣社員	合計	無期雇用派遣社員	有期の派遣社員	合計	無期雇用派遣社員	有期の派遣社員	合計	無期雇用派遣社員	有期の派遣社員	合計	無期雇用派遣社員	有期の派遣社員	合計	無期雇用派遣社員	有期の派遣社員	合計	無期雇用派遣社員	有期の派遣社員
118	69	49	101	62	39	17	7	10	236	112	124	181	87	94	55	25	30	122	37	85	49	14	35	73	23	50
48.3%	43.5%	55.1%	50.5%	46.8%	56.4%	35.3%	14.3%	50.0%	55.5%	55.4%	55.6%	54.7%	50.6%	58.5%	58.2%	72.0%	46.7%	49.2%	48.6%	49.4%	42.9%	28.6%	48.6%	53.4%	60.9%	50.0%
42.4%	37.7%	49.0%	43.6%	40.3%	48.7%	35.3%	14.3%	50.0%	36.9%	41.1%	33.1%	35.9%	39.1%	33.0%	40.0%	48.0%	33.3%	45.9%	48.6%	44.7%	55.1%	42.9%	60.0%	39.7%	52.2%	34.0%
25.4%	15.9%	38.8%	27.7%	16.1%	46.2%	11.8%	14.3%	10.0%	22.9%	27.7%	18.5%	24.3%	27.6%	21.3%	18.2%	28.0%	10.0%	18.9%	18.9%	18.8%	26.5%	21.4%	28.6%	13.7%	17.4%	12.0%
61.9%	53.6%	73.5%	65.3%	58.1%	76.9%	41.2%	14.3%	60.0%	76.7%	75.0%	78.2%	76.8%	72.4%	80.9%	76.4%	84.0%	70.0%	73.0%	67.6%	75.3%	79.6%	71.4%	82.9%	68.5%	65.2%	70.0%
31.4%	20.3%	46.9%	33.7%	21.0%	53.8%	17.6%	14.3%	20.0%	24.6%	25.0%	24.2%	25.4%	24.1%	26.6%	21.8%	28.0%	16.7%	33.6%	37.8%	31.8%	28.6%	14.3%	34.3%	37.0%	52.2%	30.0%
46.6%	39.1%	57.1%	48.5%	41.9%	59.0%	35.3%	14.3%	50.0%	52.1%	52.7%	51.6%	49.7%	47.1%	52.1%	60.0%	72.0%	50.0%	51.6%	54.1%	50.6%	57.1%	50.0%	60.0%	47.9%	56.5%	44.0%
42.4%	36.2%	51.0%	46.5%	40.3%	56.4%	17.6%	-	30.0%	39.0%	41.1%	37.1%	43.1%	42.5%	43.6%	25.5%	36.0%	16.7%	31.1%	32.4%	30.6%	36.7%	28.6%	40.0%	27.4%	34.8%	24.0%
39.0%	30.4%	51.0%	42.6%	33.9%	56.4%	17.6%	-	30.0%	30.5%	23.2%	37.1%	29.8%	21.8%	37.2%	32.7%	28.0%	36.7%	36.9%	16.2%	45.9%	44.9%	7.1%	60.0%	31.5%	21.7%	36.0%
39.0%	30.4%	51.0%	39.6%	32.3%	51.3%	35.3%	14.3%	50.0%	41.5%	44.6%	38.7%	42.5%	41.4%	43.6%	38.2%	56.0%	23.3%	45.1%	48.6%	43.5%	49.0%	42.9%	51.4%	42.5%	52.2%	38.0%
44.1%	37.7%	53.1%	46.5%	40.3%	56.4%	29.4%	14.3%	40.0%	39.0%	39.3%	38.7%	40.3%	39.1%	41.5%	34.5%	40.0%	30.0%	37.7%	27.0%	42.4%	40.8%	14.3%	51.4%	35.6%	34.8%	36.0%
33.9%	26.1%	44.9%	37.6%	29.0%	51.3%	11.8%	-	20.0%	37.3%	41.1%	33.9%	37.6%	40.2%	35.1%	36.4%	44.0%	30.0%	40.2%	37.8%	41.2%	53.1%	35.7%	60.0%	31.5%	39.1%	28.0%
29.7%	21.7%	40.8%	29.7%	22.6%	41.0%	29.4%	14.3%	40.0%	48.7%	51.8%	46.0%	48.1%	48.3%	47.9%	50.9%	64.0%	40.0%	46.7%	51.4%	44.7%	51.0%	28.6%	60.0%	43.8%	65.2%	34.0%
52.5%	50.7%	55.1%	50.5%	48.4%	53.8%	64.7%	71.4%	60.0%	32.6%	33.0%	32.3%	31.5%	31.0%	31.9%	36.4%	40.0%	33.3%	32.8%	45.9%	27.1%	42.9%	57.1%	37.1%	26.0%	39.1%	20.0%
48.3%	49.3%	46.9%	49.5%	48.4%	51.3%	41.2%	57.1%	30.0%	37.3%	40.2%	34.7%	39.2%	40.2%	38.3%	30.9%	40.0%	23.3%	32.0%	45.9%	25.9%	38.8%	50.0%	34.3%	27.4%	43.5%	20.0%
62.7%	65.2%	59.2%	63.4%	62.9%	64.1%	58.8%	85.7%	40.0%	65.7%	71.4%	60.5%	64.6%	70.1%	59.6%	69.1%	76.0%	63.3%	63.9%	78.4%	57.6%	61.2%	71.4%	57.1%	65.8%	82.6%	58.0%
185	106	79	152	94	58	33	12	21	331	167	164	256	129	127	75	38	37	175	61	114	82	31	51	93	30	63
20.5%	25.5%	13.9%	19.7%	23.4%	13.8%	24.2%	41.7%	14.3%	11.5%	13.2%	9.8%	9.8%	10.9%	8.7%	17.3%	21.1%	13.5%	14.9%	16.4%	14.0%	13.4%	12.9%	13.7%	16.1%	20.0%	14.3%
58.9%	53.8%	65.8%	59.9%	56.4%	65.5%	54.5%	33.3%	66.7%	64.0%	59.3%	68.9%	65.6%	59.7%	71.7%	58.7%	57.9%	59.5%	61.1%	63.9%	59.6%	62.2%	58.1%	64.7%	60.2%	70.0%	55.6%
20.5%	20.8%	20.3%	20.4%	20.2%	20.7%	21.2%	25.0%	19.0%	24.5%	27.5%	21.3%	24.6%	29.5%	19.7%	24.0%	21.1%	27.0%	24.0%	19.7%	26.3%	24.4%	29.0%	21.6%	23.7%	10.0%	30.2%
109	57	52	91	53	38	18	4	14	212	99	113	168	77	91	44	22	22	107	39	68	51	18	33	56	21	35
45.9%	49.1%	42.3%	47.3%	49.1%	44.7%	38.9%	50.0%	35.7%	43.4%	42.4%	44.2%	47.0%	45.5%	48.4%	29.5%	31.8%	27.3%	40.2%	28.2%	47.1%	45.1%	27.8%	54.5%	35.7%	28.6%	40.0%
31.2%	35.1%	26.9%	33.0%	34.0%	31.6%	22.2%	50.0%	14.3%	21.2%	17.2%	24.8%	21.4%	13.0%	28.6%	20.5%	31.8%	9.1%	24.3%	20.5%	26.5%	31.4%	22.2%	36.4%	17.9%	19.0%	17.1%
33.9%	29.8%	38.5%	34.1%	30.2%	39.5%	33.3%	25.0%	35.7%	26.9%	33.3%	21.2%	25.6%	31.2%	20.9%	31.8%	40.9%	22.7%	37.4%	38.5%	36.8%	37.3%	44.4%	33.3%	37.5%	33.3%	40.0%
28.4%	28.1%	28.8%	28.6%	30.2%	26.3%	27.8%	-	35.7%	36.8%	42.4%	31.9%	34.5%	42.9%	27.5%	45.5%	40.9%	50.0%	34.6%	48.7%	26.5%	37.3%	55.6%	27.3%	32.1%	42.9%	25.7%
6.4%	8.8%	3.8%	4.4%	7.5%	-	16.7%	25.0%	14.3%	15.1%	13.1%	16.8%	15.5%	15.6%	15.4%	13.6%	4.5%	22.7%	11.2%	12.8%	10.3%	5.9%	11.1%	3.0%	16.1%	14.3%	17.1%

		職種・計									事務								
		男女計			男性			女性			男女計			男性			女性		
		合計	無期雇用派遣社員	有期の派遣社員	合計	無期雇用派遣社員	有期の派遣社員	合計	無期雇用派遣社員	有期の派遣社員	合計	無期雇用派遣社員	有期の派遣社員	合計	無期雇用派遣社員	有期の派遣社員	合計	無期雇用派遣社員	有期の派遣社員
不満（複数回答）	合計度数	1074	439	635	564	260	304	510	179	331	398	131	267	91	30	61	307	101	206
	1　仕事の内容の適切な指示がない	49.3%	46.2%	51.3%	50.0%	45.4%	53.9%	48.4%	47.5%	48.9%	48.2%	42.7%	50.9%	51.6%	40.0%	57.4%	47.2%	43.6%	49.0%
	2　契約以外の仕事を振らないでほしい	41.7%	42.1%	41.4%	43.6%	43.5%	43.8%	39.6%	40.2%	39.3%	43.7%	42.7%	44.2%	59.3%	63.3%	57.4%	39.1%	36.6%	40.3%
	3　定時に帰らせてほしい	20.3%	23.2%	18.3%	28.0%	28.1%	28.0%	11.8%	16.2%	9.4%	17.6%	23.7%	14.6%	45.1%	56.7%	39.3%	9.4%	13.9%	7.3%
	4　賃金を上げてほしい	71.1%	68.3%	73.1%	71.6%	67.3%	75.3%	70.6%	69.8%	71.0%	71.1%	70.2%	71.5%	70.3%	66.7%	72.1%	71.3%	71.3%	71.4%
	5　研修を受けさせてほしい	27.2%	27.3%	27.1%	28.9%	26.5%	30.9%	25.3%	28.5%	23.6%	27.1%	31.3%	25.1%	39.6%	53.3%	32.8%	23.5%	24.8%	22.8%
	6　人間関係	49.0%	48.1%	49.6%	50.9%	46.5%	54.6%	46.9%	50.3%	45.0%	47.0%	47.3%	46.8%	50.5%	43.3%	54.1%	45.9%	48.5%	44.7%
	7　正社員として直接雇用してほしい	36.2%	39.9%	33.7%	42.0%	42.3%	41.8%	29.8%	36.3%	26.3%	36.4%	45.8%	31.8%	49.5%	60.0%	44.3%	32.6%	41.6%	28.2%
	8　契約期間を長くしてほしい	33.0%	24.8%	38.6%	35.8%	26.9%	43.4%	29.8%	21.8%	34.1%	32.2%	27.5%	34.5%	41.8%	40.0%	42.6%	29.3%	23.8%	32.0%
	9　正社員と同じ福利厚生施設を利用させてほしい	40.2%	42.1%	38.9%	42.9%	41.5%	44.1%	37.3%	43.0%	34.1%	40.7%	44.3%	39.0%	48.4%	53.3%	45.9%	38.4%	41.6%	36.9%
	10　契約の不当な打ち切り、中途解除はやめてほしい	34.5%	33.9%	35.0%	40.8%	38.5%	42.8%	27.6%	27.4%	27.8%	30.9%	31.3%	30.7%	48.4%	50.0%	47.5%	25.7%	25.7%	25.7%
	11　年次有給休暇をとりやすくしてほしい	34.6%	35.8%	33.9%	41.5%	38.5%	44.1%	27.1%	31.8%	24.5%	30.4%	36.6%	27.3%	46.2%	50.0%	44.3%	25.7%	32.7%	22.3%
	12　苦情申し立てに迅速に対応してほしい	41.2%	40.8%	41.6%	43.6%	39.2%	47.4%	38.6%	43.0%	36.3%	38.7%	36.6%	39.7%	49.5%	43.3%	52.5%	35.5%	34.7%	35.9%
	13　キャリアカウンセリングを充実させてほしい	37.4%	39.6%	35.9%	39.9%	39.6%	40.1%	34.7%	39.7%	32.0%	39.7%	44.3%	37.5%	50.5%	56.7%	47.5%	36.5%	40.6%	34.5%
	14　研修をきちんとしてほしい	38.3%	41.7%	35.9%	44.5%	44.6%	44.4%	31.4%	37.4%	28.1%	38.7%	42.7%	36.7%	56.0%	60.0%	54.1%	33.6%	37.6%	31.6%
	15　困ったときにきちんと対応してほしい	64.8%	67.7%	62.8%	66.5%	68.8%	64.5%	62.9%	65.9%	61.3%	64.8%	62.6%	65.9%	69.2%	66.7%	70.5%	63.5%	61.4%	64.6%
派遣労働による収入に満足していますか。	合計度数	1650	662	988	826	394	432	824	268	556	654	196	458	127	45	82	527	151	376
	満足している	15.9%	18.3%	14.3%	14.3%	17.3%	11.6%	17.5%	19.8%	16.4%	16.8%	19.4%	15.7%	21.3%	35.6%	13.4%	15.7%	14.6%	16.2%
	満足していない	62.0%	59.7%	63.6%	63.6%	58.6%	68.1%	60.4%	61.2%	60.1%	61.9%	60.7%	62.4%	63.8%	51.1%	70.7%	61.5%	63.6%	60.6%
	どちらとも言えない	22.1%	22.1%	22.2%	22.2%	24.1%	20.4%	22.1%	19.0%	23.6%	21.3%	19.9%	21.8%	15.0%	13.3%	15.9%	22.8%	21.9%	23.1%
【満足していないを選んだ方に】満足していない理由（複数回答）	合計度数	1023	395	628	525	231	294	498	164	334	405	119	286	81	23	58	324	96	228
	1　派遣先で同一の業務を行う直接雇用されている労働者よりも賃金が低いから	41.4%	42.5%	40.8%	42.9%	42.4%	43.2%	40.0%	42.7%	38.6%	43.7%	52.9%	39.9%	44.4%	52.2%	41.4%	43.5%	53.1%	39.5%
	2　派遣先で同一の業務を行う他の非正規労働者（派遣労働者・パート・契約社員等）より賃金が低いから	20.8%	21.3%	20.5%	25.1%	22.1%	27.6%	16.3%	20.1%	14.4%	18.3%	21.0%	17.1%	34.6%	30.4%	36.2%	14.2%	18.8%	12.3%
	3　職務内容や自分の能力に見合った賃金ではないから	29.3%	31.4%	28.0%	30.1%	32.0%	28.6%	28.5%	30.5%	27.5%	27.4%	27.7%	27.3%	33.3%	30.4%	34.5%	25.9%	27.1%	25.4%
	4　業務量に見合った賃金ではないから	32.7%	34.4%	31.7%	33.7%	36.8%	31.3%	31.7%	31.1%	32.0%	30.4%	26.1%	32.2%	35.8%	30.4%	37.9%	29.0%	25.0%	30.7%
	5　その他	18.2%	16.2%	19.4%	15.0%	15.6%	14.6%	21.5%	17.1%	23.7%	21.2%	16.8%	23.1%	14.8%	17.4%	13.8%	22.8%	16.7%	25.4%

%だった。

ただし、男性と女性では異なる傾向にある。専修学校卒、高専・短大卒、大学卒で女性のほうが、学校卒業後に初めて就いた仕事の雇用形態が正社員である割合が男性より高い。

学校卒業後に初めて就いた仕事の雇用形態が正社員である割合は、男性では高校卒で約六〇%、専修学校卒で約四九%、高専・短大卒で約四四%、大学卒で約五五%だが、女性は高校卒で約五九%、専修学校卒で約六四%、高専・短大卒で約六四%、大学卒で約六六%だった。

一方で、男性は、専修学校卒、高専・短大卒、大学卒で、学校卒業後初めて就いた仕事の雇用形態が無期雇用派遣労働者、有期雇用派遣労働者の割合が女性より高い。女性の専修学校卒、高専・短大卒、大学卒で無期雇用・有期雇用の派遣労働者を合わせた割合はおおよそ一五%から一九%程度だが、男性の場合は専修学校卒で約三八%、高専・短大卒で約四二%、大学卒で約三三%と高い。

継続期間

現在の派遣先で同一の業務に継続して従事している期間をみると、無期雇用の派遣労働者では「三年を超える」が約四九%、「一年を超え三年以下」が約二五%、「三カ月以下」が約一〇%、有期雇用の派遣労働者では「一年を超え三年以下」が約四五%、「三年を超える」が約一六%、「三カ月以下」が約一五%だった。無期雇用か有期雇用かによって大きく異なり、無期雇用の派遣労働者のほうが有期雇用の派遣労働者よりも継続期間が長い。

また、有期雇用の派遣労働者に「三年を超える」という回答もあった。部署を異動して同一の業務を継続しているのかもしれない。

厚生労働省二〇一七年調査では、無期雇用の派遣労働者では「一年を超え三年以下」が約四九%、「六カ月を超え一年以下」約一七%、有期雇用の派遣労働者では「一年を超え三年以下」約四五%、「六カ月を超え一年以下」が約二三％だった。

労働時間

一週間の労働時間では、「三十〜四十時間未満」が約四〇％、「四十〜五十時間未満」が約三八％と、この二つのカテゴリーで全体の約八〇％を占めている。厚生労働省二〇一七派遣調査の結果では、「四十〜五十時間未満」が約三六％と最も高い割合になっていて、次いで「三十〜四十時間未満」が約三五％だった。

比較的正社員に近い働き方と考えられる「四十〜五十時間未満」に着目すると、「開発・技術」で約四四％、「製造」で約四八％とこの二業種で高い。特に、「製造」では「五十時間以上」が約一四％を占め、残業して働いている派遣労働者も少なくないことがわかる。さらに、「医療・介護／営業・販売」の無期雇用の派遣労働者・男性でも「五十時間以上」が約一九％と長時間の労働者がいることが見て取れる。

続いて、残業時間をみると、「残業は全くなかった」が約三五％、「十時間未満」が約三七％とこの二つで全体の約七三％を占めていて、残業をする派遣労働者は多くない。男女別にみると、「残業は全くなかった」は、男性は約二六％、女性は約四五％と、女性の二人に一人は残業がまったくなかった。

四業種別でみると、「事務」は「残業は全くなかった」が約四五％と最も高く、残業がない傾向がある。他方、十時間以上の残業があったのは「開発・技術」で約四九％、「製造」で約四二％、「医療・介護／営業・販売」で二一％、「事務」で約一五％の順である。「開発・技術」と「製造」では残業時間が多い傾向があり、残業時間にも労働者によってばらつきがあり、派遣先による違いが大きいと考えられる。

残業したことがある人に残業代の支払いについて尋ねたが、「支払われている」が八五％、定額支払いを含めると約九六％が支払われていると回答している。「支払われていない」という回答は全体では三％ほどしかないが、「開発・技術」の有期雇用の派遣労働者・男性と「医療・介護／営業・販売」の有期雇用の派遣労働者・女性で約一〇％と高くなっている。

時給

ＪＩＬＰＴ二〇一九事業所調査が、派遣労働に多い業務三つ、情報処理・通信技術者、一般事務従事者、製品製造・加工処理従事者の一日八時間あたりの平均的な賃金と派遣料金を紹介している。[4] 情報処理・通信技術者（賃金一万九千八百七十四円、派遣料金三万千七百二円、製品製造・加工処理従事者（賃金一万二百七十五円、派遣料金一万四千八百十五円）、一般事務従事者（賃金一万八百二十四円、派遣料金一万五千七百九十四円）、だという。賃金や派遣料金が高い業務ほど値に広がりがあり、一つの業務の賃金や派遣料金のレンジがあること、マージン率は平均的に三〇％程度だが、派遣料金が高い業務ほどマージン率は高くなる傾向がみられると指摘している。

厚生労働省二〇一七派遣調査では、時給「千円以上千二百五十円未満」が約三五％と最も高く、次いで「千二百五十円以上千五百円未満」が約二一％、「千五百円以上千七百五十円未満」と「千円未満」が約一四％だった。

筆者たちが実施したウェブ調査の給与を時給換算した集計結果をみると、「千円以上千二百五十円未満」が約三五％、「千二百五十円以上千五百円未満」が約二六％、「千五百円以上千七百五十円未満」が約一八％の順になっている。厚生労働省二〇一七派遣調査の結果よりも「千円未満」は少ない。調査対象者に六十歳以上を含まないことや最低賃金引き上げの効果かもしれない。

四業種別では、「事務」と「医療・介護／営業・販売」は「千円以上千二百五十円未満」「千二百五十円以上千五百円未満」「千五百円以上千七百五十円未満」の三カテゴリーを中心に分散しているが、「開発・技術」は高いほうにさらに分散していて、「二千円以上」が約二八％を占めていた。ただし、「二千円以上」の者は、男性の約三二％、女性の約六％と、女性はかなり少なく、男女の差が大きいことがわかる。

「製造」では「千円以上千二百五十円未満」の者が約四九％を占めるが、女性では約五七％が「千円以上千二百五十円未満」であり、時給が低い傾向がある。男性では、「千円未満」の者が占める割合は約一二％であるのに対して、女性では約二八％を占め、さらに無期雇用の派遣労働者の女性では、「千円未満」の者が約三七％だった。無期雇用の派遣労働者の女性という点では、「医療・介護／営業・販売」の無期雇用の派遣労働者・女性でも「千円未満」が約一七％になっていて、無期雇用で女性が従事する低賃金の派遣労働が存在していることを示唆している。

職種別に時給の傾向をみると、同一職種のなかで女性のほうが男性よりも低賃金であることがわかる。

昇給

昇給があったかについては、「同じ派遣先で昇給も減給もなく同じ」という回答が約三六％と最も高いが、「同じ派遣先で昇給になった」も約二五％を占めていた。男女別の違いはなかった。昇給があった割合は、無期雇用の派遣労働者で約三五％、有期雇用の派遣労働者では約一八％と、無期雇用の派遣労働者のほうが有期雇用の派遣労働者よりも昇給している割合が高いことがわかる。

無期雇用の派遣労働者の昇給は、業種によっても差がある。無期雇用の派遣労働者の「同じ派遣先で昇給になった」という回答は、「開発・技術」で約三二％を占めるが、「医療・介護／営業・販売」で約二三％、「製造」では約二三％、「事務」では約二三％と低い。

手当

支給されている手当（複数回答）をみると、「健康保険」約四八％、「厚生年金保険」約四七％、「通勤手当」は約四七％の順で高い。男女別に回答に違いがある手当をみると、「通勤手当」は男性が約五四％、女性が約三九％、「健康保険」は男性が約四二％、女性が約五四％、「賞与・一時金・退職金」は男性が約一四％、女性が約五％である。

「賞与・一時金・退職金」が支給されているという回答は九％ほどしかないが、「開発・技術」の無期雇用の派遣労働者で約二九％、「事務」の無期雇用の派遣労働者で約一九％が「賞与・一時金・退職金」が支給されていると回答している。この二職種、「開発・技術」と「事務」は無期雇用の派遣労働者と有期雇用の派遣労働者の差が大きく、無期雇用労働者のほうが優遇されている。「開発・技術」では「賞与・一時金・退職金」が支給されているのは、無期雇用の派遣労働者で約二九％、有期雇用の派遣労働者で約一一％、「事務」では、無期雇用の派遣労働者で約一九％、有期雇用の派遣労働者で約三％である。

「製造」では「賞与・一時金・退職金」が支給されているのは、無期雇用の派遣労働者で約一五％、有期雇用の派遣労働者で約六％、「医療・介護／営業・販売」では、無期雇用の派遣労働者で約八％、有期雇用の派遣労働者で約六％である。「製造」は「開発・技術」「事務」よりも「賞与・一時金・退職金」が支給されている割合が低く、「医療・介護／営業・販売」では有期雇用・無期雇用にかかわらず「賞与・一時金・退職金」の支給割合は低い。

「賞与・一時金・退職金」のほかに、有期雇用の派遣労働者よりも無期雇用の派遣労働者に支給されている手当は、「通勤手当」「資格手当」「住宅手当」である。

「通勤手当」は、先にも述べたように全体としては約四七％が支給されているが、無期雇用では約五七％、有期雇用では約四〇％と、無期雇用の場合に支給されている傾向がある。

また、業種によって支給の割合の差がある。支給されているという回答の割合が多い順に、「製造」約六五％、「医療・介護／営業・販売」約五四％、「開発・技術」約五〇％、「事務」約三四％である。「事務」、「開発・技術」、「医療・介護／営業・販売」では無期雇用の派遣労働者が有期雇用の派遣労働者よりも支給されている傾向がある。「事務」では約二〇ポイント、「開発・技術」では約二五ポイントも有期雇用の派遣労働者よりも無期雇用の派遣労働者に支給されている割合が高く、無期雇用の派遣労働者と有期雇用の派遣労働者の差が大きい。

逆にいえば、有期雇用の派遣労働者に通勤手当が支給されていない傾向がみられる。有期雇用の派遣労働者に「通勤手当」が支払われている割合は、「事務」で約二六％、「開発・技術」で約三五％、「医療・介護／営業・販売」で約五〇％である。「製造」では無期雇用と有期雇用で「通勤手当」の支給の差はなく、支給割合は約六五

％と四業種のなかでも支給されている率が最も高い。

「通勤手当」が支払われない状況は筆者たちが実施したインタビュー調査のなかでも多くの派遣労働者たちが指摘し、これによって手取りの賃金が低くなることの不合理があった。「通勤手当」は、すべての派遣労働者に支払われる必要があると考える。

また、「開発・技術」では、有期雇用の派遣労働者よりも無期雇用の派遣労働者に「資格手当」「住宅手当」が出されていて、無期雇用の派遣労働者の約二五％にどちらも支給されている。「医療・介護／営業・販売」でも、有期の派遣労働者より無期の派遣労働者に「資格手当」が支給されている傾向があるが、「資格手当」が支給されている無期雇用の派遣労働者でもその割合は約一六％と高くはない。

労働政策研究・研修機構では、同一労働同一賃金の施行による影響を検討するため、ＪＩＬＰＴ二〇一九事業所調査とＪＩＬＰＴ二〇二一事業所調査の「通勤手当」「技能手当」「賞与」「退職金」の適用割合を比較している[5]。これら四項目で適用割合が増えていること、無期雇用派遣のほうが有期雇用派遣に比べて適用割合が高いこと、最も適用割合が高いのは「通勤手当」で、上昇幅が大きいのは「退職金」であること、「賞与」や「技能手当」などの職務関連手当の適用割合が上昇していることを指摘している。

また、筆者たちが実施したウェブ調査とＪＩＬＰＴ二〇一九事業所調査とＪＩＬＰＴ二〇二一事業所調査の「通勤手当」「技能手当」「賞与」「退職金」の適用割合を比べると、ウェブ調査の適用割合のほうが、「通勤手当」「技能手当」「賞与」「退職金」のどの項目も低い。これは、回答するのが派遣労働者本人か派遣元会社かに影響されている可能性はある。

2 二〇一五年改正法による変化について

二〇一五年四月から一八年九月までの経験

二〇一五年四月から一八年九月までの経験を複数回答で聞いた。「有期雇用の派遣労働者を継続」が約二七%、「無期雇用の派遣労働者を継続」が約一一%と、約四〇%が変化なく同じ雇用形態で働いていた。一方、「派遣元会社で無期雇用派遣になった」が約一九%と、有期雇用の派遣労働者から無期雇用の派遣労働者に転換した人が約二〇%いることがわかる。

一方で、契約が更新されなかった、解除になったという回答も約二〇%あった。「派遣先会社で契約が更新されなかった」約九%、「派遣先会社の都合(会社の倒産、事業の撤退等)で契約が解除された」約四%、「派遣元会社で契約が更新されなかった」約三%、「派遣先、派遣元との契約が更新されず無職になった」約四%である。

正社員になった(限定付き正社員を含む。派遣先もしくは転職して)は約六%である。派遣労働者から正社員になかなかなれないことがわかる。

男女別にみると、「派遣先会社で非正規として直接雇用になった」「派遣先会社で正社員になった(限定付き正社員を含む)」の合計が男性は約一五%だが、女性は約五%と、男性のほうが派遣先会社の直接雇用になっている。

JILPT二〇一九事業所調査は、派遣元会社が雇用安定措置として講じたものでは、新たな派遣先の提供が最も多いこと、そのなかでも無期雇用派遣に転換して同じ派遣先の職場で働き続けるケースの割合が高いこと、この影響で二〇一七年から一八年にかけての無期雇用派遣労働者数が増加していること、特に、これまで有期雇用が中心だった製造系、事務系での増加が著しいことを述べている。

筆者たちが実施したウェブ調査でも、有期雇用から無期雇用に転換した人が約二〇％いたが、同じ雇用形態で働いている人が約四〇％で、そのうち約三〇％は有期雇用のままで働いていて、また契約が更新されなかった、解除になったが約二〇％と、二〇一五年改正法による雇用安定措置の実施は限定的であることがわかる。

二〇一八年十月（二〇一五年改正法完全施行）以降の経験（複数回答）

同様に、二〇一八年十月（二〇一五年改正法完全施行）以降の経験（複数回答）をみたい。

「有期雇用の派遣労働者を継続」が約三一％、「無期雇用の派遣労働者を継続」が約一三％と約四〇％強が変化なく同じ雇用形態で働いていて、この割合は二〇一五年四月から一八年九月までの経験よりそれぞれ二％から四％多いだけでほぼ同じ傾向である。

「派遣元会社で無期雇用派遣になった」が約一五％である。二〇一五年四月から一八年九月では約一九％だったので、やや減ってはいるが大きな差はない。

一方で、契約が更新されなかった、解除になったという回答は約一四％だった。「派遣先会社で契約が更新されなかった」約六％、「派遣先会社の都合（会社の倒産、事業の撤退等）で契約が解除された」約三％、「派遣元会社で契約が更新されなかった」約六％、「派遣先、派遣元との契約が更新されず無職になった」約三％である。

正社員になった（限定付き正社員を含む。派遣先もしくは転職して）は約四％である。

二〇一五年四月から一八年九月までの経験と一八年十月以降の経験を比べると、有期雇用から無期雇用に転換した人が、一五年四月から一八年九月までの間に約一九％、一八年十月以降では約一五％と前者のほうがやや多いが大きな差はなく、両期間とも同じ雇用形態で働いている人が約四〇％でそのうち約三〇％は有期雇用のままで働いていた。契約が更新されなかった、解除になったが、一五年四月から一八年九月まで約一九％、一八年十月以降は一四％だった。

二〇一五年四月から一八年九月までの状況と一八年十月以降の状況に大きな違いはなかった。

男女別にみると、「有期の派遣を継続している」が男性で約二四％、女性で約三八％と、女性のほうが法改正の恩恵を受けていない。

無期雇用の派遣労働者になってからの変化について

無期雇用の派遣労働者になってから待遇の変化について、複数回答で尋ねたところ、特に変化がないという回答が約六〇％と最も多かった。変化があったとする回答は、「賃金が上がった」約二〇％、「通勤手当が支給」約一五％、「社会保険への加入」が約一〇％である。

四職種別で、特に変化がないという回答が最も多かったのは「製造」の約六八％で、サンプル数が少ないが女性では約七九％と高くなっていて、法改正の恩恵を受けていない。

無期雇用派遣になってからの気持ちなどの変化についても同様に複数回答で尋ねたところ、特に変化がないという回答が約五八％と最も多かった。変化があったとする回答は、「雇用が安定したという安心感」約二〇％、「派遣先から長く働く人と思われるようになり嬉しい」約一四％である。四職種別で、特に変化がないという回答が最も多かったのはこれも「製造」の約六九％だった。男女差はあまりない。また「雇用が安定したという安心感」についても、「開発・技術」が約二九％なのに対し、「製造」は約一三％と四職種で最も割合が低いなど、「製造」職種は法改正による変化や効果はあまりみられないようである。

派遣として働くスキルの習得について

「現在の派遣先で就業している業務の技術・技能を習得した主な方法」を聞いたところ、最も多いのが「派遣先で就業中の技能蓄積」で約三三％、次に「派遣先の教育訓練」が約一七％、三番目が「高校・専門学校・高専・短大・大学」が約一一％だった。

職種別にみると、「製造」では「派遣先で就業中の技能蓄積」が約四四％、次に「派遣先の教育訓練」約三一

％と合計で約七五％を占め、派遣先の職場でのＯＪＴ（オンザジョブトレーニング）や教育訓練によって技術・技能を習得している。

「事務」は「派遣先で就業中の技能蓄積」が約三四％、「高校・専門学校・高専・短大・大学」が約一三％、「独学（通信教育含む）」約一二％と、ＯＪＴが約四〇％を占めるが、学校での学びや独学で習得している人も四人に一人である。また、男性よりも女性のほうが「派遣先で就業中の技能蓄積」で技術・技能を得ている。

「開発・技術」では「派遣先で就業中の技能蓄積」が約二三％で最も多いが、「独学（通信教育含む）」約一六％、「派遣先の教育訓練」約一四％、「高校・専門学校・高専・短大・大学」が約一四％と分散している。学校で学んだもしくは独学の人は三人に一人と、事務よりも割合が高い。

「医療・介護／営業・販売」は「派遣先で就業中の技能蓄積」が約二三％、次に「派遣先の教育訓練」約二〇％、「高校・専門学校・高専・短大・大学」が約一三％だった。「製造」ほどではないが、「事務」「開発・技術」よりは、派遣先の職場でのＯＪＴや教育訓練の割合が高い。

キャリアアップ研修について

キャリアアップ研修について、過去四年半の間（二〇一五年四月―一九年九月）に派遣元または派遣先が提供するキャリアアップ研修の受講経験があるか尋ねたところ、経験が「ある」のは約二九％と低かった。経験が「ある」は、男性は約三一％、女性は約二六％と大きな差はない。四職種別では「開発・技術」が約四二％と最も高く、事務が約三二％、「製造」が二六％、「医療・介護／営業・販売」が約二五％の順で、職種間の差が大きい。ただし、同じ「製造」でも、有期雇用派遣よりも無期雇用派遣のほうが一〇ポイント以上高く、約三一％になっている。

経験が「ある」派遣労働者に研修の効果について複数回答で尋ねたところ、「仕事上の知識・技能が増した」約三六％、「一段上の仕事につくことができた」約一六％、「自分に自信がついた」約二四％、「効果がなかった」三五％になった。

男女別にみると、男性は「仕事上の知識・技能が増した」約三七％、「一段上の仕事につくことができた」約二五％、「自分に自信がついた」約二八％、「効果がなかった」二七％。女性は「仕事上の知識・技能が増した」約三五％、「一段上の仕事につくことができた」約四％、「自分に自信がついた」約一九％、「効果がなかった」約四五％である。男性のほうが女性よりも「一段上の仕事につくことができた」と考えていて、女性のほうが男性より「効果がなかった」と思っている。

また、有期雇用の派遣労働者よりも無期雇用の派遣労働者のほうが「自分に自信がついた」「一段上の仕事につくことができた」と回答する傾向がある。ただし、「製造」だけはこの傾向がほかの職種と比べて低い。

キャリアアップ研修の受講経験がある労働者は約三〇％と少なく、有期雇用派遣労働者よりも無期雇用派遣労働者のほうが受講経験者が多く、成果も実感している傾向がある。

厚生労働省二〇一七派遣調査では、派遣労働者に対する教育訓練・能力開発の実施をしていると回答した派遣先会社は約六〇％だったが、その内容をみるとOJTが約八五％、「派遣元が実施する教育研修・能力開発に便宜をはかった」が約二五％と派遣先会社の独自の教育プログラムはあまり実施されず、ほぼOJTであることがわかる。

JILPT二〇一九事業所調査では、研修の実施は十年前に比べると増えているが、キャリアラダーやキャリアマップが「ある」派遣元会社は二〇％弱、「ない」派遣元会社は半数を超え、キャリアラダーやキャリアマップが派遣元会社に広く認識されている状況にはないこと、比較的「ある」の割合が高い業務は無期雇用派遣が多い専門・技術系が中心であり、有期雇用派遣への展開と普及には至っていないと指摘している。ウェブ調査で確認したのと同様の傾向があることがわかる。

また、JILPT二〇一九事業所調査では、キャリア形成支援について、自由回答のなかにはネガティブな意見が約半数あったと述べ、派遣元会社からみて、派遣労働者がキャリア形成支援を希望しないのは、①業務が単純、単発である場合、②本人のスキルが高く教育訓練のレベルが追いついていない場合、③派遣労働者自身にキャリア意識がない場合の三つであるという。②本人のスキルが高く教育訓練のレベルが追いついていない場合があるという指摘は、筆者たちが実施したインタビュー調査の対象者からも挙がっていた。

さらに、ＪＩＬＰＴ二〇一九事業所調査では、派遣労働者のキャリア相談は営業担当者のフォローが中心であり、営業担当者がキャリア相談に必要な知識や能力を獲得できるような教育訓練をしたり、キャリアコンサルタント有資格者の割合を押し上げる必要があるとも述べている。

筆者たちが実施したインタビュー調査の対象者も営業担当者がキャリア相談を担当すること、担当によってばらつきがあることを指摘していて、営業担当者へのキャリア教育に関する教育訓練は重要だろう。さらに、インタビュー調査対象者は、派遣元会社・派遣先会社の実施する研修は、無給のことが多く、勤務時間中に受講できないという問題点を指摘していた。研修を有給で受けられるようにする必要がある。

3　派遣として働く気持ち

いまの働き方に満足か

派遣労働者の働き方に満足か聞いたところ、「そう思う（そう思う＋ややそう思う）」が約四四％、「そう思わない（あまりそう思わない＋思わない）」が約五六％だった。不満に思っている人のほうが多い。「そう思う（そう思う＋ややそう思う）」が男性では約四一％、女性では約四七％と大きな差はない。

職種別に満足度（「そう思う〔そう思う＋ややそう思う〕」）の割合をみてみると、満足度の高い順に「開発・技術」が約四九％、「事務」が約四八％、「医療・介護／営業・販売」が約四三％、「製造」が約三七％だった。「製造」で働く派遣労働者の満足度が低いことがわかる。有期雇用と無期雇用の満足度をみると、「製造」では有期雇用と無期雇用の派遣労働者の満足度に差が大きく、有期雇用の派遣労働者の満足度が低い。また、「製造」の無期雇用派遣労働者では、男性のほうが女性より不満が大きい。ほかの職種にはこのような傾向はない。

正社員志向について

正社員をめざしたいかについてみてみると、「そう思う（そう思う＋ややそう思う）」が約六〇％、「そう思わない（あまりそう思わない＋思わない）」が約四〇％だった。男性では「そう思う（そう思う＋ややそう思う）」が約六〇％、女性では約五九％と差はない。

職種別の傾向としては、「開発・技術」で正社員志向がほかの職種よりやや低く、特に、「開発・技術」の無期雇用の女性の正社員志向は低い。ほかの職種では、無期雇用・有期雇用の違いや男女の違いで大きな差はなかった。

派遣労働から得たこと

回答者の約六二％が「派遣社員として働くことで、新たな仕事上の知識や技能を身に付けた」と思っている（「そう思う〔そう思う＋ややそう思う〕」）。

男女別にみると、男性で約五七％、女性で約六八％と女性のほうがややそう思っている。

職種別にみると、割合が多い順に「事務」約六九％、「開発・技術」約六七％、「医療・介護／営業・販売」約六二％、「製造」約四七％だった。「製造」で低い。「製造」の派遣労働をおこなっても身に付く仕事上の知識や技能は限定的と考えられる。また、「そう思う」だけをみると、「開発・技術」に男性と女性の差はないが、「事務」では女性のほうが仕事上の知識や技能を身に付けたと思っている。

「派遣社員として働くことで、今までとは異なる業種で働くことができた」は約六四％だった（「そう思う〔そう思う＋ややそう思う〕」）。男女別にみると、男性で約五九％、女性で約七〇％と女性のほうがそう思っている。

職種別にみてみると、割合が多い順に「事務」約七三％、「開発・技術」約五九％、「医療・介護／営業・販売」約五九％、「製造」約五五％だった。「事務」で「そう思う（そう思う＋ややそう思う）」回答の割合が高い。インタビュー調査の事例にもあったが、小売業の販売職などから派遣の事務職への転換があると考えられる。また、「製造」では、男性の有期雇用の派遣労働者は無期雇用の派遣労働者よりも「そう思う（そう思う＋ややそう思う）」という回答の割合が約一〇ポイント高い。

正社員との関係性

「職場の正社員とコミュニケーションが取れている」と考えているのは回答者の約六七％だった（「そう思う（そう思う＋ややそう思う）」）。男性は約六二％、女性は七一％と女性のほうが「そう思う（そう思う＋ややそう思う）」と回答している割合がやや多い。職種別にみると、割合が多い順に「事務」約七二％、「開発・技術」約六九％、「医療・介護／営業・販売」約六九％、「製造」約五四％だった。職場で正社員とどのように関わって働くかが影響していると考えられる。「医療・介護／営業・販売」では、無期雇用派遣労働者のほうが有期雇用派遣労働者よりも「そう思う（そう思う＋ややそう思う）」の割合がやや高い。ほかの業種はほぼ差はない。

不安について

「いつ職を失うか不安である」か、という失業不安の質問に対して、有期雇用の派遣労働者も無期雇用の派遣労働者も「そう思う（そう思う＋ややそう思う）」は約七三％と不安が強い。女性では、有期雇用の派遣労働者の「そう思う（そう思う＋ややそう思う）」が約七七％に対して、無期雇用の派遣労働者が約六六％と不安が低くなっている。

職種別にみると、不安が高い順に「製造」が約七七％、「事務」が約七五％、「医療・介護／営業・販売」が約七二％、「開発・技術」が約六八％と、職種間の差はあまりない。一方で、無期雇用と有期雇用を比べると、有期雇用派遣労働者の不安のほうが高い。

不満について

派遣先会社に対しては約五四％が、派遣元会社に対しては、約五五％が「不満がある」と回答している。

派遣先会社・派遣元会社を問わず、不満を十五項目挙げて複数回答で尋ねたところ、「賃金を上げてほしい」が約七一％、「困ったときにきちんと対応してほしい」が約六五％と、この二項目が半数以上である。男女別にみても職種別にみても、「賃金を上げてほしい」「困ったときにきちんと対応してほしい」が上位二項目になっている。賃金への不満が高いことがわかる。

また、男性と女性で回答に差があり、男性のほうが女性よりも不満が大きい項目は、差が大きな順に「定時に帰らせてほしい」（男性は約二八％、女性は約一二％）、「年次有給休暇を取りやすくしてほしい」（男性は約四二％、女性は約二七％）、「契約の不当な打ち切り、中途解除はやめてほしい」（男性は約四一％、女性は約二八％）、「正社員として直接雇用してほしい」（男性は約四二％、女性は約三〇％）だった。

有期雇用の派遣労働者と無期雇用の派遣労働者の違いをみると、「正社員として直接雇用してほしい」は、女性の有期雇用の派遣労働者よりも無期雇用の派遣労働者のほうが不満として挙げている。職種別にみると、「事務」では男女を問わず不満としてあがってくる傾向がある。

その反対に「契約期間を長くしてほしい」は、男女問わず無期雇用の派遣労働者よりも有期雇用の派遣労働者のほうがあがってくる傾向がある（ただし、「事務」の男性だけはこの傾向がみられない）。つまり、すでに契約期間の定めがない無期雇用の派遣労働者は正社員として直接雇用してほしいと思い、契約期間の定めがある働き方をしている有期雇用の派遣労働者は契約期間を長くしてほしいと考えていることがわかる。

四職種で特徴的な点としては、「開発・技術」「医療・介護／営業・販売」の男性では、有期雇用の派遣労働者のほうが無期雇用の派遣労働者よりも全体的に不満の表明が高い傾向がみられる。その反対に「製造」の女性と

「医療・介護／営業・販売」の女性では、無期雇用の派遣労働者のほうが全体的不満の表明が高い傾向がみられる。つまり、「医療・介護／営業・販売」の場合は男性と女性で傾向が反対だが、「キャリアカウンセリングを充実させてほしい」「研修をきちんとしてほしい」「困ったときにきちんと対応してほしい」の三項目だけは男女とも無期雇用の派遣労働者のほうが不満が高い点は共通している。

派遣労働の収入の満足度

派遣労働の収入の満足度については、「満足している」が約一六％、「満足していない」が約六二％、「どちらともいえない」が約二二％と、不満をもっている人が多い。特に不満が高いのは、製造の有期雇用の派遣労働者の男性で約七二％、事務の有期雇用の派遣労働者の男性で約七一％であり、これらの無期雇用の派遣労働者と比べて一五ポイント前後、不満が高い傾向がある。一方で、「医療・介護／営業・販売」の無期雇用の派遣労働者の女性では「満足していない」という回答が七〇％と、有期雇用の派遣労働者よりも一五ポイント程度、不満が高い傾向があった。

厚生労働省二〇一七派遣調査の結果は、「満足していない」約四〇％、「満足」約三四％、「どちらともいえない」二四・二％と、筆者たちが実施した調査結果よりも満足度が高い。厚生労働省二〇一七派遣調査は調査対象者の約一〇％が六十歳以上であり、それが影響している可能性がある。また、事業所調査の対象事業所経由で、そこで働いている派遣労働者に調査回答依頼をしていることも影響しているかもしれない。

派遣労働の収入に満足していない人にその理由を複数回答で尋ねたが、「派遣先で同一の業務を行う直接雇用されている労働者よりも賃金が低いから」が約四一％、「業務量に見合った賃金ではないから」が約三三％、「職務内容や自分の能力に見合った賃金ではないから」が約二九％、「派遣先で同一の業務を行う他の非正規労働者（派遣労働者・パート・契約社員等）より賃金が低いから」が約二一％になっている。厚生労働省二〇一七派遣調査の結果でも、満足していない理由は「派遣先で同一の業務を行う直接雇用されている労働者よりも賃金が低いから」が約三〇%と最も高い。

有期雇用の派遣労働者、無期雇用の派遣労働者が満足していない理由の違いは、業種によってその項目も異なっている。「派遣先で同一の業務を行う直接雇用されている労働者よりも賃金が低いから」については、「事務」で有期雇用の派遣労働者よりも無期雇用の派遣労働者で一〇ポイント以上高く、無期雇用の派遣労働者の不満が高い。その反対に、「医療・介護/営業・販売」では無期雇用の派遣労働者よりも有期雇用の派遣労働者で一五ポイント以上高く、有期雇用の派遣労働者の不満がかなり高い。

「職務内容や自分の能力に見合った賃金ではないから」については、「製造」で有期雇用の派遣労働者よりも無期雇用の派遣労働者で一〇ポイント以上高く、無期雇用の派遣労働者の不満が高い。

「業務量に見合った賃金ではないから」については、「製造」の女性と「医療・介護/営業・販売」の男性、女性で有期雇用の派遣労働者よりも無期雇用の派遣労働者で一〇ポイント以上高く、無期雇用の派遣労働者の不満が高い。

4　派遣で働く満足度や正社員志向に何が影響しているか

派遣で働く満足度に影響を与える要因について

派遣労働者として働くことへの満足度にどのような要因が影響しているか検証した。まず、全体でみると派遣で働く満足度を上げる要因として最も影響していたのは、「職場の正社員とコミュニケーションが取れている」だった(標準化係数βの絶対値が最も大きいので、最も影響している)。インタビュー調査では派遣労働者として働く疎外感の訴えが多かったが、直接雇用ではなくても、職場でちゃんと対応されていることが派遣労働者の満足度に影響していることがわかる。

満足度を上げる要因の二番目は「いまの収入で十分一人暮らしできる」であり、三番目に影響しているのは、「派遣社員として働くことで、新たな仕事上の知識や技術を身に付けた」、四番目は「派遣社員として働くことで、今までとは異なる業種で働くことができた」だった。

二〇一五年の派遣法改正によって、派遣元（派遣会社）は、自社の派遣労働者に対して教育訓練を実施することが義務づけられたが、教育訓練の重要性がわかる。小野晶子は、派遣労働は入り口が広く、派遣会社が未経験者を派遣先に送り込む場合もあり、それまで経験したことがない業務の経験を積める可能性があることを指摘している[6]が、今回の結果で、派遣労働者として働く満足度に強く影響していることがわかった。

派遣で働く満足度を下げる要因の一番は「いつ職を失うか不安である」、二番目は「家計の担い手が自分」「二〇一五年四月から二〇一八年九月の間に契約の更新がなかった」だった。満足度を上げる要因の二番目は「いまの収入で十分一人暮らしできる」であり、満足度を上げるのも下げるのも収入の程度と仕事の安定の程度が大きく影響している。改正派遣法では、雇用安定措置の実施が盛り込まれたが、雇用安定措置の対象にならず、契約の更新がなかったことで、仕事の安定が得られていないと実感することは満足度を下げている。

また、卒業後最初に就いた仕事が正社員だった人よりも契約社員だった人のほうが満足度が低い。逆にいうと、初職が正社員だった人のほうが契約社員だった人よりも派遣労働者として働く満足度が高いのである。初職が契約社員から派遣労働者になるより、正社員から派遣労働者になるほうが満足度という点では高い。正社員として働いた経験があまりいいものではなく、いまの派遣労働者として働く満足につながっていると考えられる。

男性だけ、女性だけでみると、男性、女性ともに「いまの収入で十分一人暮らしできる」と思っているほど「派遣社員として働くことで、新たな仕事上の知識や技術を身に付けた」「派遣社員として働くことで、今までとは異なる業種で働くことができた」「職場の正社員とコミュニケーションが取れている」と思っているほど満足度が高かった。

この傾向に加え、男性では「二〇一五年四月から二〇一八年九月の間に契約の更新がなかった」という人のなかでは、女性では初職が正社員だった人より契約社員だった人のほうが満足度が低い。

次に、正社員志向に影響している要因を検討した。

正社員志向を上げる要因として、最も影響を与えていたのは「いつ職を失うか不安」、二番目に「職場の正社員とコミュニケーションが取れている」であり、三番目に有期雇用よりも無期雇用の人のほうが正社員志向でもあった。

正社員志向に影響を与える要因について

正社員志向を下げる要因として、最も影響しているのが「年齢」、次に「通算派遣期間」であり、「年齢」の高いほど、通算派遣期間の長いほど、正社員を志向していない。三番目に影響しているのは、「いまの収入で十分一人暮らしできる」であり、「いまの収入で十分一人暮らしでき」ているほど正社員を志向していない。満足度では収入が十分である人ほど満足だったが、正社員志向では、収入が十分と思っている人ほど正社員を志向しておらず、影響の方向は逆だが、満足度にも正社員志向にも収入の程度が影響している。

男性と女性に分けてみると、男性・女性ともに「いつ職を失うか不安である」と思っているほうが、正社員志向が高かった。男性だけをみると、「職場の正社員とコミュニケーションが取れている」と思っているほうが正社員をめざしている。

一方で、正社員をめざしていないのは、男性・女性ともに年齢のより高いほう、「通算派遣期間」がより長いほう、「いまの収入で十分一人暮らしできる」と思っているほうだった。男性だけをみると、初職が無期雇用派遣のほうが正社員よりも、無期雇用のほうが有期雇用よりも、正社員をめざしていなかった。

おわりに

派遣労働者の働く現状と満足度についてウェブ調査の結果から検討してきた。

回答者の派遣労働から得られる個人の年収をみると、二百五十万円未満の人が約六五％を占めている。三人のうち二人が二百五十万円未満である。男性の年収のほうが女性より高かったが、時給をみると、男女であまり差はない。残業時間では男性のほうが女性よりも長い傾向がみられたことから、男性は残業などをおこなって勤務時間を長くして年収を上げていると考えられる。一方で、職種別に男女の時給をみてみると、男性の時給のほうが女性の時給より高い。特に「開発・技術」と「製造」では顕著だった。

支給されている手当（複数回答）をみると、「健康保険」「厚生年金保険」「通勤手当」が支給されているという回答は五〇％弱、「賞与・一時金・退職金」では一〇％弱だった。諸手当の支給がない人も約二〇％いた。

雇用の安定と二〇一五年改正法の施行の関連をみたが、有期雇用から無期雇用の派遣労働者になった人が約二〇％いたが、同じ雇用形態で働く人が約四〇％（うち約三〇％は有期雇用）、契約が更新されなかった、解除になったという回答が約二〇％だった。男女別でみると、派遣先の直接雇用になった人の割合は男性のほうが多く、有期の派遣を継続している人の割合は女性のほうが多い。女性のほうが、雇用の安定措置の恩恵を受けていない。

無期雇用の派遣労働者になってからの待遇の変化については、賃金が上がったというものが約二〇％、通勤手当が支給されるようになったが約一五％、社会保険へ加入したが約一〇％、特に変化はないが約六〇％だった。

派遣として働くスキルの習得方法は、最も多い「派遣先で就業中の技能蓄積」が約三〇％、次に「派遣先の教育訓練」が二〇％弱、三番目が「高校・専門学校・高専・短大・大学」が約一〇％だった。派遣先の職場のＯＪＴや教育訓練によってスキルを習得しているものが約半数だった。

キャリアアップ研修の受講経験については、受講経験があるという回答は全体の約三〇%と低い。男女別にみてみると、男性のほうが女性よりも「一段上の仕事につくこと」ができていて、女性のほうが男性より「効果がなかった」と思っていた。研修の効果は、男性には一定の効果があったといえるが女性には限定的だったといえる。有期雇用派遣労働者と無期雇用派遣労働者を比べると、無期雇用派遣労働者のほうが受講経験者がやや多く、成果を実感していた人がやや多かった。

二〇一五年改正法に盛り込まれた雇用の安定措置やキャリアアップ研修の実施は限定的といえるだろう。今後、キャリアアップ研修を有給にする制度上の整備が必要である。また、キャリアアップ研修が、なぜ男性には一定の効果があり、女性には限定的なのか、検討する必要がある。

派遣労働の働き方に満足と回答した人は約四五%、正社員をめざしたいが約六〇%、職を失う不安を感じているという回答は約七〇%、派遣先会社や派遣元会社に不満がある人は半数強を占め、不満がある人のうち、賃金への不満が約七〇%、困ったときの対応への不満が六五%だった。収入の満足度をみると約六〇%が不満と回答している。派遣先会社・派遣元会社への不満は男性のほうが強い傾向があった。

「職場の正社員とのコミュニケーション」については、約七〇%弱が取れていると考え、「派遣社員として働く

正社員をめざしたい（*1）		
全体 β	男性 β	女性 β
−.066*	−	−
−.112***	−.096**	−.109 **
.004	.023	.000
−.050	−.052	−.045
−.034	−.010	−.055
−.010	.022	−.024
−.025	−.025	−.025
.014	−.004	.060
−.044+	−.071*	−.005
−.023	−.044	.002
−.023	.022	−.062 +
.017	−.017	.040
.004	.006	.011
−.106***	−.086*	−.122 **
.054*	.071*	.032
.042	.028	.087
.034	.013	.069
.032	.018	.063
.009	.004	.013
.015	−.007	.029
−.086***	−.075*	−.093 *
.008	.023	−.003
−.006	−.002	−.001
.015	.054	−.017
.002	−.024	.040
.078**	.091**	.058
.397***	.467***	.320 ***
***	***	***
1,650	826	824
.189***	.240***	.145 ***

表2　派遣としての働き方の満足度と正社員志向について

	いまの派遣労働者としての働き方に満足（*1）		
	全体 β	男性 β	女性 β
女性ダミー	.028	−	−
年齢	.023	.057＋	−.027
家計担い手・自分ダミー	−.063**	−.049	−.064＋
学歴（参照：中学校）			
高校	.031	.018	.100
専修学校	.006	.021	.043
高専・短大	.016	.005	.097
大学	.051	.000	.170
大学院	−.013	−.036	.022
初職（参照：正社員）			
無期雇用派遣社員	.017	.034	−.001
有期の派遣社員	.022	.032	.016
パート・アルバイト	−.033	−.035	−.028
契約社員	−.049*	−.013	−.075*
その他	.000	.003	−.001
通算派遣期間（中央値変換）	−.031	−.058＋	.017
無期雇用ダミー	−.012	−.016	−.010
職種（参照：開発・技術）			
事務	.035	.040	−.013
製造	.020	.021	.013
医療・介護／営業・販売	.012	.031	−.026
その他	.016	.025	−.016
時給（中央値変換）	.017	.017	.014
十分生活できる（*2）	.177***	.206***	.142***
2015年4月から2018年9月更新なしダミー	−.063*	−.082*	−.049
2018年10月以降 更新なしダミー	.014	.017	.018
派遣社員として働くことで、新たな仕事上の知識や技能を身につけた（*1）	.175***	.162***	.188***
派遣社員として働くことで、今までとは異なる業種で働くことができた（*1）	.092***	.089*	.091*
職場の正社員とコミュニケーションが取れている（*1）	.304***	.305***	.298***
いつ職を失うか不安である（*1）	−.127***	−.124***	−.127***
定数	**		*
(n)	1,650	826	.824
調整済 R2	.304***	.312***	.276***

*1）4= そう思う……1= そう思わない
*2）A十分生活できる ←→ B不十分でひとり暮らしはできない 4=A に近い……1=B に近い
(+ ＜ .10 + ＜ .05 ** ＜ .01 *** ＜ .001)

ことで、新たな仕事上の知識や技能を身に付けた」と思っているものは約六〇%、「派遣社員として働くことで、今までとは異なる業種で働くことができた」は約六五%だった。

派遣労働者として働くことは、新たな仕事上の知識や技能を身に付けられたり、それまでとは異なる業種で働く機会につながる可能性はあるが、職を失う不安が大きく、賃金への不満も高い働き方といえるだろう。

派遣労働で働く満足度を上げる要因は、影響が大きい順番に「職場の正社員とコミュニケーションが取れている」「いまの収入で十分一人暮らしできる」「派遣社員として働くことで、新たな仕事上の知識や技術を身に付けた」「今までとは異なる業種で働くことができたと思っている」だった。派遣として働くことに、新たな仕事上の知識や技術を身に付ける機能、それまでとは異なる業種で働くことができるようにする機能があることがわかる。

満足度を下げる要因の一番は「いつ職を失うか不安である」、二番目は「家計の担い手が自分」「二〇一五年四月から二〇一八年九月の間に契約の更新がなかった」だった。

正社員志向を上げるのに強い影響を与えていたのは、「いつ職を失うか不安である」「職場の正社員とコミュニケーションが取れている」であり、正社員志向を下げるのに影響を与えていたのは「年齢」「通算派遣期間」「いまの収入で十分一人暮らしできる」だった。年齢が高いほうが、通算派遣期間が長いほうが、いまの収入で十分に一人暮らしできると思っているほうが、正社員志向ではない。また、男性より女性のほうが正社員志向が低い。

一方で、今回の回答者の約六〇%は初職が正社員だったが、男性では、初職が正社員だった人のほうが、無期雇用派遣労働者よりも正社員志向が低い。

第2章「事務派遣労働者の働き方と自律性」(大槻奈巳)で考察したように、派遣労働者として働く人の考えは、正社員の働き方をどのように捉えているかに影響されている。ある程度の年齢で、派遣労働者として働く期間が長く、一人暮らしが可能な収入があれば、正社員はめざしたいと思えないもののようである。正社員経験がある派遣労働者たちは正社員の働き方が「いい」「楽しい」とは思っていないので、派遣労働者の働き方に不満でも正社員になりたいと強く思わないのかもしれない。

一方で、「職場の正社員とコミュニケーションが取れている」と思う人のほうが正社員志向だった。正社員といい接し方をすることで、正社員のイメージが変わったり、正社員とちゃんとやりとりできる自分に自信がつき、自分も正社員になりたいと思うのだろうか。これらの点は今後検証する必要がある。

派遣労働者として働くことは、正社員の働き方と比べれば自由な働き方のようにみえるのかもしれない。新たな仕事上の知識や技能を身に付けたり、それまでとは異なる業種で働く機会につながる可能性もある。しかし、賃金への不満と雇用の継続への不安の大きな働き方ともいえるだろう。

注

（1）「平成29年派遣労働者実態調査の概況」「厚生労働省」（https://www.mhlw.go.jp/toukei/itiran/roudou/koyou/haken/18/index.html）［二〇二一年九月一日アクセス］。調査に回答した派遣労働者の年齢構成は、十代が〇・二％、二十代が約一八％、三十代が約二七％、四十代が約三〇％、五十代が約一五％、六十代が約一〇％だった。

（2）労働政策研究・研修機構「派遣元事業所のキャリア形成支援と雇用安定措置――派遣労働者の人事処遇制度とキャリア形成に関する調査」「ＪＩＬＰＴ調査シリーズ」No.209、労働政策研究・研修機構、二〇二一年

（3）労働政策研究・研修機構「派遣労働者の同一労働同一賃金ルール施行状況とコロナ禍における就業状況に関する調査」「ＪＩＬＰＴ調査シリーズ」No.219、労働政策研究・研修機構、二〇二二年

（4）前掲「平成29年派遣労働者実態調査の概況」

（5）前掲「派遣元事業所のキャリア形成支援と雇用安定措置」

（6）前掲「派遣労働者の同一労働同一賃金ルール施行状況とコロナ禍における就業状況に関する調査」

第6章　事務職派遣労働者の無期雇用派遣転換と選択

江頭説子

はじめに

歴史的にみて派遣という働き方は「自由な働き方」である、あるいは「不安定な雇用」である、という対立する評価を受けてきた。派遣労働を肯定的に捉える推進派は、労働者の就業意識が変化するなかで派遣という働き方は、自発的／非自発的という面はあるが、就業機会を拡大し柔軟な働き方を提供している、つまり「自由な働き方」であると主張する。それに対して派遣労働を否定的に捉える抑制派は、派遣は有期雇用のため「不安定な雇用」であり、賃金も低く、技能水準が低い仕事しか経験できないために能力開発機会に乏しいと主張する。

二〇一五年の労働者派遣法改正の雇用安定措置の一つとして、派遣元会社が自ら無期雇用する措置を講じることがある。これはすなわち派遣元会社による無期雇用派遣への転換である。これに焦点を当てると、無期雇用派遣への転換は、有期雇用から無期雇用へ転換することによって派遣労働者の雇用は安定するといえる。したがって、「不安定な雇用」が労働者にとって問題であるならば、多くの派遣労働者が無期雇用派遣転換を選択することが予想される。一方、派遣労働者が「自由な働き方」という側面を重視するのであれば、無期雇用派遣転換を選択しないと考えられる。

しかし、派遣という働き方を選択するプロセスは、「自由な働き方」をとるか「不安定な雇用」をとるか、という二項対立で捉えられるようなものではなく、その選択には多様な要素が複雑に絡み合っている。契約期間という時間軸で考えると、有期（temporary）か無期（permanent）かという選択があり、雇用形態で考えると、直接雇用か間接雇用かという選択があり、それらの組み合わせ方によって、正社員、有期契約社員（「多様な正社員」）、有期雇用派遣、無期雇用派遣という選択肢が考えられる。また空間軸で考えると、家族との関係や通勤地域／通勤時間などの生活空間と、仕事・職務の内容（スキル・経験）や人間関係などの職場空間のいずれを重視するかによってその選択は変わってくる。さらに、時給、年収（賞与）、交通費の支給の有無、有給休暇、労働時間などの労働条件を加味して働き方を選択する。これらの条件と働き方の選択をまとめると図1になる。

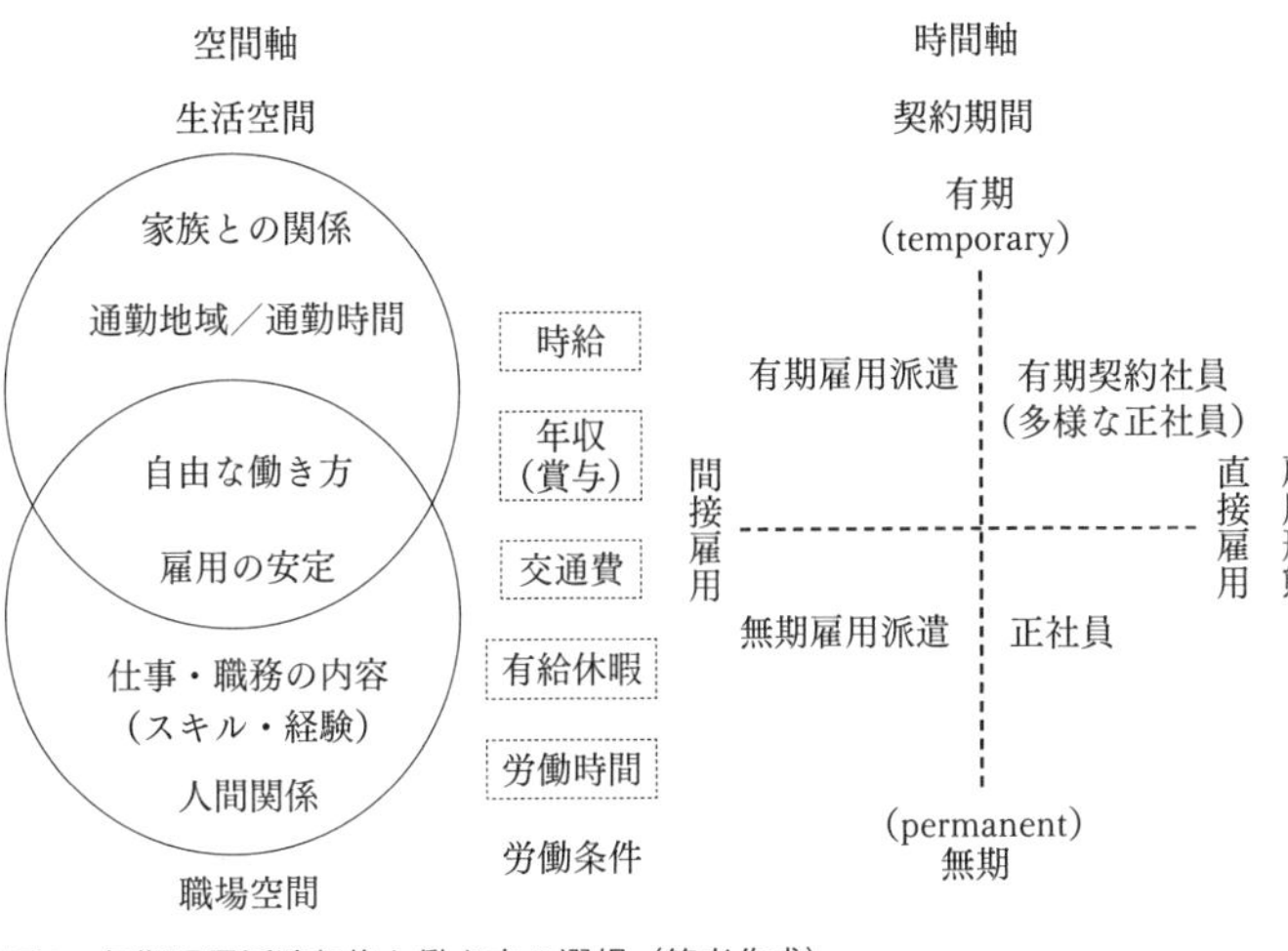

図1　無期雇用派遣転換と働き方の選択（筆者作成）

本章では、「派遣は自由な働き方なのか」について考えることを目的として、二〇一五年改正法の雇用安定措置の一つである無期雇用派遣転換に焦点を当て、事務職派遣労働者がどのようなプロセスを経て無期雇用派遣へ転換したのかについて明らかにしていく。第1節で調査の対象と分析枠組みを提示したうえで、第2節では無期雇用派遣転換の概要について述べていく。第3節で事務職派遣労働者がどのようにして無期雇用派遣転換を選択したのか、また選択しなかったのか／できなかったのかについて明らかにし、第4節では労働市場との関係から無期雇用派遣転換の意義と限界について検討する。

1　調査の概要と分析枠組み

二〇一五年改正法の雇用安定措置の一つである無期雇用派遣転換のプロセスの分析では、筆者たちが実施した六つの調査をもとに検討していく。六つの調査をまとめると表1になる。

調査の特徴は、二〇一六年インタビュー調査の対象者にインタビュー調査とメール調査を五年間にわたって継続的に実施したことにある。また、派遣労働者の無期雇用派遣転換の全体像を明らかにすることを目的として、派遣労働者のモニターを活用して千六百五十人を対象にした二〇一九年度ウェブ調査も実施した。このように派遣労働者に対する継続的な質的調査と量的調査を組み合わせることによって、二〇一五年改正法の影響を時系列で明らかにすることが可能になった。

本章では、二〇一五年改正法の雇用安定措置の一つである無期雇用派遣転換の位置づけを明らかにしたうえで、派遣労働者全体の動きを把握するために二〇一九年度ウェブ調査結果を分析する。そして、個々の事務職派遣労働者の動きを把握するために二〇一八年メール調査、二〇一九年メール調査の分析をおこなう。さらに、派遣という働き方を選択するプロセスには多様な要素が複雑に絡み合っているため、無期雇用派遣転換を選択した人、選択しなかった／できなかった人が、それぞれどのようなプロセスを経てその選択をしたのかについて明らかにする。さらに、無期雇用派遣転換と労働市場の関係について検討していく。なぜなら派遣労働者の選択は、契約期間・雇用形態・生活空間・職場空間・労働条件などのミクロな要素だけでなく、労働市場、特に派遣労働市場

表1　分析対象の調査一覧（筆者作成）

	調査名	実施期間	方法	調査対象者（回答者数）	分析対象者（事務職）
1	2016年インタビュー調査	2016年12月―17年3月	機縁法によるインタビュー調査	40人	23人
2	2018年メール調査	2018年3月	2016年調査対象者へのメール調査	36人	21人
3	2019年メール調査	2019年7月	2016年調査対象者へのメール調査	23人	16人
4	2019年ウェブ調査	2019年12月	ウェブ上の量的調査	1,650人	654人
5	2019年派遣元会社調査	2019年7月、12月	インタビュー調査		2社
6	2020年インタビュー調査	2020年1月―2月	2019年メール調査回答者から選定した対象者へのインタビュー調査	8人	5人

との関係というマクロな要素の影響を受けるからである。

2　無期雇用派遣転換の概要

二〇一五年改正法の雇用安定措置について検討する際には、二〇一三年に改正された労働契約法改正（二〇一三年改正法）に盛り込まれた無期労働契約への転換を視野に入れる必要がある。二〇一三年改正法では、一三年四月一日以後に開始した有期労働契約の通算契約期間が五年を超える場合、その契約期間の初日から末日までの間に、無期転換の申し込みができる労働契約への無期転換ルールが盛り込まれた（無期転換ルール）[1]。主な対象者はパート、アルバイト、契約社員などであり、各社が独自に位置づけている雇用形態（準社員、パートナー社員、メイト社員など）についても、契約期間の定めがある場合は、その名称にかかわらず、すべて無期転換ルールの対象になる[2]。また二〇一五年改正法でも派遣労働者の雇用安定措置（直接雇用の推進）が盛り込まれた。二〇一三年改正法と二〇一五年改正法の両法とも、法の施行が一八年であることから「二〇一八年問題」といわれていた。

二〇一三年改正法の影響は、一五年ごろから販売・流通業や金融業や生命保険業などで「無期契約」に転換する動きがみられた[3]。一方、自動車産業などで「無期契約」を回避するなどの問題が起き始めていた。(4) 二〇一三年改正法の影響を調査した労働政策研究・研修機構(JILPT)によると、有期契約労働者から無期契約労働者(正社員含む)への転換を実施した企業は四一・三%(調査対象企業二千六百八十三社)であり、転換者数は計三万二千三百七十五人(推定)になる。そのうち正社員への登用者数は計二万七千三百六十二人(八四・五%)、正社員以外の無期契約労働者への転換は計五千三十一人(一五・五%)になっている。(5) 二〇一三年改正法の対象者は、パート、アルバイト、契約・嘱託社員などであり、もともと直接雇用という雇用主と雇用者の二者関係であり、その契約期間を有期契約から無期契約に変更するものである。それに対して、二〇一五年改正法が対象とする派遣労働者が結んでいる契約は別種のものであった。派遣労働者は派遣元会社と契約を結び、派遣先会社で働く間接雇用、つまり派遣労働者をめぐる契約は派遣先会社、派遣元会社、そして派遣労働者という三者関係にある。派遣労働者にとっては、契約期間を有期契約から無期契約にするには、派遣元会社で無期雇用派遣に転換する方法ともう一つ、派遣先会社の直接雇用に転換したうえでさらにその派遣先会社で無期契約になるという二つの段階を経る方法の二つがある。派遣先会社で直接雇用になることの難しさは第1章「事務職派遣労働者の直接雇用転換と選択」(江頭説子)で明らかにしたとおりである。ここではまず、二〇一五年改正法の無期雇用派遣転換の位置づけを明らかにしておく。

二〇一五年改正法の無期雇用派遣転換

二〇一五年改正法には、①労働者派遣事業の健全化、②派遣期間制限の見直し、③派遣労働者の雇用安定措置(直接雇用の推進)、④派遣労働者のキャリアアップ支援措置、⑤均等待遇措置の強化が盛り込まれた。(6) 二〇一五年改正法の雇用安定措置とは「特定有期雇用派遣労働者等の雇用安定等のための措置」(第三十条)であり、ここでいう特定有期雇用派遣労働者とは、ⓐ「派遣先の事業所(略)における同一の組織単位の業務について、継続して一年以上の期間派遣労働者として就業する見込みがある有期雇用派遣労働者」、ⓑ「当該派遣元事業主に雇用された期間が通算して一年以上である有期雇用派遣労働者」、ⓒ「当該派遣元事業主に雇用された期間が通算して一年以上である、今後派遣労働者として期間を定めて雇用しようとする労働者」を意味する。これらⓐからⓒに対して、派遣元事業主に、①「派遣先への直接雇用の依頼」（第三十条第一項第一号）、②「新たな就業機会（派遣先）の提供」（同項第二号）、③「派遣元事業主において無期雇用」（同項第三号）、④「その他安定した雇用の継続が確実に図られると認められる措置」（同項第四号）のいずれかの雇用安定措置を課している。

では、派遣元会社や派遣労働者は、無期雇用派遣転換についてどのような対応や受け止め方をしたのだろうか。二〇一五年改正法が施行される一八年までの派遣元会社と派遣労働者の動きについて、二〇一九年派遣元会社調査、二〇一六年インタビュー調査をもとに述べていく。

派遣元会社の対応

派遣元会社は、二〇一六年ごろから無期雇用派遣を専門とする部署を立ち上げて積極的に対応する動きをみせた。[7] しかし、新設された部署が無期雇用派遣採用の対象と想定したのは、新卒と第二新卒を含めた二十代女性、未経験者が中心だった。[8] では、実際にすでに派遣として働いている派遣労働者に対しての無期雇用派遣転換について、派遣元会社はどのような対応をしたのだろうか。一九年七月と十二月に筆者たちがおこなった二〇一九年インタビュー調査をもとに明らかにしていく。

二〇一九年七月にインタビューを実施したZ社は中堅の独立系派遣元会社であり、同年十二月にインタビューを実施したY社は大手の独立系派遣元会社である。無期雇用派遣の転換については、Z社は積極的に推奨したのに対して、Y社はウェブサイトに情報を掲載することで派遣労働者全体に知らせる方法を取っていた。無期雇用派遣転換を積極的に推進したZ社は、一八年をめどに、一回あたり約一時間をかけた面談を複数回実施し、対象者に無期雇用派遣に転換した際のデメリットや業務の種類とランクを明示し、どのレンジにいるか、どのレンジにいくのかによって給与が変わるという事実を伝え、あとは本人の判断にゆだねた。その結果、派遣労働者の約半数が無期雇用派遣に転換した。それに対して、Y社での無期雇用派遣転換は一〇％程度だった。[9] 無期雇用派遣に転換した人の特徴については両社で差はなく、「雇用に不安がある人」「派遣という働き方に納得している人」「派遣先企業を気に入っている人」「派遣元企業との信頼関係がある人」だった。

無期雇用派遣転換を推奨したZ社は、無期雇用派遣転換について「これをきっかけとして派遣という働き方の価値を見直し、あえて派遣を選び無期雇用派遣になり、スキルを上げることができるという道筋を示すことができた」と評価している。また、Z社は「派遣労働者の意識が変わり、派遣元会社との関係、派遣先会社での立場もよくなった」という。さらに今後の課題として、「三年間頑張り、自分の意思で無期雇用派遣になった人」というように無期雇用派遣が憧れの対象になるような仕組みを構築することを挙げている。

派遣労働者の受け止め方

二〇一五年改正法は、調査時点（二〇一六年十二月―一七年三月）で、派遣労働者にどのように知らされ、どのように説明され、派遣労働者自身はそれをどのように受け止めたのだろうか。ここでは、二〇一六年インタビュー調査をもとに述べていく。

二〇一五年改正法について、派遣元会社から何らかの説明を受けたのは二十四人（六〇％）で、何の説明もなかったのは十六人（四〇％）だった。派遣元会社からの説明は、書面（一枚程度、厚生労働省が作成したチラシのコピーなど）を配付したりメールで連絡したりするか、書面と口頭（ミーティングなど）で説明されていた。ただしその内容は、「三年後に何らかの変更がある」というあいまいなものが多かった。派遣元会社からの説明がなかった派遣労働者のなかには、ニュースで知ったり自らインターネットなどで調べたりする人もいた。

二〇一五年改正法についての受け止め方には、年齢による差がみられる。二十代から三十代前半の派遣労働者には、「別の派遣先に移ればいい」「派遣で働き続ける気持ちはないので興味がない」や「不安や迷いはあるものの「無期雇用」転換を希望」する、などと考えた者が多かった。三十代後半になると、「二〇一八年に契約が切られることを覚悟している」「やりたい仕事が重要であり就業形態にはこだわらない」など、受け止め方が多様になる。四十代前半になると、「無期雇用」転換はあきらめている人が多くなる一方、「派遣社員から正社員にするならば、三年の間に正社員になれるはずだ」や「三年では短い。五年あればスキルアップができるかもしれない」というような、「無期雇用」転換が適用される三年という期間に疑問を感じる人もいる。四十代後半になると、「三年以上を正社員にしなければと言っても実際はそうではない、三年で切られる」「三年たっても正社員になることはまったくできないだろう」「正社員登用といっても三年で雇い止めになると思っている」などと「無期雇用」転換をあきらめる人と、「正社員を探している」「正社員として働くのは最後のチャンス」「派遣も正社員も探す」などと働き方を模索する人が混在してくる。五十代以降になると、派遣法が改正されても「正社員になれる可能性は低い」「四十代、五十代の就労は難しい。紹介予定派遣も若い人向けになるのではないか」と年齢による困難さを感じる人が多くなる。

無期雇用派遣転換と働き方の希望

では、実際に無期雇用派遣転換はどのようなプロセスでおこなわれ、派遣労働者は二〇一五年改正法による変化を経て、どのような働き方を希望しているのだろうか。二〇一九年度ウェブ調査をもとに、派遣労働者の全体の動きを把握する。さらに、個々の事務職派遣労働者の動きを二〇一八年メール調査、二〇一九年メール調査をもとに探っていく。

二〇一九年度ウェブ調査から

無期雇用派遣に転換したプロセスでは、無期雇用派遣転換した人の四九・二％が派遣元会社からの提案で転換していて、派遣労働者自身から依頼した割合は一二・五％だった。また、無期雇用派遣に転換しても「待遇及び気持ちの変化が特にない」という人の割合が六〇％である。二〇一五年改正法の目的の一つである無期雇用によ

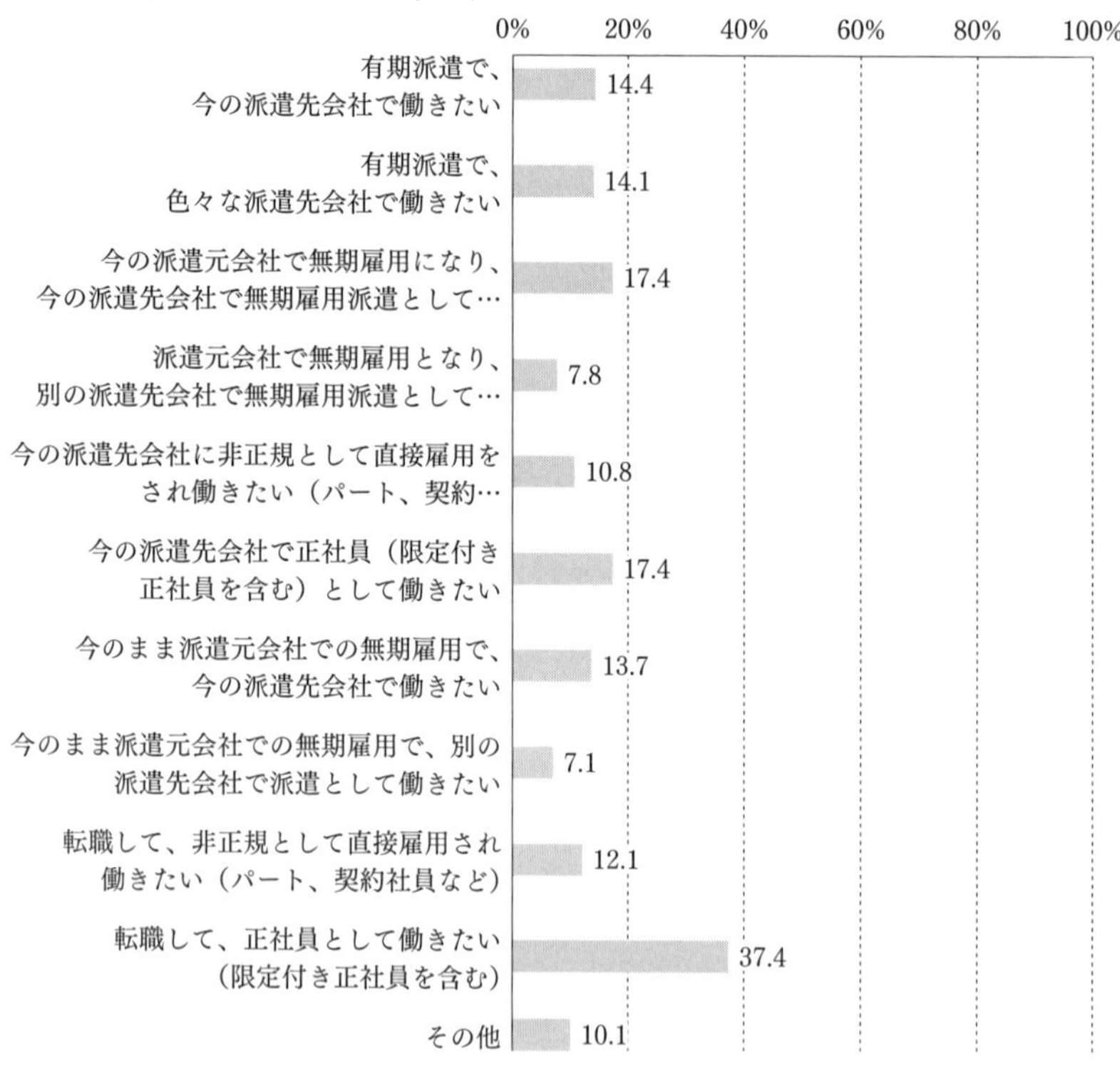

図2　働き方の希望
（出典：2019年度ウェブ調査をもとに筆者たちが作成）

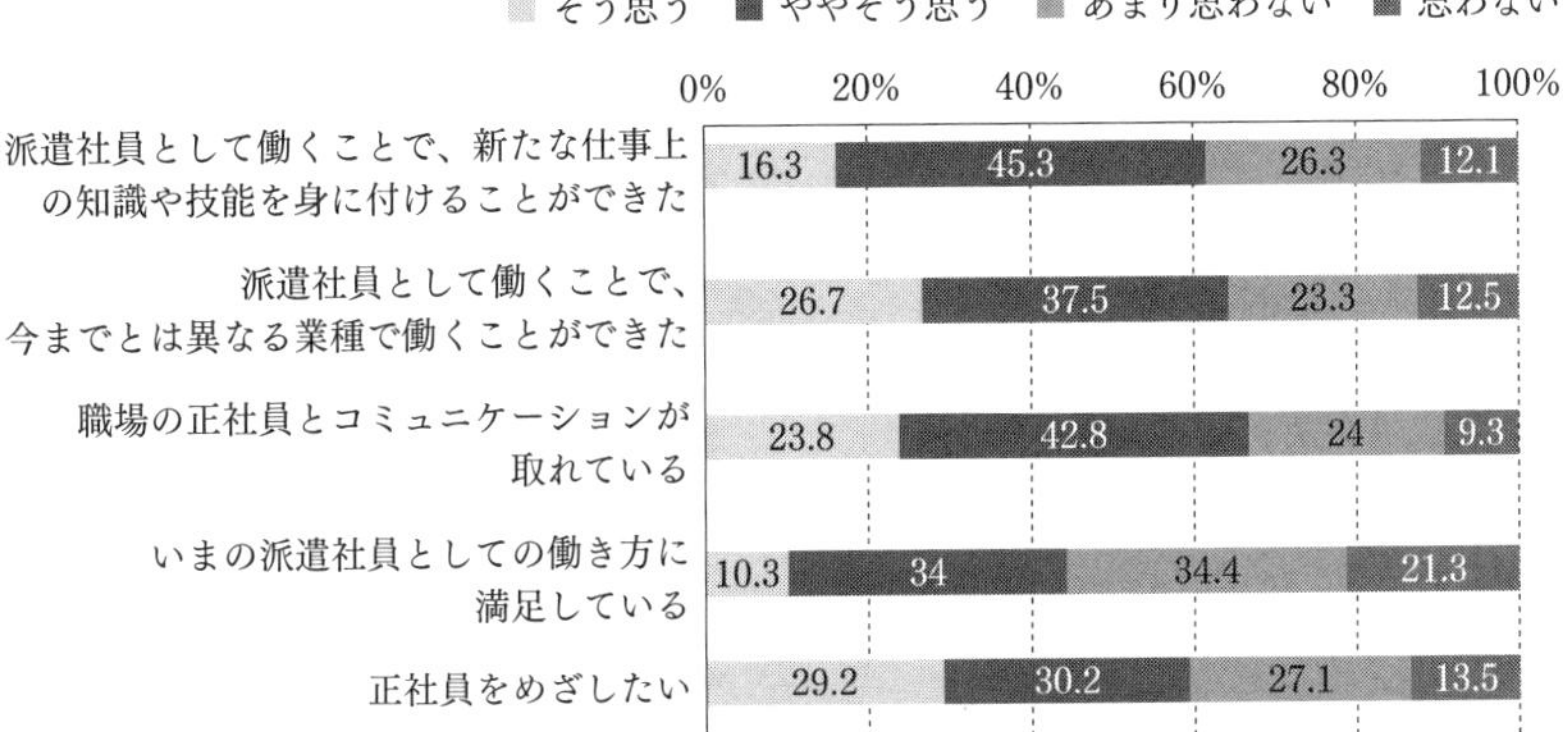

図3　派遣という働き方に対する考え
（出典：2019年度ウェブ調査をもとに筆者たちが作成）

る「雇用の安定」については、「雇用が安定し安心感を得た人」が一九・五%、「賃金が上昇した人」が一九・九%になっている。

今後の働き方の希望については、「正社員を希望する人」が三七・四%といちばん多いが、「今の派遣先会社で正社員（限定付き正社員を含む）として働きたい」も一七・四%と多いだけでなく、「今の派遣元会社で無期雇用になり、今の派遣先会社で無期雇用派遣として働きたい」も同じく一七・四%、「今のまま派遣元会社での無期雇用で、今の派遣先会社で派遣として働きたい」が一三・七%と、雇用形態は異なるが、いまの派遣先会社で働くことを希望する派遣労働者が一定数存在する。

派遣という働き方について派遣労働者は、「今までとは異なる業種で働くことができた（経験の幅を広げることができた）」と考える人が六四・二%（そう思う二六・七%、ややそう思う三七・五%）、「新たな仕事上の知識や技能を身に付けることができた（知識・技能の幅を広げることができた）」と考える人が六一・六%（そう思う一六・三%、ややそう思う四五・三%）である。しかし、「派遣社員としての働き方に満足している」人は四四・三%（そう思う一〇・三%、ややそう思う三四・〇%）と低く、その背景には「職を失うことへの不安」七三・二%（そう思う三九・〇%、ややそう思う三四・二%）がある。「職を失うことへの不安」すなわち「雇用の不安」を感じている人が七〇%以上いるのである。

「雇用の不安」を解消するために無期雇用派遣転換を選択するのか、それともそれ以外の就業形態を選択していくのかについては、二〇一九年度ウェブ調査からは明らかにすることができない。そこで、二〇一六年インタビュー調査対象者だった派遣労働者が、どのようなプロセスを経て、なぜ無期雇用派遣を選択したのか、なぜ無期雇用派遣を選択しなかったのかについて、二〇一八年メール調査と二〇一九年メール調査をもとに明らかにしていく。

二〇一八年メール調査と二〇一九年メール調査から

筆者たちは、二〇一六年インタビュー調査対象者四十人の派遣労働者が、その後どのような働き方をしているのかを明らかにすることを目的として、二〇一五年改正法が施行される二〇一八年四月を控えた一八年三月と、施行後約一年半を経過した一九年七月にメールによる追跡調査をおこなった。一八年三月に実施した二〇一八年メール調査の回答者は三十六人(うち事務職は二十一人)、一九年七月に実施した二〇一九年メール調査の回答者は二十三人(うち事務職は十六人)だった。二〇一八年メール調査と二〇一九年メール調査で明らかになった事務職派遣労働者の就業形態をまとめると図4になる。

二〇一八年メール調査では、正社員一人、事務職派遣労働者十五人、雇い止め二人、失業一人、休職中一人、育休中一人だった。十五人の事務職派遣労働者の働き方の希望は、四人が現状と変わらず派遣という働き方の継続を希望していて、五人が派遣という働き方について模索したり悩んでいたりした。また、直接雇用を希望する人が三人、実際に派遣元会社での無期雇用派遣転換を希望し調整段階に入っている人が一人、転職活動中が一人、退職予定者が一人だった。

二〇一九年メール調査では、二〇一八年三月時点で現状と変わらず派遣という働き方の就業を希望していた四人のうち、二人は希望どおり同じ派遣先会社で就業を継続(B、C)、一人は異なる派遣先会社で就業を継続し

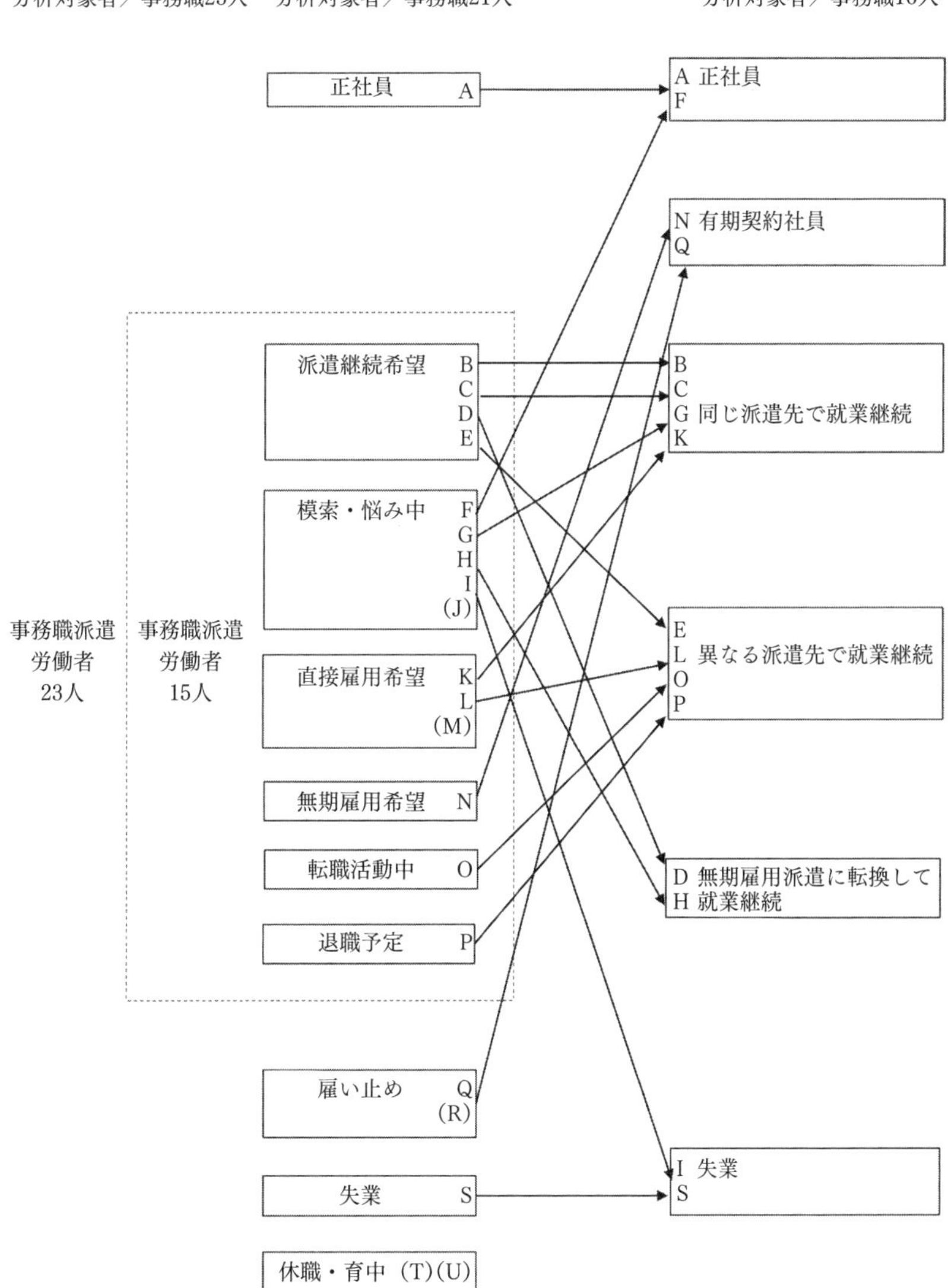

（　）表記は、2019年調査で回答がなかった対象者

図4　事務職派遣労働者の働き方の変化（筆者作成）

ていて（E）、一人は同じ派遣元会社で無期雇用派遣転換し、同じ派遣先会社で無期雇用派遣として就業を継続していた（D）。派遣という働き方について模索したり悩んでいたりした五人のうち、一人は正社員に（F）、一人は同じ派遣先会社で就業を継続（G）、一人は同じ派遣元会社で無期雇用派遣転換し、同じ派遣先会社で無期雇用派遣として就業を継続していて（H）、一人は失業（I）、一人は二〇一九年メール調査での回答が得られなかった（J）。直接雇用を希望していた三人のうち、一人は同じ派遣先会社で就業を継続（K）、一人は異なる派遣先会社で就業を継続していて（L）、一人は一九年メール調査での回答が得られなかった（M）。無期雇用派遣転換を希望し調整段階に入っていた一人（N）は、一九年メール調査時点では無期雇用派遣転換をしておらず有期契約社員になっていた。転職活動中（O）と退職予定（P）だった二人は、結果的には異なる派遣先会社で就業を継続していた。また雇い止めを経験していたQは、二〇一九年メール調査時点では有期契約社員になっていた。失業中だったSは一九年メール調査時点でも失業中だった。雇い止めを経験していたもう一人（R）と休職・育休中だった（T、U）の三人からは一九年メール調査での回答が得られなかった。

さらに今後の働き方の希望については、正社員になることを希望しているのが四人、派遣先会社での直接雇用希望者が七人（うち二人はパート、アルバイト、契約社員などの有期雇用、うち五人は勤務地、職務、勤務時間などの限定付きの無期雇用を希望）、いまと同じ派遣での就業継続希望者が二人、無期雇用派遣転換希望者が二人、就業形態は問わないものが一人となっている。これらをまとめると表2になる。

本節のまとめ

無期雇用派遣転換について、中堅の独立系派遣元会社のZ社は積極的に推奨し、派遣労働者の約半数が無期雇用派遣に転換していた。大手の独立系派遣元会社のY社はウェブサイトで告知はするが積極的に推奨することはなく、その結果、無期雇用派遣転換をした派遣労働者は一〇%程度にとどまっていた。無期雇用派遣転換をした人の特徴は、「雇用に不安がある人」「派遣という働き方に納得している人」「派遣先企業を気に入っている人」

「派遣元企業との信頼関係がある人」だった。派遣労働者の無期雇用派遣転換の受け止め方は多様だったが、年齢が高くなるほど無期雇用派遣転換の困難さを感じる人が多くなっていた。

無期雇用派遣転換した人の四九・二%が派遣元会社からの提案で転換していて、派遣労働者自身から依頼した割合は一二・五%だった。また、いまの派遣先会社での就業継続を希望する派遣労働者が一定数存在していること、派遣労働者の七〇%が「雇用の不安」を感じていることが明らかになった。派遣労働者の七〇%が「雇用の不安」を感じているのであれば、「不安定な雇用」を解消するために、その全員すなわち派遣労働者の七〇%が無期雇用派遣転換をするか、無期雇用派遣転換を希望すると考えられる。しかし、二〇一九年メール調査では、無期雇用派遣転換をした人は一二・五%、今後無期雇用派遣転換を希望する人も一二・五%にとどまっている。このことは、派遣労働者は「不安定な雇用」であっても「自由な働き方」を選択することを示しているのだろうか。本章の「はじめに」で述べたように、派遣という働き方を選択するプロセスは、「自由な働き方」か「不安定な雇用」か、という単純な二項対立で捉えられるものではなく、多様な要素が複雑に絡み合っている。そこで、無期雇用派遣転換を選択し

表2　就業形態別今後の働き方の希望（筆者作成）

2019年メール調査時点での働き方		今後の働き方の希望
正社員	A	正社員
	F	派遣先会社での直接雇用（有期契約）
有期契約社員	N	派遣先会社での直接雇用（無期契約）
	Q	正社員
同じ派遣先で就業継続	B	今と同じ派遣での就業継続
	C	「無期雇用派遣」転換
	G	今と同じ派遣での就業継続
	K	派遣先会社での直接雇用（有期契約）
異なる派遣先で就業継続	E	派遣先会社での直接雇用（無期契約）
	L	派遣先会社での直接雇用（無期契約）
	O	正社員
	P	「無期雇用派遣」転換
無期雇用派遣転換	D	派遣先会社での直接雇用（無期契約）
	H	派遣先会社での直接雇用（無期契約）
失業	I	就業形態は問わない
	S	正社員

た人、選択をしなかった人／できなかった人がどのようなプロセスを経てその選択をしたのかについて筆者たちが実施した調査をもとに明らかにしていく。

3　無期雇用派遣転換と事務職派遣労働者の選択

無期雇用派遣転換を選択した派遣労働者は、なぜそれを選択したのか、また無期雇用派遣転換を選択しなかった派遣労働者は、なぜそれを選択しなかったのか。筆者たちは、それを明らかにすることを目的として、二〇二〇年インタビュー調査を実施した。分析の対象者は、無期雇用派遣転換を選択したDとHの二人、二〇一八年八月以降に一度無期雇用派遣転換をしたが、その後正社員になったF、無期雇用派遣転換へ向けて調整していたが実際は契約社員（有期）になったN、雇い止めから有期契約社員になったQの計五人である。分析対象者五人の二〇一六年インタビュー調査時点でのプロフィルは表3になる。

また、二〇一八年メール調査での働き方の現状と希望、二〇一九年メール調査での就業形態について簡単にまとめると表4になる。

ここでは、無期雇用派遣転換をした事例としてDさん、Hさん、無期雇用派遣転換をしなかった事例としてFさん、Nさん、そして無期雇用派遣転換への条件を満たさない事例としてQさんを取り上げ、順に述べていく。

無期雇用派遣転換をした事例

事例①　Dさん：とりあえず派遣からやむをえず無期雇用派遣転換へ

Dさんは正社員として三年働いたのち、勤務先の倒産によって非自発的に派遣で働くことになった。当時は正

表3　分析対象者のプロフィル（筆者作成）

	2016年インタビュー調査時点					
	派遣経験	正社員歴	学歴	年代	家族構成	経歴
D	13年	3年	専門学校	30代後半	既婚・子なし	A社で十数年派遣。A社出資の人材派遣会社。正社員→アルバイト→派遣
H	9年	8年	高校卒業後美容専門学校	50代前半	既婚・子あり	B社で派遣として9年目。B社出資の人材派遣会社。美容師の経験あり（資格あり）
F	6年半	9年	大卒	40代前半	既婚・子あり	大手人材派遣会社。初職（正社員）→転職（正社員）→派遣（正社員に転換）→休職→派遣
N	6年半	16年9カ月	短大卒	50代前半	既婚・子あり	大手人材派遣会社。正社員→アルバイト→正社員→正社員→正社員→正社員→派遣
Q	約12年	3年	大学卒	40代後半	未婚	大手人材派遣会社。正社員→語学短期留学→派遣→フラワーアレンジメントの資格取得→ブライダルコーディネーター→30代後半で派遣（事務職）に戻る

表4　分析対象者の働き方の変化（筆者作成）

2018年メール調査		2019年メール調査		2020年インタビュー調査 働き方の現状		2020年インタビュー調査 今後の働き方希望
D 派遣継続希望	→	無期雇用派遣	→	無期雇用派遣	→	派遣先会社での直接雇用（無期契約）
H 模索・悩み中	→	無期雇用派遣	→	無期雇用派遣	→	派遣先会社での直接雇用（無期契約）
F 模索・悩み中	→	正社員	→	有期雇用派遣	→	派遣先会社での直接雇用（有期契約）
正社員になる前無期雇用派遣を1カ月だけ経験						
N 無期雇用希望	→	有期契約社員	→	有期契約社員	→	迷い中（派遣という働き方はありかもしれない）
Q 雇い止め	→	有期契約社員	→	有期契約社員	→	派遣先会社で正社員

社員での仕事がなく「とりあえず派遣」という感じだったという。無期雇用派遣転換については、同一の派遣先での就業が五年以上経過した人を対象に、派遣元会社による「無期雇用」になれる人と「無期雇用」になれない人への説明が個別に対面で実施された。派遣元会社から、条件を満たしているので「無期雇用」になれるという説明があり、「どうされますか。無理に「無期雇用」にならなくてもいいです。ただ、その場合は三年の縛りがあるため、三年しかいまと同じ職場にはいられません」という説明が口頭でなされたという。Dさんはすぐに決断はせず、よく考えたうえで無期雇用派遣転換を選択した。その理由は、「いまの職場で十五年働いていて、業務の内容なども少しずつ増えやりがいもあり、次にほかの職場に移りたいとかほかの仕事をしたいということもなかったので、もう少しいまの職場でお世話になりたい」と思ったからである。ただし、無期雇用派遣転換を選択することによって、いまの派遣先会社で就業を継続できるかどうかはわからないことについては、了承したうえで選択している。契約更新の心配をしなくてすむという意味で、雇用がある程度安定することも無期雇用派遣を選択する理由の一つとしてあったという。

Dさんは、法律が制定されたため「やむをえず無期雇用になった」のであり、派遣元会社は無期雇用派遣転換をなるべく抑えているように感じていた。無期雇用派遣転換したDさんにとって、二〇一五年改正法の影響について、いまのところは大きな影響はないという。

事例②　Hさん：現状維持希望の無期雇用派遣転換

Hさんは、子育てが一段落した二〇〇七年に現在の派遣元会社に登録し、それ以降は同じ派遣先会社の同じ職場で就業を継続している。一五年に派遣法が改正された際に、自ら派遣元会社に「三年後にいまの職場にいられるのか」と聞いている。派遣元会社からは、「三年後には同じ職場にいられず、三年を超えそうになったときに、ほかの仕事を紹介する。そのときは、事務職でない可能性がある」と言われた。さらに「派遣元会社で直接雇用してほしい」と願い出たが、「派遣法が変わり、予算的に厳しい面があり直接雇用はできない」と言われたという。しかし、その後一八年末ごろに二〇一五年改正法に関する連絡がメールであり、一九年になり派遣元会社から面談で、「法律でこのように定められていますので、Hさんは五年を超えていますので、希望があれば無期雇用になれますが、どうしますか?」という話がきた。条件については「無期雇用」にはなるが、時給・労働時間・有休などは現行と変わらず、ただし契約期間が半年ではなくなり、継続するという説明だったという。Hさんはいまの職場で就業を継続したいと思っていたので、ほぼ即決したという。その経緯について以下のように語っている。

> いまの職場が気に入っているからです。人間関係がとてもいいことと、仕事も適度に忙しく、休みが取りやすいとか、そういうことです。なんといっても慣れていましたので、年齢が年齢なので、別の職場に移って新しい仕事を覚えることには不安があります。

無期雇用派遣転換をしなかった事例

事例③　Fさん：働き続けるための多様な雇用形態の選択

Fさんは、一度は無期雇用派遣転換を選択したが、その後正社員になり、さらに有期雇用派遣（旧登録型派遣）になっている。二〇一九年の初めに派遣元会社から、「みなさんは無期雇用に自動的になるので、×日までに無期雇用になるのか、ならないのかについて決めておいてください」という説明があったという。派遣元会社に無期雇用になるメリットを確認したところ、「交通費が出ます。ただ、時給は百円下がります」という回答だったという。無期雇用派遣転換にメリットが感じられないことから、無期雇用派遣転換をしない選択をし、正社員になるためにエージェントに登録した。その際の条件として、「正社員、土日休み、勤務地は自宅から一時間以内、職種はいままでの事務の経歴を生かせること」を提示した。結果的には、一九年の四月から一カ月だけ無期雇用派遣として働き、同年の五月から正社員として新しい仕事に就いた。しかし、正社員としての仕事は残業が多く体調を崩して出社できない状態になったことから退職し、結果的にまた派遣に戻った。再び派遣として働く際には、以前と同じ派遣元会社に登録し、その派遣元会社から以前とは異なる派遣先会社に派遣されている。

現在は、自宅から近い派遣先会社で、前の派遣先会社よりも時給が約三百円高い条件で就業している。時給が上がった理由は、英語を使える仕事を探したことにあるという。前の派遣先会社で働いていたときは、英語を使わずに細く長く働くことができて正社員になれそうなところをあえて探したが、当時の派遣先会社では派遣から正社員に登用する制度はなかったという。

Fさんは今後の働き方の希望について、「細く長く働きたい。定年六十歳までとは言わないまでも、派遣なり契約なり正社員なり、ずっと何かしらで働いて税金を納めること。給料をいただけるところであれば、正社員にこしたことはないのですが、そんなにぜいたくは言えないことはわかっていますので」と語っていた。

事例④　Nさん：揺らぐ働き方の選択

Nさんは二〇一六年インタビュー調査時点での派遣先会社の選択については、自分の能力を生かす仕事や、やりたい仕事というよりも、子育てのために定時で帰ることを優先していた。当時は仕事よりも生活を優先するのだから、時給が安くなっても仕方がないと考えていた。無期雇用派遣転換が可能になる直前に、これまでとは異なる派遣元会社に紹介予定派遣として登録し、その後、紹介予定派遣で就業した派遣先会社の有期契約社員として働くことになった。無期雇用派遣転換を選択しなかったその経緯について、以下のように語っている。

派遣先会社の職場が移転する話があり、いまより通勤時間も交通費もかかるので、それを加味したうえで無期雇用派遣転換をした際の待遇を出してもらいました。しかし、ちょっと納得がいかない。要するに、いままでとあまりかわらない条件だったのです。七年間、時給が上がっていなかったので、少し考慮してほしいということを伝えました。時給を上げることについては根拠があり、単なる事務のExcelの資料作成だけでなく、いわゆるデータのスペシャリストが使うようなツールも使い始め、効率的にデータを回すようなことをやり始めていたからです。ある程度、いい条件はいただいたのですが、私が提示したフルの条件を満たしておらずどうするか迷っていたときに、登録していた別の派遣元会社から、紹介予定派遣として就業後に直接雇用の契約社員になるという話がきたので、そちらを選択しました。

Nさんは、無期雇用派遣転換を選択せず、直接雇用の契約社員として就業を継続することを選択したが、派遣という働き方に対する考えに変化がみられ、その経緯について以下のように述べている。

業務の内容が変わったこともあり、もしかしたら契約社員とか直接雇用や正社員よりも、派遣のほうがいいんじゃないかと思い始めています。派遣は仕事に対しての評価だから。例えば「データベースでこういうのを使います」と言ったら、派遣元会社は交渉して時給を上げてくれるじゃないですか。いまは直接雇用の契約社員だから時給が上がらないのです。仕事の内容はポジションが変わっても何も変わらないのです。もし派遣元会社が入っていたら、交渉して時給が上がったかもしれないかなと。直接雇用ならではの難しさがありますよね。派遣元会社が入る価値はありますよね。職種が変わったり仕事の内容がプラスになったりしたときの交渉は自分ではしにくい。しかし、対企業だと派遣先会社も真剣に受け止めなければならないので、そういう意味では派遣元会社は力になってくれていたのかなと思います。スキルがあって、仕事の中身を重視するのであれば、派遣という働き方はありかもしれないです。

無期雇用派遣転換の条件を満たさない事例

事例⑤　Qさん：それでも正社員をめざしたい

Qさんは直接雇用の有期契約社員として就業を継続している。二〇一八年末に雇い止めを経験していて、派遣元会社も変更していることから、無期雇用派遣転換の権利を得るまでに時間がかかる、つまり無期雇用派遣転換の条件を満たしていない。雇い止めを経験したあと事務職での正社員をめざし、就職サイトやハローワークを活用して就職活動をした。しかし、書類は通るが採用にはなかなか至らなかった。その後、別の派遣元会社の紹介予定派遣で直接雇用の有期契約社員になった。契約期間は一年で更新の上限は四年といわれている。条件が合えば無期雇用派遣で働いてみてもよかったかもしれないと語っていた。そんなQさんは、今後の働き方について考えるプロセスで、これまでの働き方を振り返って以下のように語っている。

いまの職場で正社員になれる人は少ない。四十代のうちに正社員になれる道を探したい。契約社員の契約が四年で終わってしまうと、年齢を重ねてどんどん不利になる。少しでも若いうちに仕事を探したい。契約社員になって少し余裕ができ、今後のことを考える余裕も出てきたが、あと三年で終わるのは不安である。契約最後の就職活動にしたい。六十歳までは働きたい。人生百歳までといわれている。不安である。これまでは派遣で、次から次へと仕事があり、手軽に決まっていたが、どこかで立ち止まって考えればよかったかなと考えている。

本節のまとめ

無期雇用派遣転換を選択したDさんとHさんは、契約の更新を心配しなくてすむ「雇用の安定」を求めていた部分もあるが、いまの職場で働き続けるために無期雇用派遣転換を選択していることに特徴があった。しかし、無期雇用派遣転換をしたからといっていまの職場で働き続けられると約束されているわけではないことも理解している。それでも無期雇用派遣転換を選択したのは、仕事（職務）に対するこだわりよりも、長く働き続けてきた職場や人間関係を重視して現状を維持することを希望したからである。そのために、派遣元会社に雇用されることを選択したのである。

無期雇用派遣転換を選択しなかったFさんとNさんは、無期雇用派遣転換による「雇用の安定」に意味を見いだせなかった。無期雇用派遣転換しても「契約期間」が有期から無期になる以外のメリットがなかったり、派遣元会社や派遣先会社の対応や労働条件があいまいだったりしたことから無期雇用派遣転換を選択しなかった。無期雇用派遣転換を選択しなかった／できなかったFさん、Nさん、Qさんは、正社員（無期雇用で直接雇用）、契約社員（有期雇用で直接雇用）、登録型の派遣（有期雇用で間接雇用）など多様な雇用形態で就業し続けている。多様な雇用形態の選択は、それらの働き方に積極的な意味を見いだすというよりは、無期雇用派遣転換に意味を見いだせなかった／転換できなかったことによる消極的な選択だった。

4　労働市場と無期雇用派遣転換

ここまで「派遣は自由な働き方なのか」について考えることを目的として、無期雇用派遣転換のプロセスに焦点を当てて分析をしてきた。ここでは、二〇一五年改正法の雇用安定措置の一つである無期雇用派遣転換と労働市場の関係について検討していく。なぜなら派遣労働者の選択は、契約期間・雇用形態・生活空間・職場空間・労働条件などのミクロな要素だけでなく、労働市場、特に派遣労働市場との関係というマクロな要素の影響を避けられないからである。

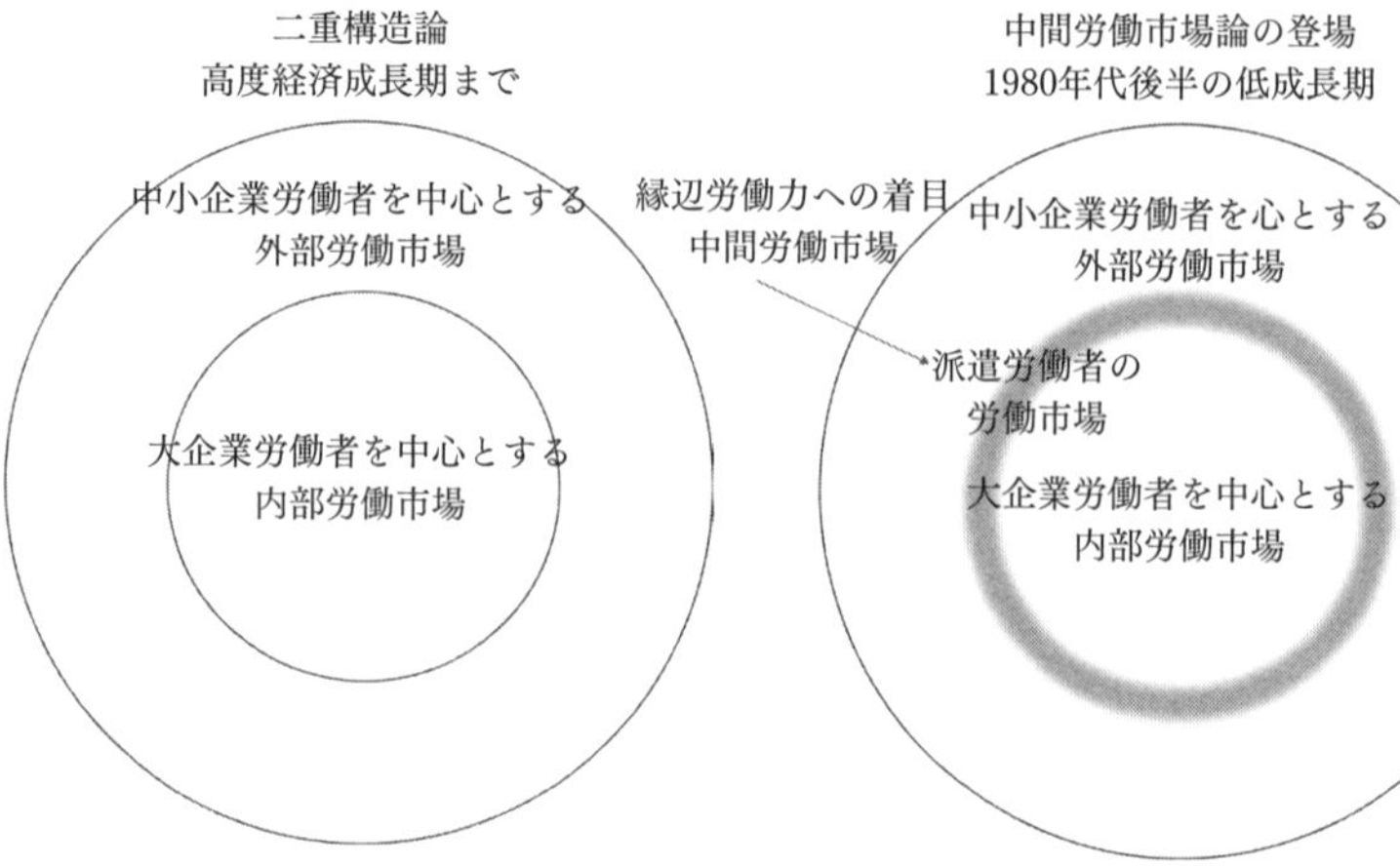

二重構造論
高度経済成長期まで

中小企業労働者を中心とする
外部労働市場

大企業労働者を中心とする
内部労働市場

中間労働市場論の登場
1980年代後半の低成長期

縁辺労働力への着目
中間労働市場

中小企業労働者を心とする
外部労働市場

派遣労働者の
労働市場

大企業労働者を中心とする
内部労働市場

図5　二重構造論と中間労働市場論の登場（筆者作成）

労働市場と派遣労働

日本の労働市場は、高度経済成長期までは大企業労働者を中心とする内部労働市場と中小企業労働者を中心とする外部労働市場からなる二重構造論[10]で説明されてきた。一九八〇年代後半の低成長期には、労働市場がストックとフローからなる二元構造[11]や景気の動向によって労働力化されたり非労働力化されたりする「縁辺労働力」に着目し、外部労働市場と内部労働市場が相互に浸透する過程が検討され、中間労働市場論[12]が登場した。中間労働市場とは、働き場所としては企業間移動をおこないながらも「失業」ということを発生させないメカニズムとして構想されたものであり、具体的には企業グループ内での応援、配転、出向、あるいは労働者派遣業者による労働者供給をさしている[13]。二重構造論と中間労働市場論をシンプルに概念化すると図5になる。

派遣労働者と労働市場の関係に焦点を絞って考察した露木恵美子は、異なるものとして考えられてきた内部労働市場と外部労働市場が、互いに浸食しあい、流動的ながらも形成され始めた新しい労働市場が中間労働市場であるとしている。中間労働市場は内部労働市場と外部労働市場の両者の相互乗り入れの場、あるいはそれらの隙間であり、それこそが派遣労働者の労働市場であると指摘する[14]。そして、派遣労働者は、期間の取り決めがない常用雇用者中心に構成される組織を建前とする企業のなかの隙間を埋めるために存在しているとする。[15]島貫智行もまた、派遣元会社と派遣先会社の企業間で構成された労働市場を中間労働市場として捉え、派遣労働者は市場と組織の間で働く労働者であるとする。[16]

では、二〇一五年改正法の雇用安定措置の一つである無期雇用派遣転換は、労働市場、特に中間労働市場に位置する派遣労働市場にどのような変化をもたらしたのだろうか。

中間労働市場と無期雇用派遣転換

派遣労働者は、派遣元会社と派遣先会社の企業間関係で構成された中間労働市場で働く労働者として位置づけられるが、中間労働市場は派遣労働者だけでなく、契約・嘱託社員やパート・アルバイトなどでも構成される。無期雇用派遣は、技術職派遣労働市場に多くみられた常用型派遣の名称を変えたもので、これまで登録型派遣が多かった事務職派遣市場に無期雇用派遣労働市場を創出した。これまで事務職派遣労働市場でも常用型派遣はあったが、二〇一五年改正法の雇用安定措置の一つである無期雇用派遣転換の推進は、事務職派遣労働市場をより細分化させた。

一方、無期雇用派遣転換を選択しなかった／できなかった労働者は、企業との直接雇用ではあるが有期契約の契約・嘱託社員や有期雇用派遣（旧登録型派遣）などに雇用形態を変更して就業を継続していた。有期契約の契約・嘱託社員という雇用形態を選択した元有期雇用派遣（旧登録型派遣）は、二〇一五年改正法の雇用安定措置の一つである無期雇用派遣転換をきっかけとして雇用形態を変更したが、それは内部労働市場の周辺に位置する中間労働市場という限られた労働市場のなかで行ったり来たりしながら、少しでもいい条件で働き続けようとするための選択だった。無期雇用派遣転換をきっかけとした労働市場の元有期雇用派遣（旧登録型派遣）の移動を整理すると図6になる。

これらのことから、二〇一五年改正法の雇用安定措置の一つである無期雇用派遣転換が労働市場にもたらした

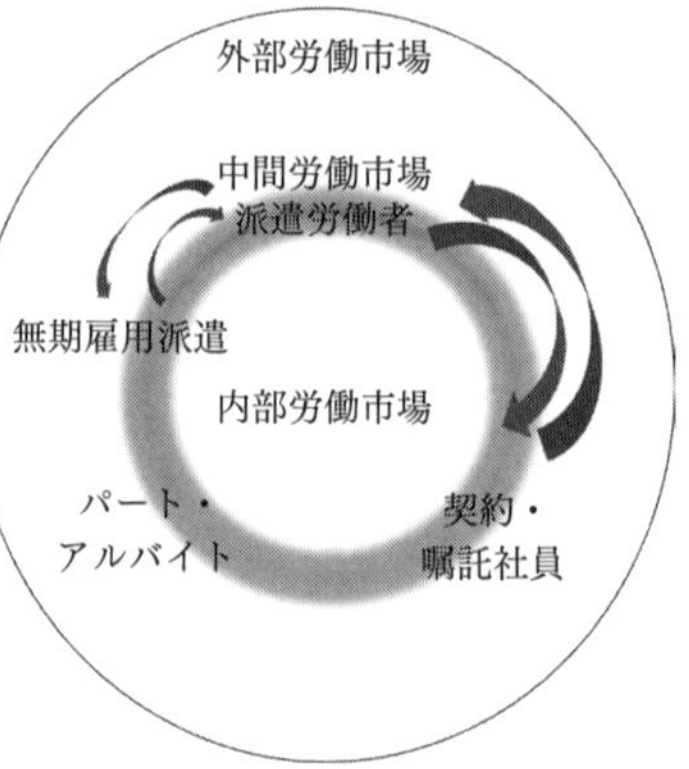

図6　労働市場の派遣労働者の移動（筆者作成）

変化の特徴を二つ挙げることができる。まず、中間労働市場で無期雇用派遣という雇用形態を生み出し中間労働市場をより細分化させたことである。次に、無期雇用派遣転換をきっかけとして雇用形態を変更して就業を継続する労働者を生み出し、中間労働市場の流動性を高めたことである。

孤立し、中間労働市場で雇用形態を「きざむ」労働者

派遣労働者のなかには、無期雇用派遣転換をめざして、派遣先会社で日々就業を継続する人もいる。派遣労働者にとって、一つの派遣元会社から継続して派遣先会社を得て就業し続ければ無期雇用派遣転換できるという道筋ができたことは、派遣労働者の新たなキャリア形成のあり方を提示したことになるだろう。一方、無期雇用派遣転換を回避するための雇い止めを増加させることも事実である。

また、無期雇用派遣という新たな雇用形態を生み出したことは、中間労働市場をより細分化し、中間労働市場の労働者が就業形態を変更する流動性を高めた。中間労働市場の細分化や流動性の高まりは、派遣労働者にどのような影響を及ぼすのだろうか。

細分化された中間労働市場で働くことは、派遣労働者を孤立させることにつながる。派遣労働者は、外部労働市場と内部労働市場の隙間に位置する中間労働市場にマイノリティとして存在する。また、派遣先会社の職場でもマイノリティとして存在する。派遣労働者が多い職場では、それぞれの派遣労働者の派遣元会社が異なるケースが多くなり、派遣労働者が連帯することを難しくし派遣労働者を孤立させる。市場と組織の中間形態をネットワークとして捉える島貫は、派遣労働者と派遣元会社、派遣先会社の三者から構成されるネットワークで、派遣

労働者にとって最も重要なものが派遣元会社との雇用関係であり、派遣労働者と派遣元会社の長期的雇用関係の構築には、派遣労働者の人的ネットワークが重要な役割を果たしていると指摘する。(17) 派遣労働者の人的ネットワークが果たす役割とは具体的には、派遣労働者のネットワークを通じて得られる、就業中の派遣先会社の仕事や職場に関する情報や、派遣元会社の労働条件や処遇、営業担当者やコーディネーターなどの対応に関する情報、ほかの派遣先会社の人材活用に関する情報、派遣労働者として長期的なキャリアを形成していくための技能や専門性に関する情報の蓄積である。それは、派遣労働者として働くうえで重要な役割を果たしていると島貫は主張する。(18) しかし、中間労働市場が細分化され派遣労働者が孤立すれば、派遣労働者がもつ人的ネットワークを活用することができず、これまで以上に不利な状況に置かれることになる。

流動性が高まる中間労働市場で働くことは、多様な就業形態を選択しながら働き続けることにつながる。実際に無期雇用派遣転換を選択しなかった／できなかった派遣労働者は、契約・嘱託社員という多様な就業形態を選択して働き続けていた。しかし、契約・嘱託社員は無期契約ではなく、派遣に比べて契約期間は長くなるが有期契約であり、その契約期間が終了すれば、また派遣を含めた多様な就業形態で働き続けることを考えて選択していく。大槻奈巳は、派遣という働き方が「きざむ」状況になっている実態を明らかにし、「きざむ」状況に置かれた派遣労働者の問題として、派遣労働を通して知識やスキルを蓄積せず、期待もされていないことを指摘している。(19) 中間労働市場で多様な雇用形態を「きざむ」状況で就業し続けることの問題点は、今後明らかにしていく必要がある。

おわりに——派遣は自由な働き方なのか

本章では、「派遣は自由な働き方なのか」について考えることを目的として、二〇一五年改正法の雇用安定措置の一つである無期雇用派遣転換に焦点を当て、筆者たちがおこなった六つの調査をもとに、事務職派遣労働者の無期雇用派遣転換のプロセスについて分析した。

無期雇用派遣転換した人の約半数が派遣元会社からの提案で転換していて、派遣労働者自身から依頼した割合は一〇％強だった。派遣労働者の七〇％が「雇用の不安」を感じているが、今後無期雇用派遣転換を希望する人は一二・五％にとどまっていた。このことは、派遣労働者が「不安定な雇用」ではあっても「自由な働き方」を選択することを示すといえるだろうか。無期雇用派遣に転換した人、転換しなかった人／できなかった人がその選択に至ったプロセスの分析からは、無期雇用派遣に転換した人は契約更新の心配をしなくてすむという「雇用の安定」を求めていた側面もあるが、主な選択理由は、いまの職場で働き続けるためであった。そして、無期雇用派遣転換をしたからといっていまの職場で働き続けられると約束されているわけではないことも理解していた。そのうえでなお、長く働き続けてきた職場や人間関係を重視し、現状を維持することを希望し、派遣元会社に「雇用」されることを選択していた。一方、無期雇用派遣転換を選択しなかった／できなかった人は、多様な就業形態で働き続けることを模索している。その人が模索を続けているのは、多様な就業形態に積極的な意味を見いだしているためでなく、無期雇用派遣転換に意味を見いだせなかった／転換できなかったためという消極的な選択だった。

二〇一五年改正法の雇用安定措置の一つである無期雇用派遣転換は、中間労働市場で無期雇用派遣という新たな就業形態を生み出したことによって中間労働市場をより細分化した。細分化された中間労働市場で働くことは、派遣労働者を孤立させることになる。派遣労働者は、派遣労働者がもつ人的ネットワークを活用することができずに、これまで以上に不利な状況に置かれる。また、無期雇用派遣転換は就業形態を変更する契機になり、派遣労働者や元派遣労働者は流動性が高まった中間労働市場で多様な就業形態を「きざみ」ながらなんとかして働き続けていた。

「自由な働き方」という意味では、派遣労働者には派遣元会社を選択する自由はある。しかし、その選択した派遣元会社から就業先企業を紹介されるとはかぎらない。また、派遣労働者には紹介された派遣先会社を選択する自由はある。しかし、その選択した派遣先会社で就業できるとはかぎらないのである。二〇一五年改正法の雇用安定措置の一つである無期雇用派遣転換は、一つの派遣元会社から継続して派遣先会社を紹介されて就業し続けることによって、やがて無期雇用派遣に転換するという派遣労働者の新たなキャリア形成のあり方を提示した。しかしそれは、「不安定な雇用」を解消する効果はある程度はあるものの、派遣労働者が働く中間労働市場を細分化することによって派遣労働者を孤立させ、流動性が高まった中間労働市場で多様な就業形態を「きざみ」ながら働き続ける状況を生み出した。派遣という働き方は、労働市場という大きな枠組みでは中間労働市場で多様な就業形態を行ったり来たりする限定的な自由にすぎず、労働市場の原理からは逃れられない。

派遣労働者には、登録する派遣元会社の選択、派遣元会社から提示された労働条件のなかから、契約期間・雇用形態・生活空間・職場空間・労働条件などの要素を選択する、つまり派遣という働き方を選択する自由はある。しかし、派遣という働き方を選択したあとは、派遣元会社や派遣先会社から提示される制約のなかで働くことを求められ、労働市場の原理や法改正による制約からも逃れられない。派遣は「不自由な働き方」である。そして調査が浮き彫りにしたのは、様々な制約があるなかでもなんとか主体的に働き方を選択し、少しでもいい条件で、少しでも長く働き続けようとする派遣労働者や元派遣労働者たちの姿だった。

注

（1）無期雇用派遣転換への申し込みは、労働者の権利（無期転換申込権）であり、申し込むかどうかは労働者の自由である。

（2）厚生労働省編「有期契約労働者の円滑な無期転換のためのハンドブック」厚生労働省、二〇一七年、二ページ

（3）コールセンター大手のベルシステム24は二〇一七年十月から約二万二千人の非正規社員を無期雇用に切り替えた。

日本生命は勤務年数を問わず有期雇用の社員約千人を無期雇用に転換、高島屋も販売部門などで契約期間が一年を超えた約三千二百人の契約社員などを無期雇用に転換するなどの動きがみられた。「改正労働契約法 雇用の安定図る目的」「日本経済新聞」二〇一七年七月十四日付

（4）契約終了後から再雇用までの空白期間をもうけることで、複数の大手自動車メーカーが、期間従業員が期限を区切らない契約に切り替わるのを避けるよう雇用ルールを変更した。「朝日新聞」二〇一七年十一月四日付

（5）労働政策研究・研修機構「「改正労働契約法とその特例への対応状況 及び 多様な正社員の活用状況に関する調査」結果」「調査シリーズ」No.171、労働政策研究・研修機構、二〇一七年

（6）二〇一五年改正法の概要については、第1章の表1を参照のこと。

（7）マンパワーグループは二〇一六年十一月に事務職の無期雇用を開始。一八年末までに全国二千人の採用をめざし、百人以上の応募があった。マイナビワークスは一六年十二月に事務職の無期雇用を開始（「日本経済新聞」二〇一七年二月十六日付）。またアデコは一六年十月、テンプスタッフは一七年二月から未経験者を専門の研修期間で育てて派遣するサービスを開始した（「日本経済新聞」二〇一七年三月二十八日付）。

（8）新卒、未経験者を対象にした無期雇用派遣については、スタッフサービスが「ミラエール」、テンプスタッフが「ファンダブル」、リクルートスタッフィングが「キャリアウインク」、アデコが「キャリアシード」、マンパワーが「エムシャイン」という名称で新規部門を立ち上げている。

（9）Y社は経営が困難になるほど無期雇用派遣転換の希望者が出ることを想定し、不採用とする基準や何かしらの評価制度をもうけて無期雇用派遣転換をあきらめてもらうことを考えていたが、実際に門戸を開いてみると、想定したより無期雇用派遣転換の希望者は少なかったという。

（10）二重構造論とは、資本の高度蓄積過程で議論された、高生産性・高賃金の大企業労働者を中心とする内部労働市場（大企業労働市場）と低生産性・低賃金の中小企業労働者を中心とする外部労働市場（中小企業労働市場）から形成されていて、階層制として固定されていて、外部労働市場から内部労働市場への移動は自由ではないというものだった。氏原正治郎編『日本の労働市場』（「講座労働経済」第一巻）、日本評論社、一九六七年、山本潔『日本の労働市場の構造——「技術革新」と労働市場の構造的変化』東京大学出版会、一九六七年。また Doeringer and Piore は、

労働市場は均質なのではなく、中核的で一時的な労働市場と周辺的で二次的な労働市場に分断されていると捉えた。Doeringer, Peter B. and Michael J. Piore, *Internal Labor Markets and Manpower Analysis*, D.C.Health, 1971.

(11) 津田眞澄「新2重構造時代は到来するか」、日本労働協会編「日本労働協会雑誌」一九八七年一月号、日本労働協会

(12) 伊丹敬之／松永有介「中間労働市場論」、日本労働協会編「日本労働協会雑誌」一九八五年五月号、日本労働協会

(13) 同論文一二ページ

(14) 露木恵美子は、女子労働者の周辺労働者化現象や職種別労働市場論について、女子の労働市場との関係から、派遣労働市場は女子の労働市場全般に影響を与えると同時に、中核労働市場をも巻き込んで拡大していることを指摘する。また、職種別労働市場の議論は、一部のバーゲニングパワーがある専門的職種に従事する派遣労働者に当てはまるものと説明する。露木恵美子「労働市場の再編と派遣労働者」、日本労働社会学会編集委員会編「日本労働社会学会年報」第三号、日本労働社会学会、一九九二年

(15) 同論文七三ページ

(16) 島貫智行『派遣労働という働き方――市場と組織の間隙』有斐閣、二〇一七年、二九九ページ

(17) 同書二九九ページ

(18) 同書三〇一ページ

(19) 大槻奈巳「事務派遣労働者の働き方と自律性」、日本労働社会学会編集委員会編「日本労働社会学会年報」第二十九号、日本労働社会学会、二〇一八年

第7章　二〇一五年派遣法改正が増幅した「正社員」の多様化

——無期雇用派遣社員とは：技術者を中心として

鵜沢由美子

はじめに——問題の背景と本論の目的

グローバル化やサービス経済化の進展に伴い非正規労働者が増えた。労働の非正規化が進み、格差が問題になるなか、雇用の安定を図る動きとして「多様な正社員」化の傾向がある。(1) 法律に確とした定めはないが、「正社員」は、職務が無限定で雇用期間の定めがない直接雇用でフルタイムの労働者とされてきた。しかし、短時間正社員、職務限定・地域限定正社員、というように「正社員」の概念はその範囲を広げている。本章で扱う技術職の無期雇用派遣「正社員」は、また新たな方向に「正社員」概念を広げるものといえるだろう。前述の「正社員」の概念規定では、暗黙の了解として、就業先は雇われた会社であり、指揮命令はその会社の上司から受けるものとされてきた。無期雇用派遣「正社員」は、就業場所と指揮命令が雇用主でなく派遣先であることに特徴がある。本章では、派遣技術者の無期雇用と「正社員」の問題に焦点を当てていく。

技術職で無期雇用派遣の「正社員」は、派遣法が成立する一九八五年以前から、人手不足を背景に呼称や実態としては存在していた。二〇一五年の派遣法改正によって、その存在ははっきりと輪郭を現し、かつ多様に広がりつつある。どのような法改正がそれを推進したのだろうか。本章に関わりが深い改正点について要点を述べると、まず、派遣労働者を常用雇用していれば届け出だけで営業できた特定労働派遣事業が廃止され、資本金などの条件があり許可の必要な一般労働者派遣事業に統一された。特定派遣元会社には技術者派遣に特化した会社が多かったが、このことによって、小規模事業者は廃業したり、大手の派遣元会社に吸収合併される会社が多くなった。(2) 次に、技術者を含む専門業務の枠組みがなくなった。旧専門二十六業務は派遣期間の制限がなく、専門業務以外の「付随的業務」は就業時間の一〇%までにしなければならない、という決まりがあったがすべて撤廃された。そして、すべての業種で、同一の事業所への同一人物の派遣が三年までになる一方、雇用安定措置を実施する努力義務が派遣元に課せられた。その措置とは、派遣先に直接雇用をはたらきかけること、派遣元で無期雇用すること、次の派遣先を探すことである。すなわち、派遣元が無期雇用すれば、旧専門二十六業務の技術者たちはこれまでと同様に同じ派遣先でも派遣労働者として働き続けることが可能になったのである。

本章の目的は、この法改正を受けた派遣技術職の無期雇用とそれがもたらした「正社員」の広がりを確認しその可能性と課題について明らかにすることである。具体的には、無期雇用派遣もしくは「正社員」とされる派遣技術者の実態を、ウェブアンケート調査と各インタビュー調査から検討する。さらに、派遣元会社やキャリアコンサルタントへの聞き取りから、彼ら派遣技術者や法改正がどのように捉えられているのかもあわせてみていく。

1　派遣労働者の現状——ウェブ調査から

本節では、筆者たちが二〇一九年十一月に実施したウェブ調査から派遣技術者の状況をみていく。本調査では、主たる旧専門二十六業務の現状がわかるように企図した。なお、本章でいう技術者とは、具体的には旧専門業務

の第一号の「ソフトウェア開発」、第二号の「技術設計（エンジニアリング）」の業務に就く者とする。(3)

「ソフトウェア開発」と「エンジニアリング」技術者の性別・年齢・学歴・収入

ウェブ調査によれば、本章で対象とする技術者のうち、ソフトウエア開発の回答者は千六百五十人中七十三人で四・四％、エンジニアリングは八十二人で五・〇％になっている。性別の内訳は、回答者全体では男性五〇・一％、女性四九・九％とほぼ均衡しているが、本章で対象にする二つの業務では男性の割合が高く、ソフトウエア開発では男性が七十三人中六十六人で九〇・四％、同様にエンジニアリングでは八十二人中七十一人で八六・六％になっている。年齢をみてみると、回答者全体で四十・五九歳、ソフトウエア開発は四十・八五歳、エンジニアリングは四十・二一歳である。続いて学歴を割合の高い順からみると、回答者全体では大学卒三八・一％、高校卒三二・九％、高専・短大卒一三・九％、専修学校卒一〇・五％、中学卒二・四％、大学院卒二・二％になっている。ソフトウエア開発では大卒が五三・四％、高校卒一七・八％、専修学校卒一五・一％、高専・短大卒一一・〇％、大学院卒二・七％、中学卒は〇％、エンジニアリングでは大卒が五一・二％、高校卒二〇・七％、専修学校卒一一・〇％、高専・短大卒九・八％、大学院卒六・一％、中学卒一・二％になっている。ソフトウエア開発とエンジニアリングの業務に就く回答者では大学卒が五〇％を超え、回答者全体に比して高学歴である傾向が見いだされるといえるだろう。

個人の年収は、回答者全体では「二百万〜四百万円未満」が五〇・四％、次いで「二百万円未満」が一九・二％、「四百万〜六百万円未満」が九・六％、「六百万〜八百万円未満」が二・七％、「八百万円以上」は累計して一・六％（二十八人）にとどまる。これをソフトウエア開発でみていくと「二百万〜四百万円未満」が三一・五％、次いで「二百万円未満」が一一・〇％、「六百万〜八百万円未満」が三五・六％、「四百万〜六百万円未満」が九・六％、「八百万円以上」は累計して六・九％（五人）になる。また、エンジニアリングでみていくと「二百万〜四百万円未満」が四〇・二％、「四百万〜六百万円未満」が三〇・五％、次いで「六百万〜八百万円未満」が八・五%、「二百万円未満」が七・三%、「八百万円以上」は累計して六・〇%（五人）になる。個人年収が二千万円以上としている人は全体のなかで二人だが、そのうちソフトウエア開発とエンジニアリングの業務に就く人が一人ずつになっている。この二業務に就く回答者の収入は相対的に高く分布している傾向が見て取れる。

「ソフトウェア開発」「エンジニアリング」と無期雇用派遣

次にソフトウエア開発とエンジニアリングの業務に就いている回答者と無期雇用派遣の関わりについてみていこう。

学卒後の初職をみると、回答者全体では正社員（無期雇用派遣社員を除く）だった人は五八・五%、パート・アルバイトは一四・二%、有期の派遣社員は一三・四%、無期雇用派遣社員だった人は九・六%、契約社員三・六%、その他〇・六%だった。これに対し、ソフトウエア開発では、最も多いのが正社員（五六・二%）であるものの、次いで多いのは無期雇用派遣社員だった人で二一・九%だった。同様にエンジニアリングでも、最も多いのが正社員（五一・二%）であり、次いで無期雇用派遣社員だった人が二四・四%だった。双方二〇%以上の回答者が新卒時点で無期雇用派遣社員だったということは刮目すべきことだと思われる。

現状の働き方として無期雇用派遣であるのは回答者全体では六百六十二人で四〇・一%、ソフトウエア開発では四十三人と五八・九%、エンジニアリングでは五十二人で六三・四%である。この回答者たちが無期雇用派遣になった時期をみると（表1を参照）、二〇一八年十月（二〇一五年改正法完全施行）前の割合が回答者全体は五〇・九%、ソフトウエア開発で六七・四%、エンジニアリングでは五九・六%になっている。技術者に無期雇用派遣が多く、かつ改正前から無期雇用派遣だったと回答する人が多いことがわかる。

表1　無期雇用派遣になった時期（改正法施行前とあと）（筆者作成）

		度数	前（%）	後（%）
派遣先での主な業務	ソフトウェア開発	(43)	67.4	32.6
	エンジニアリング（機械設計など）	(52)	59.6	40.4
全体		(662)	50.9	49.1

表2　無期雇用派遣になってから待遇の変化（複数回答）（筆者作成）

		度数	賃金が上がった（%）	通勤手当が支給されるようになった（%）	社会保険に加入できた（%）	ボーナスが出るようになった（%）	任される業務のレベルが上がった（%）	その他（%）	特に変化はない（%）
派遣先での主な業務	ソフトウェア開発	(43)	27.9	23.3	30.2	11.6	4.7	—	44.2
	エンジニアリング（機械設計など）	(52)	25.0	11.5	13.5	11.5	3.8	—	61.5
全体		(662)	19.9	14.8	10.3	6.0	3.8	0.9	60.0

表3　無期雇用派遣になってからの気持ちなどに変化（複数回答）（筆者作成）

		度数	雇用が安定したという安心感がある（%）	派遣先から長く働く人と思われるようになり嬉しい（%）	派遣期間と派遣期間の間に自由に休めなくなるので困る（%）	派遣先を自分で選べなくなるのではという不安がある（%）	その他（%）	特に変化はない（%）
派遣先での主な業務	ソフトウェア開発	(43)	27.9	27.9	9.3	14.0	—	41.9
	エンジニアリング（機械設計など）	(52)	30.8	11.5	11.5	1.9	3.8	55.8
全体		(662)	19.5	14.2	7.1	9.1	3.2	57.9

無期雇用派遣になってからの待遇の変化を聞いたところ（複数回答）、「特に変化はない」を選択した割合がいずれも最も多い（全体六〇・〇％、ソフトウエア開発四四・二％、エンジニアリング六一・五％）。しかし、変化があったこととしては「賃金が上がった」（全体一九・九％、ソフトウエア開発二七・九％、エンジニアリング二五・〇％）ことが多く挙げられた（表2を参照）。気持ちのうえでの変化（複数回答）に関しても、「特に変化はない」を選択した割合が最も多い（全体五七・九％、ソフトウエア開発四一・九％、エンジニアリング五五・八％）。その一方で、変化があったこととしては「雇用が安定したという安心感」（全体一九・五％、ソフトウエア開発二七・九％、

表4　派遣元会社から契約書か口頭で受けたあなたの立場の説明（筆者作成）

		度数	正社員（%）	無期雇用派遣正社員（%）	無期雇用派遣社員（%）	その他（%）
派遣先での主な業務	ソフトウェア開発	(43)	11.6	39.5	46.5	2.3
	エンジニアリング（機械設計など）	(52)	26.9	30.8	42.3	—
全体		(662)	10.1	25.7	61.9	2.3

エンジニアリング三〇・八%）が最も多かった（表3を参照）。

では、無期雇用派遣労働者はどのような立場であるのか、その説明の受け方に目を向けたい（表4を参照）。全体では「無期雇用派遣社員」（六一・九%）、「無期雇用派遣正社員」（二五・七%）、「正社員」（一〇・一%）「その他」（二・三%）になっている。一方ソフトウエア開発では「無期雇用派遣社員」（四六・五%）、「無期雇用派遣正社員」（三九・五%）、「正社員」（一一・六%）「その他」（二・三%）、またエンジニアリングでは「無期雇用派遣社員」（四二・三%）、「無期雇用派遣正社員」（三〇・八%）、「正社員」（二六・九%）、「その他」と回答した人はいないという結果になっている。派遣技術者では派遣元の「正」がつく社員だと説明された人が過半数を超えていて、エンジニアリングにいたっては「正社員」という呼称が四分の一を超えていることに注目されたい。

2　技術者派遣の背景——派遣元会社へのインタビューを中心に

第1節でみたように、派遣技術者が派遣労働者のなかで相対的に高収入であり、無期雇用派遣でありかつ「正社員」もしくは「無期雇用派遣正社員」が多いことがわかった。この背景には、技術者の需要がきわめて高いことと派遣元会社の動向がある。本節ではそれをみていこう。

技術者派遣元会社の業界団体と派遣法改正

二〇一五年法改正以前は、特定派遣として届け出るだけで派遣業を営むことができ、技術者派遣元会社のなかには、メーカーのパートナーとして位置づけられるような派遣元会社もあれば、派遣労働者から利益をむさぼるような悪徳業者もいた。(4) この技術者派遣業界を健全で社会に認知されるものにしようと、大手の技術者派遣元会社が組んで立ち上げたのが技術者派遣元会社団体Zである。団体Zの事務局長のAさん（Y社出身）に話を聞いた。(5)

Z団体と参加企業の特徴

Z団体は、業界のリーダー的存在であるY社(6)の当時の会長が提案して二〇〇七年に結成された。技術者の派遣は無期雇用（当時は特定派遣の常用雇用）で、「正社員雇用」をしていてほかの派遣とは異なるが、誤解を受けている側面もある。法の改正が必要であり、それは一社では実現できないということで業界団体を作ることになったという。そうして登録型ではない、常用型派遣をしている技術者派遣元会社五社が集まった。一五年の法改正の前は常用雇用率が三分の二以上、二〇一九年インタビュー時点では無期雇用比率九〇％以上という入会の条件が示されている。(7) Y社では、派遣法の成立する前の遅くとも一九八三年時点ではすでに他社に派遣する人材を正社員採用していたという。

Z団体のはたらきかけの影響もあり、技術者派遣の「正社員雇用」については、厚労省の「労働者派遣事業関係業務取扱要領」に以下のような記載がある。「既に定着している派遣形態として見られる、派遣元の『正社員』として採用していて、待遇面も『正社員』に相応しいものになっている技術者派遣まで直ちに規制しようとするものではなく、当分の間、現在の取扱いを認めること」(8)。「当分の間」と記してあるが、この記載がされたときこそ、「正社員」の概念に短時間や地域限定などに加えて、就労先が派遣先であるという概念の拡張が公に認められた瞬間でもあったといえるかもしれない。

Z団体に参加する技術者派遣元会社では、基本的に給与体系、福利厚生は社内で働く人も派遣に出る人も同じであるという。第1節でみたように、ソフトウエア開発やエンジニアリングの技術者のうち、「正社員」である、と回答した人はZ団体会員の会社所属であるかもしれない。リーマンショックの際、Y社では派遣に出した三五％の社員が派遣先から返されたが、雇用調整助成金を派遣労働者にも適用できるという厚労省の認可を得て一人も解雇することなく、自社内の研修施設で研修を続けて乗り切ったという。「無期雇用派遣として目指すべき姿」とされた。(9)

二〇一五年の派遣法改正とZ団体

それでは、Z団体は二〇一五年の派遣法改正に何を望み、改正に対してどのような評価をしたのか。結論からいえば「改正では、おおむね業界として主張してきたことが通った」（Aさん）とする。特定派遣の廃止によって、派遣労働者からマージンを多く取る「悪徳」派遣業者が減ったという。また、旧専門業務の仕組みは期間制限なく派遣しうるが、専門業務の範囲から少し外れていた自由化業務、例えば評価や試験という関連業務には、派遣期間制限があるなど使い勝手が悪い面があった。この枠組みが取り払われ、「業務の内容に関わりなく、雇用形態が有期か無期かで派遣期間を決めるべきである」というZ団体の主張が通ったことを高く評価している。派遣元が無期雇用派遣することによって、派遣先が直接雇用する必要なく派遣法が要求する「雇用の安定」を満たすことができ、「無期雇用派遣の活用自由度が高まった」ことがウェブサイトでも謳われている。(10)

Y社を中心とした技術者派遣会社の無期雇用派遣「正社員」の実情

①採用：大学に募集をかけて新卒採用を実施している。Y社の場合、基本的には技術職は工学部卒を採用していて、大学院卒も最近は増えているという。ＩＴ系には文系もいる。中途採用するのは、ずっと技術者でいることにこだわる人や会社の先行きが危なくなって転職を希望する人など。また、自分の会社ではできない、違う分野にチャレンジしたい人も応募してくる。新卒時に入社できないような大企業で仕事できるのが派遣技術者の魅力である。

②研修：入社して半年くらい研修をしているが、人手不足なので「得意先」（派遣先）から「うちで（研修）をやるから早くよこして」と言われることが多い。ＯＪＴ（オンザジョブトレーニング）は客先で実施される。このような実態は第3節の調査事例からもうかがえる。

③社内の人事異動：技術職から営業など本社機能の部門に移る人もいる。実際にAさん自身が、キャリアの最初は派遣技術者として派遣先に出て、次に海外拠点を整えるために本社機能に異動したという。Aさんをはじめ、同期で定年まで勤め上げた人が二百人中十八人いたそうだ。しかし、逆にいうと、九〇％以上の「正社員」がなんらかの事情で会社を去ったということにも留意したい。派遣先の直接雇用になることは、本人が望むなら拒むことはしないという。

④賃金と待遇：「派遣に出るけれども、雇用はちゃんとしっかりと派遣元の正社員として確立していると納得したうえで入社している。仕事が終わったら放り出される心配などしていない」とAさんは語る。交通費は支給され、福利厚生は本社機能の正社員と同じである。技術職と間接職、営業などは職種が違うので給与体系に多少違いがあるが、どちらかというと技術職のほうが特殊な能力を備えている分、賃金は高い。三年から四年程度同じ派遣先に行っていることが多いが、景気が悪い業界からいい業界に移れるよう、いろいろな経験をさせて、仕事にあぶれることがないようにしている。うまくいかないときは、本社で研修を実施する。また、「時給四千円（派遣額として）の派遣技術者に、コピー取りをさせるのはもったいないから下働きということはなく」、技術に見合った仕事が与えられる。年齢が高くなった派遣技術者は、現場でリーダー格になったり、部長級の給与をもらっている人もいるという。しかし、定年間近になっても、指揮命令者は派遣先ということに変わりはない。

勤務先は全国対応で、多くの派遣元は借り上げ社宅を用意している。設計部門の派遣先は交通の不便なところが多く、単身赴任手当があるところも多い。介護などへの配慮に関しては、派遣技術者は稼ぎ頭なので普通の会社以上に手厚くしている。そのようにしないと定着しない。

二〇二〇年四月からの同一労働同一賃金への対応については、「厚労省から厳しくやるように言われているので、会員会社にはきちんとやらなくてはと言っている。しかし、派遣先均等・均衡方式でやろうとしても難しい。それなりの処遇をすれば納得感が得られるのではないだろうか」とAさんは考えている。

「ハケンである」という意識

Aさんは「「ハケンであるという意識」をもたなかった。Y社を代表して技術を提供しにいっていると考えていた」という。[11] 技術者は技術を磨く。技術を求められることが大事であるとする。また現在は、派遣先単体で開発して、という状況ではなく、現場では請負やその他の雇用形態の人たちがたくさんいて、誰がどの立場かわからないという。

技術者派遣の今後の課題

技術者派遣の立場からは、課題はずいぶん減ったとしながらも、「ハケン」「非正規」と言われることが心外であるという。直接雇用の原則からみると、「直接雇用でない」とみなされることが心外で中途半端な側面がある。雇用条件を整え、同一労働同一賃金の法改正にはきちんと対応していきたい。偏った目で見られるのは、業界内におかしい会社があるからである。究極的には派遣法の枠組みから外れたい。Aさんはそのように語っていた。

Z団体会員である大手技術者派遣元会社X社の実態

さらに、技術者派遣の実態をみていこう。Z団体にも参加する技術者派遣大手のX社でインタビューを実施した。[12]

X社の歴史とグループの概要

X社が所属するXグループは一九九五年に創業の時点から無期雇用派遣（当時は特定派遣の常用雇用）だけで雇

用してきていて、現在、技術者派遣と製造業派遣中心に十三社で構成されている。二〇一五年の派遣法改正の前後に中小の派遣元会社を吸収合併したという。

X社について

機械設計、あるいは電気、機械、ITなどの技術者がいるXグループの中核の会社である。北海道から九州まで、大きな顧客の本社がある都市に十三カ所の拠点をもうけている。二〇一五年末、売上実績が二千五十六万円、派遣技術者数は三百十五人だったのが、一九年末には売上実績を百五億七千九百万円、派遣技術者数を千六百三十九人に拡大させている。

派遣業務のほかに、請負、受託開発、メーカーの技術者への有料トレーニングサービスをおこなっている。また、派遣先からの依頼で、新たな職種（ドローンのオペレーターなど）の教育制度をともに作るというようなことにも取り組んでいる。このように拡大基調にあるX社では、少数精鋭で知られるY社とは違う特徴がみられるようである。

採用

新卒採用では高卒はおらず、専門学校卒、高専卒、大学卒で、大学院卒も数パーセントいる。社員のほとんどが新卒である。背景には、以下に語られるような技術者の人手不足がある。「技術者がいないので、技術者採用しようとしたらY社さんとかと張り合うことになるんですね。そうすると紹介会社とかを使って、一人につき何百万円も払わないと経験者の中途なんて入ってきませんから」という。そのため、後述するような諸制度を整えて、技術者を引き付けようとする側面がある。

採用部門は、技術者を採用する採用グループと管理事務側の社員を採用するグループに分かれている。福利厚生は同じだが、就業規則は技術者の場合派遣先に準じる。賃金、賞与、評価制度は別だが、事務職への異動も可能だという。二〇一九年春には十人ほどが技術職から営業に移った。両方とも「正社員」と呼称され、区別すると怒られる。たまに「そういうこと（技術者は派遣である）を言う人もいるけれど、上下ではない、役割の違いでしかない、と注意」する。といっても、「社内では正社員」、新卒採用でも「正社員」と銘打っているものの、「外部的には技術職社員」としているという。このあたりはY社とはやや異なっていて、無期雇用派遣「正社員」の玉虫色の現状を示唆するようである。

入社する派遣技術者の特徴として、職種にこだわる人とメーカーに入れなかった人の両方がいるという。一生プログラムだけの仕事をやりたいからX社にきました、という人もいて、実際単価は安いが、五十歳以上でほかにできる人がいないような古い機種のプログラマーとして保守点検している人もいる。他方、新卒で願いがかなわなかった人にも、後述する客先企業への転籍支援制度があって、大手の会社の本家本元でなくてもグループ会社の正社員になる道もあることを話すと、チャレンジしてみたいという考えになる。旧帝大の大学院を出ないと入社できない会社にチャレンジできる道を示せるという。

待遇

各オフィスに技術者組織のなかのリーダー格で、管理も評価もできるマネージャーを配置、年に一度の面談を義務づけ、目標管理制度で査定して昇給を決定する。年に二回の賞与もある。同じ技術レベルの人が、待遇が違う会社にいって不公平が生まれないよう、給料は派遣先を問わず「ならして」渡している。また業種の特徴を見据えて「ならしている」。具体的にはソフトウエア系は若いうちの時給は安く、三年経験を積むと一気に上がる。機械、電気系は最初から高いが、経験を積んでも時給が上がらない。それをならして、年功賃金的に年齢とともにみなの給料が上がっていくようにしている。これは、無期雇用派遣でやっているからできることであり、大きな利点であるという。

キャリア形成の方法

まず、入社してマナーなどの基礎的なルールを学んだあと、それぞれの分野の研修を三週間ほどおこない、派遣技術者として各派遣先に出ていき、ＯＪＴを積む。自分のキャリアを考えるためのキャリアデザイン研修も実施している。キャリアの形成方法としてユニークなのは、以下のような「キャリアプラットフォーム」の整備である。

キャリアプラットフォーム

派遣社員が、派遣先で実績を積んで気に入られ、本人の意向にも沿う場合、Ｘ社では積極的に派遣先に正社員として採用してもらう客先企業への転籍支援制度を整えている。派遣社員を引き留めない、積極的に転職を推奨することはグループと会社の方針とされていて、ノルマもあるという。この制度を利用して二〇一八年度にはグループ全体で五百六十一人が転職した。これを「卒業」と称する。そもそも長期の派遣が前提で、「いい子はそのまま転籍が想定ですよと。だから御社の社員と同様にちゃんと教育お願いしますねと。ただ問題があればうちの社員なんで、うちが責任をもって引き取り指導しますよ」と伝えているそうだ。

どのような人が派遣先から正社員として望まれるのだろうか。年齢は「三十代前半ですかね。二十代後半から三十代前半が多い」という。派遣先は、新卒で派遣技術者を受け入れて、最初からＯＪＴで教育する。その派遣技術者が期待どおりに育ち、現場で部下を複数有するリーダー的な存在になると抜けられては困るし手放したくないということで転籍になるのだという。

また、グループ内転職制度もある。自薦他薦によって、主に製造業派遣から技術者派遣へとキャリアチェンジする仕組みで、二〇一八年度には六百七人が実行した。さらに、年に一回、派遣社員が管理職やグループ全体の執行役員などの役職にチャレンジする制度もある。「エンジニアの経験を生かして後輩を育てる仕事をしてほしい。エンジニアが登用される仕組みを作っている」とのことで、インタビュー時のＸグループ三十人の執行役員のうち、その半分の十五人はもともと現場にいた人だそうだ。彼らは技術者として、現場のリーダーになり、実績を積んでプレゼンテーションをし、一年契約の執行役員になる。派遣社員出身の執行役員にはダイバーシティがみられ、国立大学出身の人もいれば中学卒の人や外国籍の人もいるという。女性はその手前の統括部長職まではかなりの人数がいる。

「Xグループのいちばんいいところは敗者復活ができるところ」と、自ら元いた会社の余剰要員になりX社にきて研修センター所長になったCさんは語っていた。

キャリアデザイン研修

派遣技術者は、無期雇用の派遣でどのようにキャリア形成をするのだろうか。X社では、キャリアデザイン研修を実施、各自が目標を設定しキャリアマップを作って、キャリアパスがみえるようにしている。例えば機械電機の分野だと、現在は設計されたものの評価の仕事だが設計開発をやりたいなら、ここから何年頑張り、このような課題を学修すると詳細設計のところに行ける、そうなると給料はこうなるということを示すという。

技術者派遣会社の強みは、品質保証のリーダーをやりたいという目標があれば、その分野の仕事にしか派遣されず、どういう技術者になりたいかというところに焦点化できる自由度があることとされる。

他方、技術者派遣会社には社会のセーフティーネットのような役割もあるという。考えない仕事がやりたい、毎日同じ仕事でいいという技術者もいるし、何がやりたいかわからないからいろいろ試したいという人もいる。そういう人にもどこかフィットするところはあるという。そうした技術者はY社ではみられないタイプかもしれない。

X社の今後の課題

現場で派遣技術者が「派遣さん」と呼ばれることを正していきたいという。また、派遣労働は「雇用の調整弁」と「コストを下げる」というイメージがあるが後者は違うと考える。固定費はかからないかもしれないが、一人ひとりの技術者にかけるお金は同等であるべきで、同一労働同一賃金を実現させたい。先日、Z団体に厚労省の調査官が来て説明を受けた。派遣先の賃金テーブルを共有し、同じ技術レベルの技術者には同じ賃金が支払われなくてはならないということだった。そのために同じ給料を払えるだけのチャージを派遣元は派遣先に交渉するよう指導を受けた。これに応じない派遣先は通報するように言われ、悪質だったら名前を公表するということだった。(13)

総合派遣元会社——W社の技術者派遣

ここまで、技術者派遣元会社の動向をみてきた。次に比較対象として、いろいろな職種の派遣労働を扱う総合派遣元会社の技術者派遣がどのようになっているのかをみていきたい。(14)この会社は外資系であることも特徴の一つである。

W社の特徴

一九六〇年にオランダで創業したグローバルカンパニー。三十九カ国のネットワークがあり、グローバルな契約もあることが特徴だ。すべての人事に関することが、一社で解決できることが強みである。ライフステージによって、あるときは派遣を、あるときは人材紹介をおこなう。派遣労働者のうち、技術者は一〇%程度である。

無期雇用への転換については労働契約法（労契法）の五年、派遣法の三年の区切りの二〇一八年をターゲットに準備を進めてきて、順次声をかけていったという。日本の大手総合派遣元会社では、対象者全員には声をかけなかった会社もあり、(15)法にのっとって公明正大に声をかけ、積極的に無期雇用転換をはたらきかけたとするW社の話は印象的だった。また「有期雇用—無期雇用—社員の三層で考えている」という。無期雇用スタッフは社員ではないが、休職などを含めた福利厚生は有期スタッフと正社員の中間ぐらいで、事業戦略部のDさんは「中二階」と表現した。

技術者派遣

二〇一六年にＩＴ系のプログラムや機械設計などエンジニア部門がある会社を子会社化し、強化している。労働市場で売れるスキル、経験、専門性としてＩＴ系の求人倍率は三倍から四倍であり、技術者の需要はきわめて高い。研修センターで、ある程度の知識と経験を積みながら、実際の現場でより高度な仕事にトライしてもらう。技術者の雇用形態としては、三類型が存在するという。

①入社時から無期雇用派遣でＹ社、Ｘ社などと同様に「正社員」として扱っている類型。このタイプは、技術者としての経験も実績もあり、専門性が高い仕事に従事していて、かつ本人も正社員を志向している。以前にメーカーなどの正社員の技術者だったケースも多い。派遣技術者のなかの約二〇％である。②１：入社時から雇用形態は無期だが、「正社員」ではなく無期雇用派遣社員として扱っている類型。この場合には、技術者として一人前に業務はこなせるが本人が身分に対するこだわりをもっていない。昇進したり多くの現場で経験を積むよりも、いまの業務に専念してコツコツと続けたいようなモデルが考えられるという。②２：有期雇用から、派遣法・労契法で必要とされる契約年限を満たして無期雇用へ転換する類型。この場合、「技術者」といえど業務自体はシンプルだったり、作業的業務から転身してきたりと、技術者としては「ジュニア」な要素が多いケースが考えられるという。②の無期雇用派遣の技術者（正社員と有期派遣の間の中二階のような状態）が派遣技術者全体の約二〇％である。③有期の派遣技術者。派遣技術者の約半数にあたるという。

技術職の場合、業務の専門性のほか職務の内容、本人の志向（正社員希望の有無）、スキルに相当な幅があり、それぞれが複合的に関係するので、このような多層な構造になるという。正社員と無期雇用派遣社員とでは、異動の範囲や管理的職務の有無が異なるとされる。技術者は専門領域に特化した仕事が多いので「会社員としてのキャリア」に興味を示さない、むしろわずらわしいと感じるスタッフも少なくない。

またスタッフ自身はまだまだ未熟でも、最初から無期で雇い入れ（②）、専門知識を社内で研修、トレーニングし、成長に応じて正社員へ（①）キャリアアップを図るというスキームで活躍するスタッフも多いので、固定ではなく本人の意思とスキルによって流動性がある、ということが特徴だという。

本節のまとめ

以上、派遣元会社の法改正への対応や派遣技術者の雇用形態などについてみてきた。二〇一五年改正法には、技術系大手派遣元会社の業界団体Zのはたらきかけがあったこと、技術職の無期雇用派遣正社員を「正社員」と呼称するお墨付きを「当分の間」得たことがわかった。その業界団体の旗振り役を果たし盟主と目されるY社では、派遣技術者を管理部門の社員と変わらず「正社員」とし、不況下にあっても雇用を守り抜いてきたことが示された。一方、同じくZ団体のメンバーだが急速に拡大してきているX社は、対内的、新卒採用では「正社員」と表現するものの、対外的には「技術職社員」を用いていて、揺らぎがある呼称表現をしていた。それは、大量に採用することもあり、大手メーカーにいけず、将来の転職をめざしてキャリアの第一歩として入社する者もいれば、職種にこだわる者、なんとなく入ってしまった者など、多様な人材を受け入れているからかもしれない。最後に、外資系の総合派遣元会社では、本人の技術力や志向に合わせ、雇用形態を柔軟に設定し対応していることがわかった。

3　派遣技術者の実態――インタビューから

本節では、派遣技術者二人と人材開発や新卒就活支援を続けてきたキャリアコンサルタントへのインタビューを通して、「正社員」、「無期雇用」と派遣技術者との関わりを明らかにしていく。

事例①　Eさん：五十歳代前半

二〇一六年二月と一九年十月にインタビュー調査をしたEさんについて述べていく。家庭の事情で大学進学を断念し、アルバイトからソフトウエア開発の仕事に就き、三十歳を超えて派遣社員になったEさんにとって、派遣法改正の影響はどのようなものだったのだろうか。

Eさんは二〇一八年九月、派遣法改正完全施行のタイミングで、派遣元からの申し出によって無期雇用派遣になった。派遣元は中堅の技術者派遣元会社だが、「正社員」という言葉は一切用いられなかったという。派遣元での有期派遣から無期雇用派遣への転換とだけ説明を受けたのは、ウェブ調査（第1節）でみたように無期雇用派遣技術者（ソフトウエア開発）のうちの四六・五％を占めている。派遣先は一一年から勤務しているところのままである。一六年インタビュー時、ソフトウエア開発は旧専門二十六業務の一つとして同一職場での派遣期限の定めがなかったが、派遣法改正で専門業務の枠組みが撤廃され、雇用が不安定になることに不安を感じていた。[16]しかし、派遣元からの申し出でその不安は払拭されたようである。

無期雇用派遣になって以降に変化したことは、客観的にみると賃金が上がったことである。時給が二千二百円から二千三百五十円になった。前述のウェブ調査でソフトウエア開発では四分の一の人が「無期雇用になって変化したこと」として賃金が上がったと回答していた。Eさんは、二〇一六年当時も「時給を上限まで上げてもらっている」ということだったが、さらに上がったことになる。しかし、時給が上がったのは、無期雇用派遣にかったからというより、業績と勤続年数からだと認識している。また、前述の調査で、ソフトウエア開発では無期雇用派遣になってからの待遇の変化として、「特に変化はない」と回答した人が最も多かった（四四・二％）が、Eさんの認識も同様である。通勤手当も出ないという説明を受けたそうだが、一九年四月から同一労働同一賃金の施行によって六カ月ごとの定期代が出るようになったという。社会保険はもともとあったがそのほかの手当てはなく、ボーナスも出ない。しかし、派遣元との関係は悪くないので「目をつむることは目をつむり」自分の身は自分で守っている。あまり権利を主張すると、「ＩＴ派遣業界のブラックリストに載ってしまう」という。

仕事そのものは、インターネットの開通に関わる仕事ということに変化はない。しかし、インターネットの開通の仕事で、注文を受けるだけではなく、相手の必要に応じてどうしたらいいか、プログラマーからプロジェクトマネージャーにまで提案する。具体例としては、開通の申し込みの電話が減り、人も減らされたとき、それをカバーするために自動化、電子化のシステムを考案、設備の設計をした。職場では「欠くべからざる人」とされている自負がある。以前に同じ部署だった人の仕事に水面下で協力するなど、自分の業務以外のこともフォローし貢献している。技術＋αが重要であり、持ちつ持たれつだと考えている。

また、派遣元には「現場で×人必要になりそうだ」などの営業利益になりそうな情報を提供するような努力をしている。「営業もしている」と表現していた。そんなＥさんは、派遣元でも欠かせない人材と思われているようである。派遣元会社で、新しく入った派遣社員だけがＲＰＡという研修を受けられると聞き、それはおかしいだろうと直談判し大もめにもめた。その研修を受けられないなら派遣元会社を移ってもいいと言ったら、ベテランの派遣社員としてはＥさんだけその研修を受けることができたという。

いまの部署は十五人が正社員、十五人が派遣や出向などの社員で、よく聞く「働きアリの話」と同様、「働く」正社員は二〇％はどという。親会社からの天下りや、出向あるいは出世の道から外れた人たちでやる気がないか、休職もしくは休職明けで仕事をしていない人たちが多く、Ｅさん自身のモチベーションは下がる。しかしそれでも、二〇％の「働く正社員」の人に大事にされたり必要とされたりしていることで続けられているという。

無期雇用派遣になったことをＥさんは以下のように語る。無期雇用になり「多少守られている」とは感じるが、基本的には「特に何も感じない、有期が無期になっただけ」という。自分の契約が何歳までかも知らないし、勤怠は重要で、無期雇用派遣でもさぼりがちな人はいつの間にか消えていると認識している。

Eさんが派遣先でも派遣元でも「欠くべからざる人」とされる背景に、職場を円滑に回して友好的な人間関係を築き、隙間仕事をやり、空気を読んでたてつかず、システムの改善も進んで引き受けるという人物像が浮かび上がる。メンバーシップ型雇用が中心の日本の会社で重宝される人物像である。職務内容を契約で取り交わすジョブ型雇用と目される派遣労働の、なかでも派遣法制定当時からの「専門業務」に就きながら、契約にはない職場の潤滑油、調整役を果たすのは同じ職場で長く働く本調査の対象者たちに共通してみられる特徴でもあった。相対的に不安定な立場の派遣労働者としての生き残り戦略の一つともいえるだろうが、その一方で首を切られることがない「働かない正社員」たちがいる。ここに見いだされるのは、いわば「メンバーシップの搾取」であり、長年勤務してもいざとなれば雇い止めになる「疑似メンバーシップ型雇用」[17]だといえるのではないだろうか。

事例②　Fさん：二十歳代前半

次に、前節で述べたX社に「正社員」として新卒で入社した派遣技術者で、二〇二〇年二月にインタビューした私立文系大学出身のFさんのケースをみてみよう。

入社の経緯

就活を始めた当初は音楽やファッションなど自分の興味がある業界を狙っていたがうまくいかず、新卒就活支援の民間会社に相談にいった。そこで、技術系に適性があると指摘され、新卒就活支援会社を通すことによって、説明会後、入社することになったX社と一度だけ面接をして内定を得た。「正社員」であり、全国の事業拠点に配属されて、その土地で仕事をします、という説明を受けた。あるときはホンダ、あるときは日産の仕事をするというような派遣労働をするということも理解した。

「そもそも僕、何がやりたいとか、正直いまもですけど、ないんで。ないっていうか、いやじゃない仕事で、なおかつ稼げれば何でもいいいって思っている節があるので」と述べるFさんだが、ことの成り行きに任せて仕方なく、という就職だったといえるかもしれない。採用の経緯をみると、X社が人手不足で新卒採用に手を尽くしている様子がうかがえる。

入社から配属まで

大学四年の十月におこなわれたグループ全体の内定式には千八百人くらい集まった。大卒と専門学校卒が半々という感じだった。その後、X社だけの社会人としての心得を学ぶ研修が入社前に一度あり、四月一日の入社式のあとは全体研修が四日間あった。相部屋の六人は研修も一緒で大卒（文系）と専門学校卒（機械系・IT系）だった。この時点でもう転職を考えている人もいたという。その後、「ものづくり研修」という三カ月の研修が各地でおこなわれた。それは三カ月間製造業大手の工場のラインで作業をするというもので、製造現場でどのような仕事がおこなわれているのか、どのような危険があるのかを知る機会と言われたが、きつくて辞める人がかなりいた（三十人中五人）。毎日三時間から五時間の残業があり、根性を試すためのふるいにかけたのかなとも思った。Fさんはとりあえず三カ月様子をみて、配属先にいってから進退を考えようと思っていたという。「X社の人の集め方は適当だなと思っていて、面接のときも能力というより人柄をみていたし、採るだけ採って、ダメならダメでいい人は勝手にやってという感じ」であると語っていた。底引き網でさらうように採用して、すぐに辞めそうな人はふるいにかけてから派遣し始めるということかもしれない。

その後「マッチしそうな仕事がある、地方だけどどう？」と言われその仕事を受けた。特にやりたいことがなく、「自分にマッチするとはどういうことか」とも聞いていない。その後、八月から半導体大手で研修を受けた。会社全体での研修、コミュニケーションに関する研修、システムの使い方の研修などを受けて現場でメンターから教わりながら仕事に入っていった。この点は、派遣先のＯＪＴで仕事を身に付けていくという説明どおりだといえるだろう。

現在の仕事

半導体大手で、製品開発部門が開発した情報を製品に入れる仕事をしていて、すべてパソコン作業で情報を入れていく。部署内では、正社員、派遣社員の仕事の区別も差別もない。昼勤は十八人でそのうち正社員は十人（うち三人が管理職）、八人が派遣である。ほかに大手派遣元の二社からきているが特に差はない。名簿を見ないかぎり、誰がどこの所属かわからない。しかし、数カ月前に入った派遣の人が全然仕事ができていなくて、ある日突然辞めた。「なんとなくみんなもわかっていると思うけど、仕事がうまくいかないから辞めました」というような話はあった。

Fさん自身はパソコンが得意で、いま自分でパソコンを作るかMacを買うか迷っている。「全然（パソコンを）作る人」という。

待遇

八時半から十七時十五分の定時の昼勤。残業はほぼない。多くても月十時間。二十四時間稼働しているので夜勤の人もいる。月給制で基本給十九万円と職務給二万円で二十一万円とネットに書いてあったとおりだった。専門学校卒・大卒文系・大卒理系と給与が違い、専門学校卒がマイナス二万円、大卒理系はプラス二万円ほどである。昇給は年一回、五月の予定。ボーナスは年二回。一年目でも十二月に十五万円出た。通勤手当は全額出て、社宅家賃の八〇％が会社負担。マイナビで比べても新入社員としての待遇はいいと思っていて、不満はない。

部署の管理職が柔軟な考えをもっていて、残業がないなら作ればいいということで、残業時間にその日にやった仕事の振り返りや勉強をやってもいいと言われている。それで最近プロセスの勉強を始めた。もともと高校までの理系の科目が嫌いではなかった。

派遣元との関わり方としては、K市の派遣元オフィスにはオフィス長、その下に営業が三人いてそれぞれが派遣先を担当している。特に不満がないので半年に一度の定期的なカウンセリング以外は相談しないが、必要があればこの営業の人に直接相談できる。また、派遣先で働いているなかには同じ派遣元の現場のリーダーがいて勤務表を取りまとめている。

今後の展望

営業などに異動する方法があることは自分で調べて知ってはいるが、いまのところ考えていないという。また、とりあえずいつまでこの会社にいるかも考えていない。派遣先に転籍した人というのは、いまのところまわりにはいないが、親戚が同グループの製造業派遣元会社から派遣先の正社員になった事例がある。派遣先で働いて、そこの正社員になるということを推奨している会社であるということは知っている。自分から動こうとすれば手助けしてくれると感じている。

あと二年くらいはとりあえず何も考えずにいるけれど、それ以上たったら二十代のうちに住む場所含め、仕事を考え直さないといけないと思っている。長期的にみたら、移ったほうがいいなとは思っている。大学時代サークル活動で打ち込んできた音楽の関係などの副業については結構考えている。

「正社員」派遣技術者として働くこと

それ自体は悪くないと思うが、本当に無期雇用なのかはわからないと考えている。ただ、日本の大手に新卒で入って仕事を割り振られるのはどうかと思う。自分に合わない仕事を振られるときつい。その点、X社なら技術系と決まっている。ただし、派遣先に依存するという点はある。

「非正規の派遣」はよくないと思うが、正社員だけど派遣、派遣だけど正社員というのは「全然あり」だと思う。正社員だから待遇もいいし、もし派遣先がだめでもほかの場所に行ける可能性があるから。ただ、それを十年二十年と考えたとき、派遣はどうなんだろうとちょっと思う。給料もいつか昇給の限界がきそうである。しかし、普通の正社員でもそういうところがある。だから副業などを考えたほうが安心かもしれないと考えている。「派遣て二十歳代しかみたことない。それがまあまあ不安」。会社も二〇〇八年発足と若く、新卒者を千人単位で採っていて前例がない状況でこのまま増やしていってどうなるのかはわからない。[18]

考察――大量採用される新卒派遣技術者の未来

第2節で述べたX社に入社一年目のFさん。待遇などは会社の話に沿うものと思われる。しかし、入社早々のふるい落としのような研修の話は会社側からは聞かれず、就活支援会社を介してとにかく新入社員の数を確保していることがうかがえた。またFさんは、派遣であるものの「正社員」であるという明確な認識をもっていることがわかる。彼は希望の業種に落ち、その結果「何も考えずに」適性があると就活支援会社に言われ、X社への入社を決めた。メーカーに落ちたが、技術職をめざしていたというわけでも、何かの職種へのこだわりがあったわけでもない。現状に不満はないが、今後どのようなキャリア展開を考えるかが重要になるだろう。

大学生の就職支援を担うキャリアコンサルタントの話

次に、大学生の就職支援をする部署で働くキャリアコンサルタントGさんの知見を記す。Gさんは会社の人事、転職支援、大学生の就職支援などの経験が二十年以上ある。二〇二〇年二月にインタビューをおこなった。

技術者派遣と新卒求人の仕方

技術者派遣の新卒採用の体系は派遣法改正前からできていたが、二〇〇八年のリーマンショックでいわゆる「派遣切り」が横行して以降、技術者派遣元会社も「派遣」という言葉は使いたがらなくなった。そのころから正社員雇用、技術者アウトソーシングという言い方になった。「正社員」雇用という言葉を、Y社やX社などの大手はもちろん、中小の技術派遣元会社もかなり使っていたという。第2節でみたように、〇七年にZ団体が結成され、技術者派遣の「常用雇用」と「正社員」雇用を押し出していったことと重なるだろう。学生相談の立場からは技術者派遣といっている。基本的に「正社員」募集でなければ求人票を受け取らないようにしている。ちなみに、大手の総合派遣元会社が始めている新卒採用の事務系無期雇用派遣の求人は受け取っていない。

技術者派遣の新卒採用

新卒から育てられる余裕がある技術者派遣元会社でないと新卒雇用できなかったが、いま、技術者のニーズが高まり経験者を採用できなくなって新卒に切り替えざるをえなくなり、年々採用数が増えている。大量採用するので、正社員採用をしても、向かない人には本人からギブアップするような研修をもうけているところもあるという。前述したFさんが経験した研修もその一つといえるかもしれない。

求人はSEやプログラマー、ITの分野が多い。機械設計や研究開発もある。ITではいわゆる工程としてはプログラミングや動作確認など「下流」のところが多い。プロジェクト全体の設計を担う「上流」工程の技術者派遣の募集もくるが、専門の学部学科から採用する。しかし、学生は技術者派遣という名前に抵抗感があることもあり、就活指導のスタッフも積極的には勧めていない。

どのような学生が進路として選ぶかというと、あまり考えていない学生とメーカーなどの就職がかなわなかった学生で、大きくはその二つである。前者では、なんとなく自分ができそうな仕事だからと受け、結果として技術者派遣だったというケースが多い。

技術者派遣会社の必要性と無期雇用派遣社員でいる長所

モノづくりの分野では、技術者派遣の会社がないと回っていかないくらい技術者派遣会社に依存している。派遣技術者は働く場所が雇用された会社ではないということであり、特に「正社員」になれば労働基本法で守られている。ただ、自社の管理下になく、派遣先の就労形態に左右される側面はあるが、逆に人間関係がよくないようなときに派遣先を大きく異動させるようなことが可能なので、会社組織にいるよりも働きやすいという側面もありうる。

また、福利厚生は本社機能で働く正社員と派遣技術者の正社員は同じでなければいけない。給与に関していえば、技術者のほうがいい場合もある。給与を上げないとすぐ他社に移ってしまうので、必然的に高騰している状態。キャリア形成としては、技術者としてリーダーになったり、プロジェクトをまとめるプロジェクトリーダーになったのちに、エリアをまとめる管理職になる人もいれば技術力を高めて違う会社でやっていく人もいる。自社内で開発をしていたり、業務請負をしている会社も多く、異動でいろいろと経験することもある。また本社に移って管理部門に入る人もいる。どこもY社に近づけていくようにしているという。派遣というだけでその会社を悪くみてしまう人も多いので、「普通の正社員として、たまたまお客さん先で仕事しているだけというぐらいのイメージで思ってもらったほうが、いまの技術者派遣を言い表しているような気はします」という。

入社した学生たちのキャリア形成

三年くらいのスパンだとあまり辞めておらず、「頑張って続けてくれています」という報告を先方から受けることが多い。勤務地を自宅から通えるところにしてもらったり、希望の仕事内容を聞いて配属してもらったりと融通がきくことが多くなっている。「就活がいやになった」「何がしたいかわからない」というような学生には、いろいろな会社に行かせてくれるので、選択肢を探す中間地点のような扱いで考えてもいいと思う。そこで経験したことを次に生かせる。

ただ、心配なのは三年後五年後どこまで融通をきかせてくれるのかはみえないところがある。「技術者派遣の特徴なんですけども、キャリアを描きにくいっていうのがあって、どうしても異動が多くなればなるほど、技術が広く浅くなってしまう。すると、なかなか年齢相応の技術が身に付かないので、早々に見切りをつけて、そこまで得た技術のなかで、自分がやりたいことができる会社に入って、その専門性を磨くっていう、転職ありきの就職になっているケースは多いと思います」という。前述のように、社内で技術職のリーダーになる、あるいは管理部門に移るということもある。あるいは、派遣先に引っ張られて転籍することもある。そうでなければ、自分自身で転職の可能性を探る必要があるだろう。三十歳までには流されずに先を見極めたほうがいい、という。

人材紹介の仕事に長らく携わってきた立場から、派遣技術者に限ったことではないが「四十歳を超えてくると技術者としてはなかなか先が伸びなくなるとよく言われていてそのあたりで苦戦する人は多い」という。そして、無期雇用、「正社員」であり労働法上は雇用を保証しないといけないが、グレーな部分もあり使い道がなければ退職勧告ということもありうる、とGさんは話す。客先でトラブルを起こしたなどで使い物にならないからと切られた話はよく聞くそうだ。人手不足もあって、採用の基準がものすごく低く設定されていて入りやすい半面、そのまま現場に出してしまうので、結局、業務、仕事そのものとのミスマッチも起こしやすくなっているのかなと感じるという。

本節のまとめ

以上、派遣技術者二人と就職支援のキャリアコンサルタントへのインタビューから、わかることをまとめておこう。まず、無期雇用派遣の多様なありさまが示唆された。第2節でみたように業界大手の技術者派遣元会社が、派遣技術者を「正社員」とし、昇給・ボーナス・諸手当などの処遇をしていた。他方、派遣法改正によって有期派遣から無期雇用派遣になったEさんの事例では、のちに同一労働同一賃金の導入で初めて交通費が出るようになったものの本人がこれと認識するような待遇の変化はなかった。十年間勤務して職場に欠かせないメンバーであるとみなされながらも、有期にせよ無期にせよ間接雇用である派遣労働者であり続けることにメンバーシップ型雇用システムの岩盤の硬さを感じさせられる。

次に、技術者不足から技術者派遣元会社が採用の基準を低く設定して大量の新卒採用をおこなっている状況が確認できた。そして入社した者は「正社員」といえども、ふるい落とすような対応を受けて選別されることがわかった。派遣技術者には、メーカーに落ちた人、職種にこだわる人以外に、なんとなく、仕方なく、その職に就いたという人がいることがわかる。そのうちの一人、Fさんは現状に不満はないものの、二十歳代の派遣技術者しかみたことがなく先がみえないという。Gさんの指摘のとおり、派遣技術者のキャリアの展望は不透明なところがあり、二十歳代のうちに自分の道を見いだすことが重要だろう。

おわりに——派遣技術者：無期雇用派遣社員／正社員／無期雇用正社員などの可能性と課題

本章では、技術職の無期雇用派遣と「正社員」の実態を派遣技術者の量的調査、質的調査、および派遣元会社などからの聞き取り調査によって把握してきた。おわりに、その可能性と課題を記していきたい。

一九九五年に日本経済団体連合会（経団連）は「新時代の『日本的経営』」で、労働者の三類型、「長期蓄積能力活用型グループ」「高度専門能力活用型グループ」「雇用柔軟型グループ」を発表した。本章でみてきた無期雇用の派遣技術者、なかでも「正社員」と呼称される派遣技術者の雇用形態は、いくつかの点でこの三分類を架橋するものといえるのではないだろうか。「正社員」と分類されることによって、技術者派遣元会社の基幹社員だと位置づけることができるだろう。また、派遣社員として、雇用の調整弁の役割を果たしているといえる。仕事の繁閑によって派遣先を渡り歩く存在であることに変わりはない。もう一つ、「専門職」として、多様な働き方の可能性を示す存在ともいえるだろう。技術を磨き、技術者のリーダーになることもあれば、派遣先の正社員に転籍することもある。また、生涯一プログラマーとして職務を全うするキャリア展開もあるだろう。そこには、「正社員」の概念を広げるにとどまらない可能性が見いだされる。

他方、課題としては次の点が挙げられる。

第一に、キャリア形成の問題である。特に、需要拡大によって大量に採用された新卒の派遣技術者たちは、「正社員」という言葉の磁力に引かれて就職したものの、どのようにしてキャリア形成しうるのだろうか。業界の盟主Y社でも、同期入社のうち定年を迎えたのは一〇%以下だった。前述したようなキャリア展開の可能性もあれば、Gさんがいうように、広く浅く身に付けた技術が、気がつけばどこにも通用しないものとなったまま年齢を重ねることもあるだろう。

派遣元会社は派遣技術者のキャリア形成に真剣に向き合う必要がある。二〇一五年改正法でも派遣元は派遣労働者のキャリアアップを図るため、段階的で体系的な教育訓練をする義務が定められた。特に、無期雇用派遣労働者に対して実施する教育訓練は、長期的なキャリア形成を念頭に置いた内容のものであることとされている。X社では第2節で述べたようにキャリアデザイン研修を実施していた。またZ団体に参加しているV社は技術戦略マップを作成、人材育成に生かしているという。[19]しかし、JILPTの調査[20]によれば、キャリアラダーやキャリアマップの有無について、事業別では専門・技術系(二一・八%)、雇用形態では無期雇用派遣だけの派遣元会社(二一・三%)が相対的には高い比率でそれらを有していることが示されているもののわずか二〇%台という状況である。

それと同時に、派遣技術者一人ひとりが自分でキャリアを切り開く知識と意志をもつ必要があるだろう。ウェブ調査の回答者である二千万円以上の年収を稼ぐ派遣技術者は二人とも有期派遣技術者だった。また、第3章「派遣労働を積極的に選択するのは誰か」(鵜沢由美子)で、ソフトウエア開発の技術者が積極的にやりがいのある仕事に挑戦し、有期派遣の働き方を選んでいる事例も示した。他方、X社のインタビューで語られていたように、無期雇用の派遣技術者の給与は派遣先ごとに異なる賃金をならして、社内で調節して年功的賃金になるよう支払われるという。無期雇用派遣の「正社員」になるということは、雇用の安定と引き換えに、自らの専門性を生かして職務記述書に従って契約し、それに見合う報酬を得るというジョブ型雇用契約とは遠くなることだといえるのかもしれない。

課題の二点目として、技術者にかぎらず派遣労働者が無期雇用派遣に転換した事例で見受けられる「疑似メンバーシップ型雇用」[21]の問題が挙げられる。第3節で述べたEさんは、十年同じ職場に勤務し技術力と調整能力によって職場で「欠くべからざる人」になっていた。しかし、年齢や学歴などがハードルになり、派遣先の正社員として受け入れられることなく、二〇一五年の派遣法改正でようやく派遣元の無期雇用派遣になるにとどまっている。その職場では、「働く」正社員は二〇%ほどだという。大内伸哉は派遣法が導入されるとき、派遣労働者を正社員の代替にはしない、すなわち「常用代替の防止」ということが「中核的な理念(22)」だったが、一五年の改正によってこの「理念を放棄したのと変わらない状況になった(23)」と指摘する。派遣元会社で無期雇用契約をしている派遣労働者が、実質的に正社員の仕事を担いながら正社員と有期スタッフの間の「中二階」の待遇に留め置かれることが増えるかもしれない。立ち上げの段階から研究を担当し、特許取得に結び付けたにもかかわらず、派遣技術者ということで特許取得者名簿から外される事例も少なからずあるという(24)。

労働者は属性や雇用形態に関わりなく、労働そのものに見合った報酬を得るべきである。そのためにも、二〇二〇年四月から導入された同一労働同一賃金がどのように実現しうるかが重要である。派遣先が技術レベルと賃金テーブルを開示し、それに見合う価格をチャージして派遣元に支払うということがどこまで可能になるのか。派遣元会社の交渉力と厚労省の動向に注目していきたい。

注

(1)「「多様な正社員」について」「厚生労働省」(https://www.mhlw.go.jp/stf/seisakunitsuite/bunya/tayounaseisyain.html)［二〇二一年四月二十六日アクセス］

(2)派遣事業所数は二〇一八年六月一日現在で七万三百七十カ所だったが、二〇一九年六月一日現在では三万八千百二十八カ所に減少した。「労働者派遣事業の令和元年6月1日現在の状況（速報）」「厚生労働省」(https://www.mhlw.go.jp/content/11654000/000615282.pdf)［二〇二一年四月二十六日アクセス］

(3)技術者に該当する業務として第一号「ソフトウェア開発」、第二号「機械設計」があった。なお、派遣法改正前の派遣労働者全体に対する比率はそれぞれ「ソフトウェア開発」七・五%(男性では一四・一%)、「機械設計」四・七%(男性では九・四%)だった(厚労省「平成24年派遣労働者実態調査」)。

(4)特定派遣事業では無期雇用が条件で雇用が安定するとみなされてきたが、実際には契約社員という名目で三カ月の有期雇用契約を繰り返すという行為が横行しているなどの指摘が多く、今回の改正につながったという。「特定派遣廃止の影響とその対応について」「ニアショア機構」(https://www.nearshore.or.jp/report-tokuteihaken/)[二〇二一年四月二十六日アクセス]

(5)二〇一九年七月インタビューを実施した。なお、本章のインタビューによる記載は逐語的にテープ起こしし、二人以上の調査者で筆記した資料をもとにしている。

(6)一九七四年に設立され、八七年に人材派遣業界で初めて株式を公開した技術者派遣業界のリーディングカンパニー。

(7)二〇二〇年三月現在では七社が加盟している。一〇〇%無期雇用としないのは、会社によっては、ある部門を有期雇用で実施したい、あるいは有期で働きたい労働者を尊重するという理由による。

(8)厚生労働省「労働者派遣事業関係業務取扱要領(第七の二十四)」厚生労働省、二二七ページ

(9)風間直樹/西澤祐介「非正規が消える 無期雇用化、同一賃金の衝撃」「週刊東洋経済」二〇一八年三月十七日号、東洋経済新報社、四九ページ

(10)「労働者派遣法改正に関するZ団体からのお知らせ」「Z団体ウェブサイト」(http://www.neoa.or.jp/data/leaflet.pdf)[二〇二一年四月二十六日アクセス]

(11)Z団体に加入するほかの技術者派遣元会社の派遣技術者も、Aさんと同様に派遣元の看板を背負っているという自覚をもって働いていることが示唆されている。渋谷和宏『働き方は生き方――派遣技術者という選択』(幻冬舎文庫)、幻冬舎、二〇一六年、一四五ページ

(12)二〇一九年七月、ソフトウエア会社を経営していたが転職してX社に入社した取締役のBさん、大手製造業の技術者として勤務後派遣技術者としてX社に入社、研修センター所長になったCさんにインタビューを実施した。

(13)同一労働同一賃金を実施していく際の懸念事項として、顧客が支払いを抑えるため請負契約で依頼、結果として業界内で再び偽装請負が問題になることが挙げられた。

(14) 二〇一九年七月のインタビューとメールによる追加調査による。
(15) 派遣労働者へのインタビューによる。
(16) 二〇一六年インタビュー調査の詳細に関しては鵜沢由美子「派遣労働における旧「専門業務」の現状と課題」(「大原社会問題研究所雑誌」二〇一八年八月号、法政大学大原社会問題研究所)を参照。
(17) 鵜沢由美子「非正規労働とインターセクショナリティ――日本の派遣労働を中心として」、国際ジェンダー学会二〇二〇年大会シンポジウム一「「ジェンダーと交差性(インターセクショナリティー)」から新しい連帯を考える」第三報告レジュメ、二〇二〇年
(18) 実際にX社の所属技術者の年齢構成をみると、二十歳代が六五・九%、三十歳代一九・一%、四十歳代一〇・三%、五十歳代三・六%、六十歳代〇・九%、十代と七十歳代が〇・一%になっていて、圧倒的に二十歳代が多い(X社会社案内)。
(19) 前掲『働き方は生き方』一一九ページ
(20) 労働政策研究・研修機構「派遣元事業所のキャリア形成支援と雇用安定措置――派遣労働者の人事処遇制度とキャリア形成に関する調査」「JILPT調査シリーズ」No.209、労働政策研究・研修機構、二〇二一年
(21) 前掲「非正規労働とインターセクショナリティー」
(22) 大内伸哉「キーワードからみた労働法(第124回)――無期雇用派遣と有期雇用派遣」「ビジネスガイド」二〇一七年十一月号、日本法令、八八ページ
(23) 同論文九二ページ
(24) 前掲『働き方は生き方』六六ページ

第8章　派遣労働者をめぐるハラスメント

田口久美子

はじめに――派遣労働者へのハラスメントを取り上げる意義

本章では、派遣労働者に対するハラスメントを重点的に取り上げる。もとよりハラスメントは、派遣労働だけでなく、正社員を含み様々な就労形態で生じている。しかしながら、派遣労働という就労形態の特殊性[1]にかんがみ、派遣労働のハラスメントは雇用の安定や人権侵害の側面から、特に重要な問題をはらんでいることが察せられる[2]。また、労働者派遣法の改正（二〇一五年）後、契約更新を渋る、いわゆる「派遣切り」も散見されるなど、派遣労働者にとってハラスメントは労働の機会や生活の糧を失い生活基盤を奪われることに直結する。これらから、派遣労働者へのハラスメントは人権上の大きな問題とみなしうる。

一方、総務省による二〇二一年一月分の統計[3]では、雇用形態別の女性比率は、派遣労働者で六一・〇％（女性八十三万人に対して男性五十四万人）であり、パート（女性八百九十二万人に対して男性百十五万人：八八・六％）の女性比率に次いで高い。女性比率が高い就労形態である派遣労働のハラスメントは、とりわけジェンダーによる影響を受けやすいと考えられる。こうした、制度的・法的な背景やジェンダーという側面にかんがみ、派遣労働者へのハラスメントについて、その実態をリアルにつかむことは、派遣労働の課題を明確にするうえで必須である。本章では、こうした問題意識に基づき、派遣労働のハラスメントの実態を明らかにしていくことを目的とする。

1　分析の視点

ハラスメントの的確な把握——派遣労働者の苦しみと困難を明確にするための実態把握

派遣労働者については、厚生労働省や派遣元会社を束ねる協会などによって経年的な実態調査がおこなわれてきた。直近のものでは厚生労働省、(4)日本人材派遣協会(5)などが実施した調査がある。

例えば、前者は、二〇一五年改正法（二〇一五年九月十一日成立、一部を除き同年九月三十日施行）前後の労働者派遣の実態を事業所と労働者の双方から把握することを目的とした調査である。標準産業分類に基づく十六大産業のうち、五人以上の常用労働者を雇用している事業所約一万七千カ所とそこで働く派遣労働者一万四千人を対象として、二〇一七年十月一日の状況について派遣労働者実態調査をおこない、一万百五十八カ所、派遣労働者八千七百二十八人から有効回答を得ている。

それによれば、「派遣労働者からの苦情」を受けたと回答した事業所は四・八％であるのに対し、派遣労働者への調査では苦情を申し出たことがある派遣労働者は一七・六％にのぼる。事業所の苦情の受け止め率と派遣労働者の苦情の申し出率の違いは何を意味するのかについて、深く分析する必要があるだろう。派遣労働者が「苦情」を申し立てたのに対し、事業所は「苦情」と受け止めていないこと、あるいは苦情を申し立てたいが契約更新をしてもらえないことをおそれて、訴えずに我慢していることなどが推測されるからである。

この齟齬が生じる理由は、同調査結果での、事業所が「派遣労働者を就業させる理由」から推測することができる。理由（複数回答）として最も多かったのは、「欠員補充等必要な人員を迅速に確保することができるから」の七三・一％、二番目が「一時的・季節的な業務量の変動に対処するため」で三五・八％だった。つまり、派遣労働者を就労させている事業所の多くは、欠員を迅速に補うために派遣労働者を雇っているのだが、およそ三分の一の事業所は、一時的な就労者とみなしていることがわかる。派遣労働者から苦情が寄せられても、短期間の就労だからという理由で事業所が苦情への対応を先延ばしにする、あるいは派遣労働者が苦情を訴えようとしていた矢先に契約を打ち切られる、という事案もありうる。

ならば、派遣労働者の苦情をより正確に把握する必要があるだろう。続けて、派遣労働者への調査から苦情の申し出についてみてみよう。苦情の内容に注目すると、総数で最も多いのは「人間関係・いじめ・パワーハラスメント」で二八・一％。男女別では女性が三五・八％、男性は一五・六％と女性の訴えが男性の二倍以上多い。次に多い「業務内容」は総数で二七・四％。女性が二五・六％、男性は三〇・四％で男性のほうがやや多い。

一方、「セクシャル・ハラスメント」は総数で〇・七％（女性は一・〇％）、「妊娠・出産を理由とする不利益な取り扱い」は該当数値なし（つまりゼロ）、「育児休業・介護休業を理由とする不利益な取り扱い・ハラスメント」は〇％に近い数値になっている。

まとめると、「人間関係・いじめ・パワーハラスメント」を申し出た派遣労働者はおよそ三〇％で女性に多く、セクハラは女性で一％、マタニティハラスメント（マタハラ）や育児・介護休業によるハラスメントは苦情の申し出がほとんどない、ということになる。

ここで注意すべきは、設問が派遣労働者による「苦情の申し出」だという点である。「ハラスメントを受けた」や「不当な扱いをされた」という経験をした割合ではなく、その経験に基づいて苦情を派遣先会社もしくは派遣元会社に実際に申し出た割合の数値である。しかし、苦情を申し出るには高いハードルが存在する。この事態は、事業所がいみじくも、派遣労働者を雇う理由として「一時的・季節的な業務量の変動に対処するため」を高確率で挙げていることと表裏一体である。派遣労働者にしてみれば、契約をいつ切られるかもしれないような雇用形態であることから、契約継続を望む場合には、派遣先会社や派遣元会社に苦情を申し立てるのはリスクが伴う。

ハラスメントを受け、苦しい思いをしているのに苦情を訴えられないことそれ自体も改善すべき事態だが、それだけでなく、派遣労働者の実態を取り扱う統計上の問題として、「苦情の申し出」を問う項目は、派遣労働者の実態を的確に捉える指標としては不十分である。ハラスメントの実態そのもの、経験そのものを捉える必要がある。そのうえで、経験そのものに加え、それを相談したかどうかやそのことによる解決の様相についても把握する必要があると考える。

ハラスメントの実態把握と当事者の内面の把握

ハラスメントの実態（事実）を的確に把握することは必須だが、それにとどまらず、ハラスメントを受けたときの派遣労働者の心情（内面）の把握も重要である。ハラスメントを受けたときの心情は、ただでさえ不安を抱えやすい派遣労働者にさらに追い打ちをかけ、働くことへの意欲を減退させ、生活に打撃を与え、生きる希望を奪いかねないからである。

ウェブ調査とインタビュー調査

ハラスメントの実態やハラスメントを受けた労働者の内面、どのようにして解決に至ったのかを的確に把握するために、自主作成のウェブ調査にハラスメントの項目を盛り込んだ。これまでに積み上げてきたインタビュー調査の結果もふまえ、派遣労働者へのハラスメントを質的・量的な側面から捉え、多角的、具体的、詳細に検討する。

2　インタビュー調査からみるハラスメントの現状

本節では、これまでおこなったインタビュー調査から、ハラスメントの実態を派遣労働者の立場から具体的に捉えて整理する。

マタニティハラスメント(マタハラ)とセクシュアルハラスメント(セクハラ)

二〇一六年インタビュー調査

二〇一六年インタビュー調査で、マタハラやセクハラを受けた研究協力者が存在していた(第4章「派遣労働の現状と課題――派遣労働者として働く人たちの自己概念に注目して」〔田口久美子〕)。妊娠したことを派遣先会社に告げたAさんは、結果的に契約更新で不利な扱いを受けることになった。また、派遣先会社で言葉によるセクハラを受けたBさんは、セクハラに対する是正を派遣元会社を通して派遣先会社に申し出た結果、不利益な契約更新を提示された。第三者的な機関を交えての交渉になったが、Bさんが派遣先会社で働き続けることはかなわなかった。以下に、二〇一六年インタビュー調査のなかからAさんとBさん以外のセクハラの事案(正社員時代の経験を含む)を報告する。

添乗員をしているCさんは、結婚前には運転手から「前泊のホテルを教えろ」とか、「電話番号を教えろ」など言われたことがあったという。セクハラという言葉もなかったころ、上司に勝手に見合いを設定されたこともあったと語る。結婚していなかったが結婚指輪をつけたという。

大学を卒業して金融系の会社に正社員として就職したDさんは、就職して間もなくセクハラを受け、人事部に訴えたところ、人事部から加害者に連絡がいって加害者が怒ったことから会社にいづらくなり、結婚の予定もあったため退社したと語った。

Cさんを除きこれらの事案はさほど以前のことではなく、二〇一二年ごろから一七年三月までの、比較的最近の数年間に生じたことである。正社員にせよ派遣労働者にせよ、雇用形態にかかわらず、女性たちはマタハラやセクハラにさらされていることがうかがえた。セクハラについて「何か言ってしまったら首を切られる、仕事を失うというのに直結している」（Aさん）と言うように、多くの派遣労働者がハラスメントを受けても訴えることができずに我慢していた実態がうかがわれた。

二〇二〇年インタビュー調査

子どもの病気のことで話をしていたら、突然、派遣先会社の男性社員が「病気にいい」マッサージの実演を始めて急に体をさわられてびっくりした（Eさん）という事案もあった。近くで見ていたほかの派遣先男性社員が、のちに「自分がなかに入って相手に言ってあげましょうか」と助け舟を出してくれたが、それは断ったという。派遣元の社員にクレームとして伝えたが、今回は派遣先会社には伝えなくてもいいこと、ただ次回同じようなことがあったら二回目としてクレームを申し立てる、と伝えたということだった。

パワーハラスメント（パワハラ）

二〇一六年インタビュー調査

第4章でも指摘したことだが、本来は正社員がするべき仕事（遠方への出張）を押し付けられたFさんは、断ることができずその仕事を引き受けたが、交通費は支給されたものの、移動にかかった時間給は出なかったと語る。正社員は、多くのいやな仕事を派遣労働者である自分に押し付けてきた、とも語った。それらを派遣元の会社に相談したが、文句を言うと次のお仕事をもらえないから、派遣元から「我慢して」と言われたという。

またGさんは、「〇〇〇（派遣会社の名前）は高いので更新しない」と派遣先会社の社員に言われ、「だいじょうぶです」と言ったのが気に入らなかったのか、最後の一カ月はあまり仕事をさせてもらえなかったと語った。

ハローワークからの紹介で公的機関に派遣労働者として勤めたHさんは、派遣先が求める業務にマッチした仕事ができなかったため、上司からいじめを受けて他部署に異動したが、半年間も仕事を与えられずパニック障害を発症し、「事務はできる」とふみとどまろうとしたが、結局はクビになったと語った。

本来業務以上の仕事を押し付けられ、手当も払われない（Fさん）、「あなたを派遣している○○は高いから」と派遣先社員から言われる（Gさん）、業務のマッチングの不備から生じた派遣先からのいじめ（Hさん）など、これらの事案は、立場が弱い派遣労働者にとっては、派遣先の事業所（事業所の労働者）による強い立場を利用したいやがらせであり、パワハラである。それ以上に、業務以外のことを派遣労働者に押し付けているのは、契約違反である（Fさんの事例）。Hさんの場合は、派遣先の事業所の上司によるいじめで精神的な病を発症しているのであるから、これも明らかに人権侵害であり、深刻なパワハラである。

「派遣労働者」へのまなざし

二〇一六年インタビュー調査

この調査の協力者からは、「どうせ派遣だから」と言われることへの複雑な思いが多々語られた。Fさんは、「どうせ派遣だからと思われていることはひしひしと感じた」、Iさんは、「派遣と正社員が分かれていて雰囲気もあまりよくなかった」と語った。

また、第4章でも、Bさん（第4章ではNさん）が、自分たちのことをウオーターサーバーに見立てたり、Jさん（第4章ではLさん）が自分たちをリースのパソコンに見立てるなど、派遣労働者が自分たちを、「消費される存在」とみていることを指摘した。さらにJさんは名前で呼ばれず、「派遣さん」と呼ばれたり、「○○ちゃん」（派遣会社名）と呼ばれることへの違和感も語った。

一方で、「派遣は時給が高いんだからコマのように働いて」と派遣先会社の上司に言われたと語った協力者も、派遣労働者としての働き方に肯定的だった。

しくストレスが多いと感じていて、派遣労働者という働き方のほうがストレスが少なく、肯定的だった。Kさん語った協力者もいた（Lさん）。ただし、Mさんは、正社員は目標設定があり成果を求められるため、わずらわ「会社は派遣社員をただのコマとしてみている。期待していない。期待していないと派遣社員も感じている」と（Kさん）もいた。「自分はやるべきことはやっている」と、Kさんにはショックな言葉だったようだ。また、

二〇二〇年インタビュー調査

二〇二〇年インタビュー調査で、Nさんは、以前働いていた派遣先会社で「わたしたち、座敷わらしっていう噂があって」と明かした。「普段は見えないんだけど、困ったときだけ見える」からだという。「わたしのこと、見えていないんだなって、みんな〔派遣労働者同士〕でよく話をしていたんですけど」と語る。噂を言いだしたのは誰なのか、どのようにこの噂が広まっていったのかは定かではない。ただ、派遣労働者が、派遣先会社の正社員から普段は「可視化」されておらず、困ったときだけ「可視化」されるものと自分たちの存在を理解していたことがうかがわれる。この発言は、自分たちを、「飲みたいときだけ飲むウオーターサーバー」になぞらえた、二〇一六年インタビュー調査でのBさんの発言や必要なときだけ使う「リースのパソコン」（Jさん）というたとえに連なるものである。

「働いてて思うのは、派遣だからって思われるのがいやなんですよ。あとは、いまいちばん感じるのは、仕事をしない派遣。派遣だからね、責任ないしね、みたいな。それ言われるのが本当にいやで。一生懸命働いている方もいっぱいいるし。ひとくくりにされちゃうのがね、派遣だからって。ものすごいいやです」（Oさん）

二〇二〇年インタビュー当時、同一の事業所で十五年働き続けているOさんは、一五年派遣法改正三年後の雇用安定措置に関して、派遣元から対面で説明があったという。同じ派遣元会社内で無期雇用派遣になれる人となれない人がいて、Oさんは条件を満たしているので無期雇用派遣になれるという話だったという。五年以上仕事

をしている人が条件に当てはまるとも言われたという。Oさんとしては、十五年間働いている職場でこれからも働き続けたいという意思があるものの、継続できるかどうかは派遣先の方針によることを了承したうえで無期雇用派遣の道を選んだ。

同一部署の三人（二人は正社員）のうち最も勤務期間が長いOさんは、正社員がわかっていない業務もこなすという。職場ではなくてはならない存在だろう。「派遣じゃいやなんです」「正社員として働きたいんです」と、無期雇用派遣としてではなく正社員として働きたいとも語った。彼女が語る「派遣だから」と言われることへの嫌悪感には、正社員と同等に（それ以上に）専門の業務をこなしているという自負と、業務に見合わないポジションや待遇へのいら立ちが入り交じっていた。

二〇一六年インタビュー調査、二〇二〇年インタビュー調査からみえてくるのは、派遣労働者の人たちが、正社員と同じ空間（職場、フロア）で働いているにもかかわらず、自分たちが「正社員」から分断された存在で、困ったときに都合よく使われる存在だと感じていること、そして派遣社員というポジションのせいで、派遣先会社から消費されるモノとして扱われていると感じていることである。「座敷わらし」の事例からは、派遣労働者の人たちが、自分たちは業務だけでなく存在までもが評価されず、人間として見られていないと感じていることが見て取れる。派遣労働者は疎外感や孤独感を抱いているのである。

3　ウェブ調査からみるハラスメントの現状

前節では、経年的におこなってきた派遣労働者へのインタビュー調査から、マタハラ、セクハラ、パワハラの事例を検討した。また、座敷わらし、ウオーターサーバー、リースのパソコンなどに自らをなぞらえ、消費される存在、都合がいいように可視化され使われる存在、という自己概念をもつに至った派遣労働者の語りを抽出した。本節では、ウェブ調査のうち、ハラスメントに関する項目を取り上げて分析し、考察する。

　なお、ウェブ調査では、マタハラ、セクハラ、パワハラを含めた「ハラスメント」についての定義づけをあえておこなわなかった。本章全体を通じてのことでもあるが、派遣労働者自身の「ハラスメント」を受けているという意識の有無を重視し、派遣労働者の立場からハラスメントへの意識と実態を明らかにすることが重要だと考えたからである。なお、アンケートで提示したハラスメントの具体的な内容の項目（選択肢）は、経年的なインタビューデータやハラスメントを取り扱った調査などを参考にピックアップした。

ハラスメントの現状

ハラスメントの経験の有無

　派遣先でのセクハラ、パワハラ、マタハラのいずれかの経験の有無を聞いたところ、五百五十七人（三三・八％）が経験あり、と答えた。男女別では、男性が三百六人（三七・〇％）、女性二百五十一人（三〇・五％）と、人数、パーセントともに、男性のほうが女性を上回った。「男性のほうが女性よりもハラスメントを受けている」とはどういうことだろうか。続けてハラスメントごとの実態を詳しくみていこう。

セクハラの実態

　セクハラ、パワハラ、マタハラのうち、いずれかを受けたことがあると回答した女性二百五十一人、男性三百六人のうち、セクハラを受けたことがあると回答した女性は百二十三人、男性は百二十一人だった。「セクハラを受けたことがある」という回答は、女性全体の一四・九％、男性全体でも一四・七％にあたり、男女合わせると一四・八％ということになる。セクハラを受けたと回答した協力者について、性別、セクハラの内容別に件数を整理したものが表1である。

　ａからｆまでのセクハラの件数は、女性が二百四十四件、男性が百七十三件であり、件数では女性が男性をか

表1　セクハラの内容・男女別データ（複数回答）（筆者作成）

内容		女性（n=123）		男性（n=121）	
		人数	%	人数	%
a	性的なことや卑猥なことを言われた	61	45.9	31	25.6
b	執拗にデートや食事に誘われた	55	41.4	39	32.2
c	必要がないのに体に触られた	49	36.8	28	23.1
d	身体や容姿について嫌なことを言われた	39	29.3	39	32.3
e	性的な関係を強要された	15	11.3	12	9.9
f	その他	25	18.8	24	19.8

なり上回った。「性的なことや卑猥なことを言われた」「執拗にデートや食事に誘われた」「必要がないのに体に触られた」は女性のほうが件数が多く、セクハラに占める割合でもおよそ一〇ポイントから二〇ポイント高い。仕事をしている場面や職場で、不快な思い、いやな思いや恐怖を抱いていることがうかがわれる。「性的な関係を強要された」も女性のほうが若干多いが、男女ともにみられ、仕事をするうえでの大きなリスクになっている。「身体や容姿について嫌なことを言われた」は男女同数で三十九人が挙げていて、男性では「セクハラ」の内容では「執拗にデートや食事に誘われた」と同数で最も多い。

派遣労働者千六百五十人のうち、性に関する言動やデートに誘う、性的関係の強要、体を触る、身体や容姿に関する誹謗・中傷などのセクハラを訴えた人たちが、男女ともにおよそ一五％もいたということ、さらにセクハラの内容で個別にカウントすると、女性のほうが件数が多いことは重視すべきことである。

パワハラ

ハラスメントを受けたことがあると回答した女性二百五十一人、男性三百六人のうち、パワハラを受けたことがあると回答した女性は二百二人、男性は二百六十四人だった。パワハラを受けたことがある協力者は、女性全体の二四・五％、男性全体では三一・九％にあたり、男女合わせると四百六十六人、全体の二八・二％がパワハラを受けているという結果になった。女性ではおよそ四分の一、男性では三分の一弱がパワハラを受けていた。パワハラを受けたと回答した協力者について、性別とパワハラの内容別に件数を整理したものが表2である。

表2　パワハラの内容・男女別データ（複数回答）（筆者作成）

内容		女性（n=202）		男性（n=264）	
		人数	%	人数	%
g	身体的な攻撃（殴る、けるなど）を受けた	4	2	34	7.8
h	精神的な攻撃（人格否定）を受けた	121	59.9	159	60.2
i	仕事をはずされた	54	26.7	65	24.6
j	業務に直接に関係ない過大な仕事をさせられた	41	20.3	48	18.2
k	業務とは異なる過小な仕事をさせられた	34	16.8	46	17.4
l	職場内で孤立させられた	56	27.7	52	19.7
m	その他	63	31.2	67	25.4

表3　マタハラの内容別データ（複数回答）（筆者作成）

内容		女性（n=16）	
		人数	%
o	妊娠に際して嫌がらせを受けた	6	37.5
p	出産後、配置転換などの嫌がらせを受けた	4	25.0
q	その他	9	56.3

パワハラは、セクハラと異なり、「職場内で孤立させられた」を除き、男性のほうが件数が多く、トータルの件数も男性（男性四百七十一件、女性三百七十三件）のほうが多い。特に男性が女性に比べて多く受けていると答えたのは、「身体的な攻撃（殴る、けるなど）を受けた」「精神的な攻撃（人格否定）を受けた」であり、ともに女性より三十人以上多く経験ありと回答している。「精神的な攻撃（人格否定）を受けた」の項目は男女それぞれがともに百人以上、合わせて二百八十人が選択（パワハラを受けた人たちの六〇・三％）していて、ほかのセクハラ・マタハラに比べても男女ともに最も多く選択された内容であり、深刻に受け止める必要がある。

「仕事をはずされた」「業務に直接に関係ない過大な仕事をさせられた」「業務とは異なる過小な仕事をさせられた」など、業務そのものに関わるいやがらせも多く挙げられている。特に「仕事をはずされた」は男女ともに二〇％を超えていて、労働者としての自らのアイデンティティや存在意義に直結するハラスメントであるだけに、注目すべき項目ということができる。

また、セクハラに比べて「その他」の回答率が高いことから、今後はさらにインタビューなどを通して、より具体的なパワハラの内容を例示していくことが課題として浮かび上がった。

マタハラ

マタハラは女性からだけ十六人から回答が寄せられた。「妊娠に際して嫌がらせを受けた」が六件、「出産後、配置転換などの嫌がらせを受けた」が四件、その他が九件だった。妊娠、出産は、人間として当然の権利であり、働くこともまた当然の権利である。そして、妊娠・出産は新たな命に関わる重要な営みである。ワーク・ライフ・バランスの充実が叫ばれて久しい。マタハラは、ライフの充実や命・人権に関わる重要な問題として重視すべき問題である。マタハラについても、パワハラ同様「その他」の比率（五六・三％）が高かったことをふまえ、アンケート項目の精査が課題である。

全体を通してみえてきたこと

セクハラ、パワハラ、マタハラのいずれかを受けたことがあると答えたのは女性よりも男性のほうが多かった、というのは筆者にとって意外だった。

だがハラスメントを三つのくくりでみると、セクハラは女性からの訴えが多く、言葉や行為によるいやがらせの訴えは明らかに女性のほうが多い。すでに述べたように、二〇一六年インタビュー調査でのBさんのセクハラの事例では、セクハラに対する異議申し立てが、契約上の不利益という結果をもたらした。派遣先会社での男性正社員による女性派遣労働者へのセクハラの罪は重い。加害をした人間がそのまま優位な立場にとどまり、ハラスメントを受けた弱い立場の派遣労働者がさらに不利益をこうむるのは二重の差別ではないだろうか。

今回のウェブ調査では、性的関係を強要されたり身体や容姿についていやなことを言われるのは女性ばかりではなく、男性からの訴えも一定数あることがわかった。今後、セクハラについて、女性からの訴えはいうまでもないが、男性からのセクハラの訴えにも目を向けていく必要があることが明らかになった。

パワハラでは、「精神的な攻撃（人格否定）を受けた」と回答する協力者が多いことが明らかになった。二〇二〇年インタビュー調査で「派遣だからって思われるのがいやなんですよ」と語ったOさん、同じ調査で、普段は正社員からは見えずに困ったときにしか見えない「座敷わらし」だと自嘲するNさん、こうした声も「人格否定」を連想させるものであり、パワハラにつながるおそれがある。

また、パワハラの訴えは男性からのほうが全体としてやや多い。とりわけ「身体的な攻撃（殴る、けるなど）を受けた」「精神的な攻撃（人格否定を受けた）」はともに女性より三十件ほど多い。殴る、けるなどは肉体的な被害に直結し、看過できないものである。精神的な攻撃（人格否定）も男女ともに訴えが多かったため、具体的な攻撃の内容を、今後インタビューなどによってさらに明らかにしていく必要があるだろう。

ハラスメントを受けたときの気持ち

それではこうしたハラスメントを派遣先会社で受けたときに、派遣労働者はどのような気持ちになるのだろうか。複数回答で尋ねたところ、下記のような結果になった。

表4　ハラスメントを受けたときの気持ち（複数回答）（筆者作成）

n=556

	項目	人数	%
r	悲しかった	198	35.5
s	会社に行くのが怖くなった	191	34.3
t	仕事への意欲が減退した	335	60.1
u	人を信じられなくなった	173	31.1
v	うつ状態になった	98	17.6
w	仕事以外のことにもやる気がしなくなった	154	27.6
x	人権を傷つけられたような気がした	173	31.1
y	その他	94	16.9

なんらかのハラスメントを受けた五百五十六人のうち、最も多かったのは「仕事への意欲が減退した」（三百三十五人、六〇・一％）であり、ハラスメントを受けた派遣労働者のうち過半数が仕事への意欲が減退していた。派遣労働者に対するハラスメントが労働意欲の減退につながることは、心身面への影響という点だけでなく、収入や生活の安定、働く権利の侵害と

いう点からも重く受け止める必要がある。

「悲しかった」（百九十八人、三五・五％）と「会社に行くのが怖くなった」（百九十一人、三四・三％）もハラスメントを受けた人のおよそ三分の一が感じていて、「人を信じられなくなった」（百七十三人、三一・一％）、「人権を傷つけられたような気がした」（百七十三人、三一・一％）も三〇％以上で高かった。また、三〇％弱（百五十四人、二七・六％）が「仕事以外のことにもやる気がしなく」なり、二〇％弱（九十八人、一七・六％）が「うつ状態」という精神的に厳しい状況を呈していた。

精神や身体にひどい仕打ちを受け、悲しい思いをし、結果的に仕事への意欲が減退したり人間不信に陥り、仕事以外のことにもやる気を失ったことは明らかな人権侵害の被害であることを派遣先会社や派遣元会社は真摯に受け止め、実態をしっかりと把握し、ハラスメントの防止に尽力しなければならない。

ハラスメントを受けたときの相談

ハラスメントを受けたとき、派遣労働者はどこに相談しているのだろうか。ハラスメントの種類ごとに分析する。

セクハラの相談先

セクハラを受けた女性の相談先（複数回答）として最も多いのは派遣元で、四十二人（三二・三％）、次に多かったのは派遣先で二十六人（一九・五％）だった。男性の相談先は、派遣先と派遣労働者が相談できる団体（組合）が同数で三十八人（三一・四％）、次いで派遣元が二十七人（二二・三％）だった。女性が派遣元に多く相談しているのに対して、男性は派遣先や団体・組合に相談している。相談先のジェンダー差について、統計上の有意差（カイ二乗検定）で差があったのは、派遣先（$\chi^2=4.725, p < .05$）と団体・組合（$\chi^2=37.021, p < .05$）だった。統計上ジェンダー差があった相談先について以下に考察する。

セクハラの問題について、男性のほうが派遣先に相談する率が高いことをどう考えればいいのだろうか。これには二つの仮説が立てられる。一つ目の仮説は、派遣先の雇用管理者に男性が多いと推測されることに関わる。同性だから相談しやすい、という心理が働くと考えられる。

第二の仮説は、多くの統計（例えば厚生労働省[6]）から男性は女性に比べて常用型派遣が多いとわかっていることが関わる。男性は仮に当該の派遣先から契約を打ち切られたとしても、登録型の派遣労働者に比べれば契約や雇用上の安定を一定程度担保できていると考えられるのである。

表5　性別・相談した割合（筆者作成）

	セクハラ			パワハラ			マタハラ	
	相談％	χ^2	(n)	相談％	χ^2	(n)	相談％	(n)
1 派遣元会社								
女性	32.3%		133	46.0%		202	25.0%	16
男性	22.3%		121	35.2%		264	-	-
計	27.6% †		254	39.9%*		466	25.0%	16
2 派遣先会社								
女性	19.5%		133	23.3%		202	6.3%	16
男性	31.4%		121	22.3%		264	-	-
計	25.2%*		254	22.7%		466	6.3%	16
3 派遣労働者が相談できる団体（組合）								
女性	3.0%		133	2.5%		202	0.0%	16
男性	31.4%		121	11.7%		264	-	-
計	16.5%***		254	7.7%***		466	0.0%	16
4 ハローワーク								
女性	1.5%		133	1.5%		202	6.3%	16
男性	9.9%		121	6.4%		264	-	-
計	5.5%**		254	4.3%**		466	6.3%	16

χ^2検定は男女差の検定（† p.<.10 *p.<.05 ** p.<.01 *** p.<.001）

仮に男性の派遣労働者が女性正社員から被害を受けたとき、派遣先に訴えやすい状況そのものは歓迎すべきことだが、派遣先へのセクハラの訴えやすさにジェンダー差があることには注意が必要だろう。派遣労働者のジェンダーにかかわらず、派遣先に被害を訴えられる環境づくりは重要である。

団体・組合に相談する比率に大きなジェンダー差があったことも興味深い。女性は団体・組合に相談する割合は四人（三・〇％）と非常に低いが、男性は団体・組合に多く（三十八人、三一・四％）相談している。この要因についてはさらに吟味が必要だが、下記にみるようにパワハラの相談先でも、男性の団体・組合への相談が高率であることから、何らかの要因が作用していると考えるのが合理的である。この点についてはさらにデータを得て別の機会に検討したい。

セクハラの相談先について回答した人数を合わせると女性は七十五人で六〇%弱、男性は百十五人で九五%である。複数回答の可能性もあることから、とりわけ女性の場合はどこにも相談できなかったケースが多いと考えられる。早急な対策が望まれる。

パワハラの相談先

パワハラの相談先は、男女ともに派遣元が最も多く、女性では九十三人（四六%）、男性も同数（三五・二%）、次いで派遣先で女性四十七人（二三・三%）、男性が五十九人（二二・三%）だった。団体・組合とハローワークは男女ともに低かった。

統計的なジェンダー差がみられたのは、派遣元（$\chi^2=4.725, p<.05$）、団体・組合（$\chi^2=13.8781, p<.05$）、ハローワーク（$\chi^2=6.838, p<.05$）だった。ハローワークへの相談は全体的に少なかったことから、本項での考察は割愛する。被害を受けた女性の半数弱が派遣元に相談していて、男性よりも比率は一〇%ほど高い。このことから、パワハラの相談先として、男性に比して女性たちが派遣元に信頼を寄せていることが推測される。むろん、本来であれば派遣元・派遣先にかかわらず相談がもっと増えなければならないのだが。

セクハラの相談先としては、男性は派遣先を選びやすかったが、パワハラでは派遣元を選びやすい。ハラスメントの性質によって相談先が異なることについてはさらに精査が必要だが、多様なハラスメントで、様々な力関係が発生していること、そのことによって、派遣労働者がどこに相談するか迷ったり相談をためらっている事態が想定される。

パワハラの相談先人数を集計すると、女性は百四十八人（七三・二%）、男性は二百六十四人（七五・八%）と男女とも相談した人の割合は七〇%台にとどまる。およそ三〇%弱（あるいはそれ以上）の人たちがどこにも相談していない可能性がある。相談しやすい仕組みと体制の確立が必要である。

マタハラの相談先

マタハラを受けたと回答したのは十六人だったが、マタハラの相談先として派遣元と回答したのはわずか四人（二五％）、派遣先・ハローワークが各一人（六・三％）だった。マタハラの相談をどこにもできずに悩みを解決できなかった女性が少なくとも十人と数多くいることが考えられる。派遣労働者がマタハラを受けたときの相談先の確保は、ほかのハラスメントの相談先を確保することと同様に急務である。

まとめ

セクハラ、パワハラ、マタハラ、いずれの場合も、派遣元・派遣先が相談先として十分な受け皿になっていないことが明らかになった。また、ハラスメントの種別と被害者の性別には関連性が見受けられた。どのようなハラスメントが発生しようと、派遣元・派遣先は、立場が弱い派遣労働者の人権を守り、働く環境を整備しなければならないが、とりわけセクハラとマタハラの相談先として雇用主である派遣元はもっと機能すべきだと思われる。

ハラスメントの解決

派遣労働者が被害者となったハラスメントは解決したのだろうか。セクハラ、パワハラ、マタハラのそれぞれについて、性別・解決状況（六段階）をみていく。解決状況を、「完全に解決した」「おおよそ解決した」「少し解決した」を「解決した」にまとめ、「あまり解決しなかった」「ほとんど解決しなかった」「全く解決しなかった」を「解決しなかった」にまとめ、再集計した結果を入れて整理したのが表6である。

女性では「解決しなかった」がセクハラで六三・九％、パワハラが七五・二％と高率である。男性では「解決

表6　解決の性別度合い（筆者作成）

	完全に解決した	おおよそ解決した	少し解決した	解決した	あまり解決しなかった	ほとんど解決しなかった	全く解決しなかった	解決しなかった
セクハラ（χ^2検定 ***）								
女性（133）	10.5%	13.5%	12.0%	36.1%	16.5%	12.0%	35.3%	63.9%
男性（121）	12.4%	28.9%	25.6%	66.9%	9.9%	3.3%	19.8%	33.0%
計（254）	11.4%	20.9%	18.5%	50.8%	13.4%	7.9%	28.0%	49.2%
パワハラ（χ^2検定 *）								
女性（202）	3.5%	13.4%	7.9%	24.8%	13.9%	16.8%	44.6%	75.2%
男性（264）	6.4%	11.4%	16.3%	34.1%	18.6%	12.5%	34.8%	65.9%
計（466）	5.2%	12.2%	12.7%	30.0%	16.5%	14.4%	39.1%	70.0%
マタハラ								
女性（16）	12.5%	31.3%	12.5%	56.3%	-	6.3%	37.5%	43.8%

χ^2検定は「解決した」「解決せず」男女差の検定（*p.<.05 ** p.<.01 *** p.<.001）

しなかった」はセクハラが三三・〇％、パワハラが六五・九％なので、とりわけ女性のセクハラと男女のパワハラが未解決のままであることが想定され、深刻である。マタハラの四三・八％も高い数字である。

さらに、個々のハラスメントについて、六段階の解決状況に着目してみると、「完全に解決」が一〇％前後かそれよりかなり低いのに対し、「全く解決しなかった」の比率が多い。セクハラ（女性）では三五・三％、パワハラでは女性の四四・六％、男性の三四・八％が、マタハラ（女性）では三七・五％が「全く解決しなかった」と回答している。派遣労働者がハラスメントを受けた場合、個々のハラスメントでみると、およそ三分の一から二分の一弱が「全く解決しなかった」と回答していることを深刻に受け止める必要がある。

派遣労働者は、雇用契約は派遣元と交わしながら、実際の仕事では派遣先の指揮・命令を受ける。これは特殊な労働形態であり、派遣労働者がハラスメントを申し出にくい構造である。このことをふまえ、ハラスメントがない職場環境をめざすこと、相談受け入れ体制の確立、派遣労働者が不利益をこうむらないように解決を図ることが喫緊の課題である。

4　これからに向けて

ここまでの四つの調査から、セクハラ、パワハラ、マタハラについての被害を訴える派遣労働者が多くみられたこと、とりわけ派遣労働者へのウェブ調査からは、女性だけではなく男性からの訴えも多かったことが明らかになった。被害を受けた人たちは派遣元や派遣先に相談をしていたが、完全な解決に至ったのはごく一部であり、ハラスメントの種類や被害者のジェンダーにもよるが、三分の一から二分の一が「全く解決せず」と回答していて、ハラスメントの過酷な実態が浮かび上がった。先にみた厚生労働省による調査[7]に示されているよりも、はるかに過酷な状況である。

また、ハラスメントの影響として、六〇％の人が仕事への動機づけを低下させていたこと、三分の一が「悲しかった」「会社に行くのが怖くなった」などのネガティブな感情を感じていたほか、人間不信に陥った人も三〇％と多かった。

二〇一六年インタビュー調査で派遣労働者から語られた過酷なハラスメントは、特種な事例ではなく、発生しやすいものであることが明らかになった。

ハラスメントをなくすために、何をすべきだろうか。また、実際にハラスメントが生じたら、派遣先や派遣元はどのような対応を取る必要があるのだろうか。さらには、派遣労働者がハラスメントを受けた場合、どのようなところへ相談すればいいのだろうか。

そこで、本項では二〇二〇年六月に施行された、「女性の職業生活における活躍の推進等に関する法律等の一部を改正する法律」を取り上げる。職場のハラスメント防止を主眼に置いた本法律の概要を把握し、法律成立後の厚生労働省による調査も参照しながら、派遣元・派遣先に求められる対応やわたしたちが取りうる行動について考察していく。

「女性の職業生活における活躍の推進等に関する法律等の一部を改正する法律」の公布

二〇一九年六月五日に「女性の職業生活における活躍の推進等に関する法律等の一部を改正する法律」（以下、本法律）が公布され、労働施策総合推進法、男女雇用機会均等法と育児・介護休業法が改正された（一部を除き二〇二〇年六月一日施行）。

以下に厚生労働省のウェブサイト(8)を参照しながらまとめる。この法律は、女性活躍の推進とハラスメント対策の強化の二つを大きな柱にしているが、本項ではハラスメント対策の強化を主軸にみていくことにする。

概要

まず、国の施策として「職場における労働者の就業環境を害する言動に起因する問題の解決の促進」（ハラスメント対策）を明記した（労働施策対策推進法）。そのうえで、パワハラの防止対策の法制化（労働施策総合推進法）、セクハラなどの防止対策の強化（男女雇用機会均等法、育児・介護休業法、労働施策総合推進法）を打ち出している。

パワハラ防止対策の法制化

パワハラ防止のための雇用管理上の措置義務として、相談体制の整備を新設し、措置の適切・有効な実施を図るための指針の根拠規定を整備した。また、パワハラに関する労使紛争について、都道府県労働局長による紛争解決援助、紛争調停委員会による調停の対象とするとともに、措置義務などについて履行確保のための規定を整備した。

セクハラなどの防止対策の強化

セクハラなどに起因する問題に関する国、事業所と労働者の責任を明確化し、労働者が事業主にセクハラなどの相談をしたことによる事業主による不利益取り扱いを禁止した。また、自社の労働者などが他社の労働者にセクハラをおこなった場合（自社の労働者が他社の労働者などからセクハラを受けた場合）の協力対応を努力義務とした。このほか、セクハラなどの調停制度について、紛争調停委員会が必要を認めた場合には、関係当事者の同意にかかわらず、職場の同僚なども参考人として出頭の求めや意見が聴取できるように対象者を拡大した。

法改正後の実態調査

本法律は二〇一九年六月五日に公布されて一部を除き二〇年六月一日から施行されているが、はたしてその実効性はどうなのだろうか。厚生労働省では、法改正後の二〇年十月に職場のハラスメントに関する実態調査をおこない、結果を公表した。(9) この調査では、パワハラ、マタハラ、セクハラなど六つのハラスメントについて企業と労働者双方に調査をしている。なお、パワハラ防止のための雇用管理上の措置義務（相談体制の整備など）の施行日は二〇年六月一日だが、中小企業は二二年三月三十一日までは努力義務である。本項では、ハラスメントに対する企業の対策とその効果を示すデータを紹介する。

ハラスメントの件数の推移（企業調査）

厚生労働省が二〇一六年度に実施した職場のハラスメントに関する実態調査以降の三年間の推移について、相談件数はパワハラとマタハラについて「件数は変わらない」の割合が高く（順に一四・七%、一・六%）、セクハラだけ「減少している」の割合が高かった（八・八%）。該当件数についても、セクハラだけ「減少している」が高かった（二五・三%）。

企業の取り組み（企業調査）

企業がハラスメントの予防・解決のために実施している取り組みは、パワハラ、セクハラ、マタハラともに、「ハラスメントの内容、ハラスメントを行ってはならない旨の方針の明確化と周知・啓発」が最も多かった（順に八三・一%、八四・六%、八〇・三%）。パワハラとセクハラは次いで「事実関係の迅速かつ正確な確認」（八〇・五%、八三・四%）、「相談窓口の設置と周知」（七八・六%、八〇・六%）と続いた。マタハラは二番目が「相談窓口の設置と周知」（七八・二%）、三番目に「被害者に対する適正な配慮の措置」（六六・九%）がおこなわれていた。

ハラスメントの経験率（労働者など調査）

過去三年間（マタハラは過去五年間）での労働者のハラスメント経験率は、パワハラが三一・四%、セクハラは一四・八%、マタハラは二六・三%だった。ハラスメントが発生する職場の特徴をハラスメント経験者に尋ねたところ、パワハラとセクハラともに、経験した者が、「上司と部下のコミュニケーションが少ない／ない」「ハラスメント防止規定が制定されていない」の回答が多かった。パワハラ経験者ではそれぞれの選択率が三七・三%、三〇・七%で、未経験者の選択率を二倍以上上回っていた。セクハラ経験者ではそれぞれ三四・四%、二八・七%で、未経験者の選択よりも二倍弱多かった。「業績が低下している／低調である」も、経験者のほうが多く選択していた（パワハラ、セクハラ順に二八・六%、二八・四%）。

ハラスメント防止対策の効果（企業調査）

ハラスメント防止の取り組みがもたらす副次的効果を問うと、従業員数千人以上の企業が「管理職の意識の変化によって職場環境が変わる」（五一・六%）、「職場のコミュニケーションが活性化する／風通しがよくなる」（四一・七%）、「会社の信頼感が高まる」（四一・七%）を高率で選択した。

調査のまとめ

前述のデータから次のことがいえる。「女性の職業生活における活躍の推進等に関する法律等の一部を改正する法律」施行後の二〇二〇年十月時点で一定の企業がハラスメントをおこなってはならない旨の方針を社員に明確に示し、相談窓口の設置や周知をおこない、事実関係の迅速で正確な確認をしていると確認できる。

また、こうした対策を取っている企業ではハラスメントが少ないこと、コミュニケーションが図られていることが推測される。さらに、ハラスメント防止対策の副次的な効果として、管理職の意識が変化して職場環境が改善されたり、労働者の会社への信頼感が高まることが期待される。

これからに向けて

二〇一六年インタビュー調査では、セクハラやマタハラによる不利な扱いを受けた派遣労働者二人（Aさん、Bさん）の過酷な状況が明らかにされた（第４章を参照。第４章ではそれぞれ、Nさん、Jさん）。その後、本法律が公布（二〇一九年六月五日）・施行された（一部を除き二〇二〇年六月一日）。ハラスメントの対策強化は歓迎すべきことである。先にみたデータは、セクハラの件数が減少していることや、派遣労働者のハラスメント経験の有無が企業のハラスメント対策と関連していること、企業のハラスメントへ真剣に取り組む姿勢が、職場のコミュニケーションや信頼関係の醸成、管理職の意識の変化や職場環境の改善につながることを示唆している。もちろん、こうした成果が本法律施行の影響なのかについては今後の慎重な吟味を要する。

AさんやBさんがハラスメントを受けた時期が本法律施行後だったら、事態は防げたのだろうか。本法律に照らして検証してみたい。

セクハラ対策

本法律のうち、事業主が職場での性的な言動に起因する問題に関して雇用管理上講じるべき措置として、厚生労働省が出した告示（「令和二年厚生労働省告示第六号」：以下、告示第六号）をみてみよう。告示第六号では、二の「職場におけるセクシャルハラスメントの内容」で、労働者派遣法第四十七条の二の規定によって、いわゆる派遣先会社は派遣労働者を雇用する事業所とみなされ、男女雇用機会均等法第十一条第一項と第十一条の二第二項の規定が適用されるとしている。

すなわち、派遣労働者は、派遣先の企業の労働者とみなされるわけだから、企業に措置義務があるセクハラに関する指針は派遣労働者にも適用され、また、セクハラを派遣先に相談したことによる不利益な取り扱いはしてはならない。

だが、派遣労働者の多くが短期の契約を結んでいることから、仮に派遣労働者から派遣先にセクハラの訴えがあったとして、その後に派遣先が派遣元との間で契約更新をしなかったとしても、それはセクハラを訴えたせいではなく、「事業の縮小」などが理由であるというように、契約を更新しない理由はいくらでも挙げられるだろう。影響はとりわけ女性に重層的に押し寄せる。派遣労働者が被害を受けたうえに、仕事も奪われる危険性を払拭するには、本法律の成立だけでは不十分である。

例えば、セクハラに関する相談などを理由とする不利益取り扱いを禁止する規定の実効性について考えよう。厚生労働省は、この規定に違反した場合、その企業は均等法第二十九条などに基づく行政指導の対象になり、助言や指導などがおこなわれ、勧告に従わない場合には、同法第三十条に基づき企業名公表の対象になるとしている[10]。だが、派遣労働者がセクハラの被害を受けた場合、「セクハラ」の認定そのものがきちんとなされるかどうか、このことが最も重要である。セクハラを相談したことによる不利益な取り扱いの禁止はいうまでもないが、さらにセクハラの事実認定による加害者・会社のペナルティーの規定の義務づけが重要である。そのためにも、「セクハラの禁止」が法律に盛り込まれる必要がある。

マタハラ対策

マタハラについても、妊娠・出産や育休の取得などに関するいやがらせを受けて就業環境が害された場合に、そのことを事業主に相談したことでの不利益取り扱いは禁止されている。だが、派遣労働者については、その働き方の特殊性にかんがみ、前項で示したような危険性は払拭されない。むろんマタハラの相談による不利益な取り扱いは許されないが、同時に、新たな子どもの命や人格に伴う派遣労働者への不利な扱いは断じて許されない。マタハラそのものも禁止されなければならない。

パワハラ対策

労働施策総合推進法でのパワハラとは、「①優越的な関係を背景とした」「②業務上必要かつ相当な範囲を超えた言動により」「③就業環境を害すること」の三つが成立したときに認定される。しかしながら、派遣先と派遣元で交わされる派遣契約に基づいて、派遣元と雇用契約を結ぶ派遣労働者は、派遣先の正社員に比べて圧倒的に不利な状況にあることは自明である。契約のあり方そのものに、すでに①の優越的な関係は埋め込まれている。優越的な関係が埋め込まれている状況が常態化している状況にあって、客観的に「パワハラ」であるのにもかかわらず、優越的な関係が可視化されにくい、という事態が生じることが懸念される。「優越的な関係」という実体があるのに可視化されない、という事態が生じれば、パワハラが認定されにくくなることは避けられない。パワハラそのものを禁止することが必要である。

おわりに

派遣労働者へのウェブ調査を通して、三〇%がハラスメントを受け、仕事への意欲を失っていること、とりわけセクハラやパワハラを受けた女性の多くが解決に至っていないと回答するなど、派遣労働者のハラスメントをめぐる過酷な実態が明らかになった。ウェブ調査に先んじておこなったインタビューで得られたハラスメントの事案は特殊なものではなく、一般化しうることがわかった。

ハラスメント対策の強化をねらった法律が施行されたとはいえ、派遣労働者の労働条件や雇用環境の脆弱さを背景に、派遣労働者へのパワハラ、セクハラ、マタハラにはよりいっそうの対策が必要であり、本法律が、「派遣労働者にも適用される」だけでは不十分である。パワハラ、セクハラ、マタハラを含めた「ハラスメントの禁止」を条文に盛り込むことが喫緊の課題である。

本法律成立直後の二〇一九年六月二十一日、ＩＬＯ（国際労働機関）は第百八回総会で、仕事の世界での暴力とハラスメントの撤廃に関する条約を採択した。日本政府や連合は賛成したが、経団連は棄権した。(11)日本がこの条約を批准するのはいつになるのだろうか。仕事上の暴力やハラスメントを禁止する法律は、とりわけ立場が弱い派遣労働者をはじめとする非正規労働者にとって、命綱になることはたしかである。

注

（1）正社員、パート、アルバイトなどのいわゆる直接雇用は、就労する企業と就労者が直接に契約を結ぶのだが、派遣労働の場合は、派遣労働者は就労する企業（派遣先会社）ではなく、派遣元会社との間で契約を結ぶ。このように第一義的に、派遣労働の場合は、就労する企業との間で直接雇用契約を結ばないということによって、ハラスメントを申し出にくいという問題が必然的にあると考えられる。

(2) 二〇一六年インタビュー調査をもとにした第4章「派遣労働の現状と課題――派遣労働者として働く人たちの自己概念に注目して」(田口久美子)では、派遣先会社に産休・育休を申し出た女性が契約更新を渋られた事例（マタハラ）や、セクハラを訴えた女性の契約更新がかなわなかった事例を報告している。

(3)「労働力調査（基本集計　二〇二一年一月分）」「総務省」(https://www.stat.go.jp/data/roudou/sokuhou/tsuki/pdf/gaiyou.pdf)［二〇二一年三月三十一日アクセス］

(4)「平成29年派遣労働者実態調査の概況」「厚生労働省」(https://www.mhlw.go.jp/toukei/itiran/roudou/koyou/haken/18/index.html)［二〇二一年二月二十八日アクセス］

(5)「2020年度派遣社員ＷＥＢアンケート調査【概要版】」「日本人材派遣協会」(https://www.jassa.or.jp/employee/enquete/210119web-enquete_press.pdf)［二〇二一年五月二十三日アクセス］

(6) 前掲「平成29年派遣労働者実態調査の概況」

(7) 同資料

(8)「職場におけるハラスメントの防止のために（セクシュアルハラスメント／妊娠・出産・育児休業等に関するハラスメント／パワーハラスメント）」「厚生労働省」(https://www.mhlw.go.jp/stf/seisakunitsuite/bunya/koyou_roudou/koyoukintou/seisaku06/index.html)［二〇二〇年五月三日アクセス］

(9)「「職場のハラスメントに関する実態調査」の報告書を公表します」「厚生労働省」(https://www.mhlw.go.jp/stf/newpage_18384.html)［二〇二一年五月九日アクセス］

(10) 元野優「女性活躍促進法等改正法をめぐる論議――多様な労働が活躍できる就業環境を目指して」、参議院事務局企画調整室編「立法と調査」第四百十五号、参議院事務局、二〇一九年

(11) 吉武祐、沢路毅彦「セクハラやパワハラ禁止、初の国際条約を採択　ＩＬＯ」「朝日新聞デジタル」二〇一九年六月二十一日付（https://digital.asahi.com/articles/ASM6P4SMHM6PUHBI01P.html）［二〇二一年五月三十日アクセス］

補論　新型コロナウイルスの影響と派遣労働

江頭説子

はじめに

長引く新型コロナウイルス感染症拡大の影響は、自粛と自己規制を強要し、誰もが我慢をしている状況を生み出している。しかし、弱い立場の人たちほど無理な選択を強いられ、その影響は平等ではない。

本書が調査・研究の対象としてきた派遣労働者は、内部労働市場で縁辺化された中間労働市場で雇用の不安や待遇への不満を抱えながら働き、派遣先の職場でも縁辺化される弱い立場にあり、コロナ禍の影響を強く受けている。(1)さらに、コロナ禍の影響が長期化し複雑化していく過程で、それは単なる影響にとどまらず被害と呼ぶべき危険なものになる可能性がある。あるいはすでにコロナ禍の被害者である派遣労働者が存在している。ここでいう被害は、大きく分けて二通り考えられる。派遣労働者が感染者か濃厚接触者になった場合と、そうではないが何かしらの被害を受けている場合である。しかし、派遣労働者のコロナ禍によってこうむった被害の全貌を明らかにすることは難しいだけでなく、被害者である派遣労働者自身が自分が被害をこうむっていることに気づいていない、あるいはその被害を声にすることができない場合もある。また、コロナ禍は終息するどころか収束のめどもたっておらず、現在進行形の問題である。

本論では、公害・環境問題研究の被害構造論[2]に依拠し、被害者自身も気がつかない被害を「被害の非認識」、社会的な事情で被害を口にしない／できないことを「被害の沈黙化」として、「被害の非認識」と「被害の沈黙化」が〈被害の潜在化〉につながる過程に焦点を当てて、派遣労働者の被害の特徴を明らかにするための本研究の分析の枠組みを提示する（第1節）。次に、筆者たちがコロナ禍の影響を把握するために実施した二回の調査（二〇二〇年六月メール調査と二〇二一年二月メール調査）をもとに、コロナ禍のなかの派遣労働者の被害の現状を明らかにする（第2節）。また、派遣労働者の〈被害の潜在化〉の過程を「被害の沈黙化」から述べたうえで（第3節）、「被害の沈黙化」が生じる背後には、就業を継続しようとする思いだけでなく、派遣という働き方を選択したのは自分自身だという自己責任論があることを指摘する（第4節）。さらに、派遣労働者の〈被害の潜在化〉には、健康被害が放置され、命に関わる問題につながる可能性があることを指摘する。そして〈被害の潜在化〉を防ぐためには、派遣労働者の被害は自己責任ではないことを派遣労働者自身が認識して声を上げること、行政や関係者が「被害の否定」「因果関係の否定」「被害の軽視」をせず、被害が少数であっても見えないものとして不可視化することなく、社会的な関心を呼び起こすこと、特に派遣元会社や派遣先会社が派遣労働者の被害を認識し、対策を立てて実行することが急務だと主張する（第5節）。

1　被害構造論のコロナ問題への応用——本研究の分析の枠組み

被害構造論は、公害・環境問題研究で蓄積され、①加害論・原因論、②被害論、③解決論という三つの領域に設定される[3]。コロナ問題は現在進行中の現象であり、まだ解決していない。したがって本章では、①加害論・原因論、③解決論ではなく、②被害論を中心に検討する。[4] コロナ禍の被害は、まず感染症に罹患するという身体的被害として現出する。医学的研究が人体としての被害者に注目するのに対して、生活者としての被害者を把握しようとするのが社会学的研究の視点であり、[5] 本論の視点も同様である。被害を社会学的に把握する視点を最初に被害構造論として理論化したのは飯島伸子である。[6][7] 飯島は、被害の規定要因として被害者の自己認識に着目し、被害者当人が被害を被害と認識しない／できない「被害の非認識」の問題を明らかにした。[8] また飯島は、被害の認識ないし疑いをもちながらも、被害者が例えば企業城下町であるというような地域的な背景の影響や、対応の方法も知らず孤立した状態に置かれていることの影響を受けて、被害を訴えるどころか口にすることもできず、被害が不可視化されていく過程も明らかにした。[9] その過程を本論では「被害の沈黙化」と呼ぶことにする。藤川賢は、「被害の非認識」と社会的な事情でそれを訴えない場合を被害の潜在化として捉え、「被害の非認識」と「被害の沈黙化」の両者のつながりを指摘する。[10]

公害・環境問題研究で蓄積されてきた被害構造論をコロナ問題に当てはめると、コロナウイルスの感染者や濃厚接触者だけでなく感染を恐れて暮らす生活者も被害者と考えることができる。[11] その被害の度合いは社会経済的な強弱の格差や社会的地位、所属集団の影響を受ける。派遣労働者は労働者として弱い立場に置かれているため、被害を受けている可能性が高いにもかかわらず、派遣労働者自身の「被害の非認識」や「被害の沈黙化」によって被害が潜在化している／することが予想される。そこで本論では、被害者自身も気がつかない被害を「被害の非認識」、社会的な事情で被害を口にしない／できないことを「被害の沈黙化」として、「被害の非認識」と「被害の沈黙化」が〈被害の潜在化〉につながる過程を手がかりに、コロナ問題による派遣労働者の被害の特徴を明らかにしていく。

2　「とくに変わりはない」と回答する派遣労働者

筆者たちは、コロナ禍の派遣労働者への影響を把握することを目的として、二〇二〇年の六月と二一年の二月に、それまでインタビュー調査やメール調査の対象としてきた四十人に対して、急遽メールで前述の二回の調査を実施した。調査の対象が限定的であり、かつ対象者数も少ないという問題はあるが、この調査結果をもとに、長期化し複雑化するコロナ禍で、コロナ問題の派遣労働者への影響の一端を明らかにし、今後の派遣労働者の被害を明らかにしていくための課題を析出していく。

二〇二〇年六月メール調査の回答者は二十三人、二〇二一年二月メール調査の回答者は二十一人、双方の調査ともに回答を得られたのは十三人である。主な質問は「二〇二〇年五月末／二〇二一年一月末時点での働き方及び労働条件の変化」「新型コロナウイルス感染拡大による影響」（自由記述を含む）、「新型コロナウイルス禍を経験して、派遣という働き方についてどう思うか」（自由記述）などである。本節では、二つの調査に回答を得られた十三人を中心に、一部いずれかの調査の回答者の自由記述にも言及する。

新型コロナウイルスの影響と働き方の変化についての質問に対し、「とくに変わりはない」という回答が、二〇二〇年六月メール調査で十三人（回答者数二十三人、五七％）、二〇二一年二月メール調査で十三人（回答者数二十一人、六二％）になっている。しかし、「とくに変わりはない」と回答した人のなかには、状況を確認する質問で、「労働時間、勤務日数が減少」「収入が減少」「生活が苦しくなった」と回答しているケースがある。状況が悪化しているのに「とくに変わりはない」と回答する背景には、不安は感じているが、それはコロナ禍の影響を受けている誰もが感じていることである、派遣という働き方の性質上仕方がない、と自分で自分を納得させている心理も読み取れる。

自由記述からはコロナ問題が長期化しているなかで、派遣労働者は雇用の不安もさることながら、コロナウイルスに感染することに対する不安を抱えていることが明らかになった。感染する不安は誰もが感じていることだが、派遣労働者は同じ職場で働く正社員と比較して、より強く不安を感じている。具体的には、派遣先職場で情報にアクセスできないこと、リモートワークが認められないこと、休めないことによる不安を述べている。

コロナ対策について会社の通達がイントラ掲示板にアップされているが、派遣は権限がないので読めず、会社の方針がわからず困りました。社員は時短や在宅勤務が認められ不公平だと思います。有休も少ないためコロナでも毎日働きに出ないといけない。社員と同等の仕事内容でフルタイムで働いているので、もっと有給付与日数があれば、感染予防として休めるが、一年で十日しかないので、そうそう休めず有給も使わなかった。感染は怖いが、働かないと収入がなくなるので、働かざるをえないです。社員はリモートワークをしたり、有給休暇も多いことから休むことができうらやましい。コロナ禍で非正規には補償がなく不安です。

（登録型事務職派遣：四十代／女性）

当初は派遣も契約社員も正社員との待遇に差があり、在宅勤務やサーバーアクセス権など導入されるまで一カ月も時間がかかりました。はっきり言って派遣や契約社員はコロナで死んでもかまわないと会社が思っていると感じました。

（契約社員：五十代／女性）

派遣社員への導入が遅れていたリモートワーク[12]については、二〇二〇年六月メール調査では「リモートワーク、時差勤務をするようになった」「リモートワークが可能になり、通勤の負担が減った」「リモートワークへの移行でライフワークバランスが取れた。通勤で体力も消耗しないため効率がいい」などの改善がみられた。一方、いまだにリモートワークが認められない派遣労働者もいる。

派遣先職場で情報にアクセスできない、リモートワークができないことは、感染のリスクが高まることにつながる。派遣労働者が休めない背景には、派遣労働者は時給制であること、有休が少ない／有休がないことから休むことが収入減につながることがある。派遣労働者は、働かなければ収入がなくなるため働かざるをえない状況にあり、それも感染のリスクを高める要因になる。さらに感染したり濃厚接触者になったりして仕事ができなくなることは、収入が得られなくなることに直結するだけでなく、契約を更新されない可能性も出てくる。[13] このように派遣労働者は、労働条件が悪化し、感染のリスクが高い働き方を余儀なくされている状況に置かれている。それにもかかわらず、「とくに変わりはない」と回答するのはなぜだろうか。

3　「被害の非認識」「被害の沈黙化」と〈被害の潜在化〉

派遣労働者は自身の被害を被害として認識していないのだろうか。筆者たちがおこなった調査からは、被害を認識していないのではなく、「声に出さない」選択をしていることが明らかになった。その状況を派遣労働者らは以下のように語っていた。

> よくも悪くもやはり使い捨て。都合よく使われる印象がより強くなった。こちらから訴えないと何も変わらない。言い過ぎると煙たがられる。行く末は契約終了。辞めたいと思った。（無期雇用派遣：四十代／女性）

> 自粛せざるをえない状況下では、真っ先に派遣が契約を切られます。……今回のように会社内だけではなく、社会としての危機的状況では派遣労働者は弱い立場と言わざるをえません。
>
> （元登録型事務職派遣、現正社員：四十代／女性）

派遣労働者が沈黙する背景には、声に出すと「契約が更新されない」「就業を継続することができなくなる」不安がある。つまり、就業を継続するために沈黙せざるをえないのである。さらにコロナ禍は、派遣労働者に、自分はいつ契約を切られるともしれない安価な労働者であり不安定な働き方をしていると、自身が置かれた状況を再認識させることにつながっていた。その過程を派遣労働者らは以下のように述べていた。

安易に切られる安価労働者だと思われている。やはり不安定な働き方だと思います。

（登録型事務職派遣：四十代／女性）

会社自体の動きが鈍くなり、単純に業務量が減ったため労働時間が減り収入が減った。残業代がまるまるない感じ。生活が苦しくなった。また、職場でのトラブルが増えた。部署によってリモートワークができる部署とできない部署の差があり、正社員とそれ以外の働き方の差が顕著になった。結局は使い捨てだ。

（無期雇用派遣：四十代／女性）

コロナだからではなく、正社員雇用とは異なることで、雇用の安定性は低いと再認識しました。たまたま現場で仕事ができる環境だったからよかったが、そうでなければ仕事を失ったり、収入を得られない状況になったと思います。

（技術職派遣：五十代／男性）

派遣労働者は、コロナ禍による被害を認識していたとしても就業を継続するために沈黙し、被害は潜在化する。さらにコロナ禍の影響によって派遣労働者の不安定で不利な状況を再認識させられてさらに沈黙し、〈被害の潜在化〉を強化する。派遣労働者はなぜ声に出すことをあきらめ、沈黙してしまうのだろうか。たしかに就業を継続できなくなることは、経済的な不利益に直結する。しかし本当に、就業の継続を望むことだけが沈黙する理由なのだろうか。

4　「被害の沈黙化」の背後にある自己責任論

筆者は、二〇一五年改正法の雇用安定措置の一つである直接雇用転換に焦点を当て、直接雇用転換が推進されることで派遣労働者が選別され始めていることを明らかにした。(14) 直接雇用に転換するか否かを選択しようとする派遣労働者は、派遣元会社が提示する就業条件や派遣という働き方について葛藤したうえで、「就業条件の低下」を選ぶか「就業条件の維持」を選ぶか、「雇用の安定」を選ぶか「雇用の不安定」を選ぶか葛藤したうえで、そのいずれかの条件を「受諾」していた。(15) さらに雇用安定措置の一つとしての無期雇用派遣転換に焦点を当てた分析からは、派遣労働者が多様な就業形態を「きざみ」ながら、様々な制約があるなかで何とか主体的に働き方を選択し、少しでもいい条件で、少しでも長く就業し続けようとしていることが明らかになった。(16) そして「派遣は自由な働き方なのか」という問いに対しては、派遣という働き方を選択する自由はあるが、派遣という働き方を選択したあとは、派遣元会社や派遣先会社が提示する制約のなかで働くことが求められ、労働市場の原理や法改正による制約からも逃れられない不自由な働き方であると結論づけた。派遣労働者は、社会や会社の影響を受け、派遣という働き方を選択せざるをえなかったにもかかわらず、派遣という働き方を選択したのは自分であるから、「不利な状況に置かれても仕方がない」と自分で自分を何とか納得させたり、自分を責めたりしていた。その現実について以下のように述べていた。

生きるためには仕方がなかった。幼い子どもを二人抱え、大学中退でシングルマザー、現実には正社員に

なる基盤がなかった。（元派遣労働者：五十代／女性）

自分は気が変わりやすく流されやすく無責任でダメなやつ。……楽な道を選んできた罰。（派遣労働者：三十代／女性）

……こういうふうに来てしまったのは仕方がないと思っているところもある。（派遣労働者：四十代／男性）

これらの語りの背景には、一九九〇年代ごろから盛んにいわれるようになった自己責任論が関係していると考えられる。自己責任論とは、苦痛を受ける原因を当の個人の努力や能力の不足によるもので当人の「責任」だと強弁し、また当人にそう思い込ませることで抗議を封じ込める政治や経済の領域の言説である。[17]しかし、この自己責任論は新自由主義的「構造改革」と同時期に展開されており、まさに、正規雇用から非正規雇用への置き換えによる労働市場の構造転換が推進された時期の言説なのである。

派遣労働者は、就業を継続するために選択を繰り返しているが、その選択は積極的な選択であるよりは、消去法によって、仕方なく「受け入れ」ている場合が多い。「受け入れる」という行為には、内的要因によって生じた葛藤の結果を「受け入れる」という「受容」（acceptance）と、外的要因によって生じた葛藤の結果を「受け入れる」という「受諾」（fertility）の二つの側面がある。「受諾」とは、満足なものにせよ苦渋なものにせよ、一つの解決を受け入れることである。[18]派遣労働者は、外的要因によって生じた葛藤のうえに派遣という働き方を「受諾」せざるをえなかったにもかかわらず、派遣という働き方を選択した責任は当人にあるという自己責任論によって、何か問題があったとしても、被害を受けていたとしても、「派遣という働き方を選択した結果こうなったのだから仕方がない」と沈黙する。

5 〈被害の潜在化〉と被害放置の阻止

本論の目的は、長期化し複雑化するコロナ禍で、コロナ問題の派遣労働者への影響の一端を明らかにし、今後、派遣労働者の被害を明らかにしていくための課題を析出することにあった。まず、コロナ問題による派遣労働者の被害の特徴は、コロナ禍の影響によって派遣という働き方が不安定で不利なものであることを再認識すること、そして就業を継続するためにたとえ被害を受けていても沈黙すること、そのせいで被害が潜在化することにあった。派遣労働者の〈被害の潜在化〉は、生活や経済上の被害が放置されるだけでなく、健康被害が放置され、命に関わる問題につながる可能性がある。

では、誰が派遣労働者の健康や命を守るのだろうか。派遣労働とは、派遣労働者と派遣元会社が雇用契約を、派遣元会社と派遣先会社が労働者派遣契約を結び、双方の契約に基づき派遣労働者が派遣先会社に派遣され、派遣先会社の指揮命令のもとで就業する働き方、つまり間接雇用である。さらに、派遣労働者は派遣元会社による「無期雇用転換」をした者を除けば有期雇用であり、派遣労働市場で、労働者という人としてではなくサービスとして提供されることによって、派遣労働者の人としての健康や命を守る責任の所在はあいまいになる。それならば、派遣労働者が自身で健康や命を守らなければならないのだろうか。コロナ禍による被害は外的要因によってもたらされた結果である。派遣労働者の健康や命を守る責任は、もはや派遣労働者自身だけが負うべきものではない。派遣元会社や派遣先会社、そして国や社会全体が派遣労働者の被害を認識し、対策を立てて実行することが急務になる。そして、コロナ禍がもたらした派遣労働者の被害を放置しない体制と法制度を整えていく必要がある。

ここではコロナ禍による被害が放置されないようにするための方策を検討する前提として、被害放置とはどういうものかについて飯島伸子・渡辺伸一・藤川賢「被害放置に着目する意味」をもとに整理する。被害放置のあり方は多様だが、被害者自身による〈被害の潜在化〉のほかに、加害者もしくは行政や専門家などの関係機関による、被害そのものを認めない「被害の否定」、原因物質を疑い被害を認めない「因果関係の否定」、被害の存在を認めながら問題を重視せず、結果として被害を大きくすることになる「被害の軽視」がある。[19] また、被害放置を防ぐことは被害者本人だけでは難しく、社会的関心が重要だが、放置される被害が少数だったり女性や高齢者だったりすると社会的関心を呼び起こすことが難しく、見えない問題として不可視化されていくことも指摘されている。[20] 被害を放置しないためには、〈被害の潜在化〉を防ぐ必要がある。そのためには、コロナ禍による被害は自己責任ではないことを派遣労働者自身が認識し、声を上げることが必要になる。一方、行政や関係者が「被害の否定」「因果関係の否定」「被害の軽視」をせず、被害が少数であっても見えない問題として不可視化することなく、社会的関心を呼び起こすことが必要になる。特に、派遣元会社や派遣先会社が、派遣労働者の被害を認識し、対策を立てて実行することが急務である。

おわりに

本研究では、被害を潜在化させないために、被害者自身も被害に気がつかない「被害の非認識」、社会的な事情で被害を口にしない／できない「被害の沈黙化」に着目する分析の枠組みが有用であることを示した。今後の研究課題として、コロナウイルスに感染した派遣労働者を対象にしたより綿密な実証研究が必要になる。また被害の解決過程についても注視する必要がある。〈被害の潜在化〉を看過せず、被害放置を防ぐためにどのような方策が有効かについての実証研究も課題である。筆者たちの調査からは、派遣労働者が派遣先会社で情報にアクセスできない、リモートワークができないことなどから感染のリスクが高い働き方を余儀なくされていることが明らかになった。本論を執筆している二〇二一年六月の時点では、非正規労働者がワクチンを打てない、後回しにされるという問題が指摘されている[21]。

長期化し複雑化するコロナ禍で、コロナ問題が派遣労働者にもたらす被害（今後予想される新たな被害や明らかにされていない被害、そして派生的被害）を防ぐために解明するべき課題は多い。しかし、私たちは日々の報道や政策を追いかけるだけでなく、不可視化されようとしている被害、潜在化されようとしている数々の小さな訴えの中身に心をとめることが必要だ。それらを可視化し、被害救済のための具体的な道筋を示していくことが求められている。

注

（1）榊原謙「新型コロナで雇止めに「ハケンはキケン」と思い知る」「朝日新聞」二〇二〇年三月十七日付、内藤尚志「コロナショック 私たちは「駒」なのか、派遣社員の嘆き」「朝日新聞」二〇二〇年四月十日付、内藤尚志「コロナで解雇・雇止め7428人 実態調査に腰が重い国」「朝日新聞」二〇二〇年五月十八日付、岸本拓也「非正規雇用社員襲うテレワーク差別 妊娠、持病ですら認められず」「東京新聞」二〇二〇年五月二十九日付、「46歳、仕事も住まいも失った「今回だけ」と生活保護」「朝日新聞」二〇二〇年六月二十八日付、高橋末菜「コロナ失業する非正規の女性「同じ人間とも思われない」」「朝日新聞」二〇二〇年七月十四日付、清川卓史「69歳ヘルパー「コロナ怖い」遺言を書いて今日も仕事へ」「朝日新聞」二〇二〇年七月二十六日付

（2）被害が明らかになっていない状況で「被害構造論」に依拠した研究に藤川賢「福島原発事故における被害構造とその特徴」（環境社会学会編集委員会編「環境社会学研究」第十八巻、環境社会学会、二〇一二年）がある。藤川は、二〇一一年三月に起きた東日本大震災を契機として発生した福島原発事故について、それまでの大規模公害と同様の経過をたどるのであれば、福島原発事故の問題が複雑化し、被害が拡大すると仮説を立て、二一年に被害構造論の視

点から考察している。

(3) 船橋晴俊「環境問題の社会学的研究」、飯島伸子／鳥越皓之／長谷川公一／船橋晴俊編『環境社会学の視点』(「講座環境社会学」第一巻)所収、有斐閣、二〇〇一年、三二ページ

(4) 船橋晴俊は、被害の発生は加害過程よりも論理的にはあとに位置しているが、被害の把握が先行してはじめて有意義な問いかけが可能になることから、研究のうえでは、被害の把握を先行させることが大切だと主張する。船橋晴俊「公害問題研究の視点と方法——加害・被害・問題解決」、船橋晴俊／古川彰編『環境社会学入門——環境問題研究の理論と技法』(「社会学研究シリーズ——理論と技法」第二十五巻)所収、文化書房博文社、一九九九年、九六ページ

(5) 前掲「環境問題の社会学的研究」三九ページ

(6) 飯島伸子は、被害が、①生命・健康、②生活、③人格、④地域環境と地域社会の四つの被害レベルと被害度およびそれぞれに関わる社会的要因から成り立つ構造であることを明らかにした。ここで生活というのは、単に経済的側面だけをさすのではなく、生活行動の構成要素である生活空間、生活時間、生活水準、人間関係、生活設計のすべてを含み、そのうえに成り立っている全生活のことを意味している。四つの被害レベルは、①健康被害の度合い、②健康を損傷された者の、家庭内での役割分担や家庭内での地位、③被害者自身あるいはその家庭の、社会的位置・階層、④所属集団(本人とその家庭の)という四つの要因によって内的に規定され、さらに、⑤加害源企業、行政、医療関係者、学者、一般市民、マス・メディアなどの要因によって外的に規定される。飯島伸子『環境問題と被害者運動』(現代社会研究叢書)、学文社、一九八四年、七八—八二ページ

(7) 飯島伸子「被害の社会的構造」、宇井純編『技術と産業公害』(国連大学叢書)所収、国際連合大学、一九八五年

(8) 前掲『環境問題と被害者運動』八八—八九ページ。海野道郎は、飯島が明らかにした被害の自己認識が、医学的・身体的状態だけで決まるのではなく社会的・主観的側面をも含むことは、公害・環境問題にかぎらず、被差別的状況に置かれた人たちの自己認識の問題として広く活用されるべき着眼点だと評価する。海野道郎「現代社会学と環境社会学を繋ぐもの——相互交流の現状と可能性」、前掲『環境社会学の視点』一七一ページ

(9) 前掲『環境問題と被害者運動』一〇一—一〇二ページ

(10) 藤川賢／渡辺伸一／堀畑まなみ『公害・環境問題の放置構造と解決過程』東信堂、二〇一七年、二七七ページ

(11) 船橋は、当事者の身体的な被害にとどまらない被害を「広義の被害」として把握する必要性を説く。船橋晴俊「加害過程の特質——企業・行政の対応と加害の連鎖的・派生的加害」、飯島伸子／船橋晴俊編著『新版 新潟水俣病問題——加害と被害の社会学』所収、東信堂、二〇〇六年（初版：一九九九年）、四三ページ

(12) コロナ禍のリモートワークの状況についてジェンダーの視点から調査を実施した山口一男と大沢真知子は、労働市場の二重構造から説明し、女性が男性に比べて在宅勤務の機会が少ないのは、女性の労働が縁辺労働市場に偏ることが大きな原因の一つであるという仮説が支持されることを明らかにした。また、リモートワークによって女性や母親への負担が増加し、仕事と家事の両立や、子どもの教育を担うことによる負担や不安が大きいことも明らかにしている。山口一男／大沢真知子「新型コロナの影響下での在宅勤務の推進と男女の機会の不平等」「RIETI Discussion Paper Series」21-J-002、経済産業研究所、二〇二一年

(13) 持続化給付金、雇用調整助成金などの補償制度は一部では有効だったが、雇用主でも世帯主でもなく、個人で申請できるようにする要望があった。

(14) 第1章「事務職派遣労働者の直接雇用転換と選択」（江頭説子）

(15) 第1章第4節

(16) 第6章「事務職派遣労働者の無期雇用派遣転換と選択」（江頭説子）

(17) 吉崎祥司『「自己責任論」をのりこえる——連帯と「社会的責任」の哲学』学習の友社、二〇一四年、九ページ

(18) 第1章第4節

(19) 飯島伸子／渡辺伸一／藤川賢「被害放置に着目する意味」、飯島伸子／渡辺伸一／藤川賢『公害被害放置の社会学——イタイイタイ病・カドミウム問題の歴史と現在』所収、東信堂、二〇〇七年、一四—一六ページ

(20) 同論文二一—二二ページ

(21) 田中龍作「ワクチン接種でも命の線引きをされる非正規労働者」「livedoor NEWS」二〇二一年六月五日付、「正規・非正規「区別せず」職域接種、厚労省が方針」「朝日新聞」二〇二一年六月十五日付

おわりに

大槻奈巳

本書では、筆者たちが実施した派遣労働に関する一連の調査の分析を通して、派遣労働の課題をあぶりだそうとしたが、同時に、正社員の働き方の問題点が浮かび上がってきた。派遣労働について考えることは、正社員の働き方を考えること、特に女性の正社員がどんな構造のなかで働いているかを再認識することでもあった。

インタビュー調査に応じてくれた派遣労働で働く事務職の女性たちは、正社員として働いていても、自分のキャリアや十年後の姿を描くことができず、正社員を辞めて、自らのキャリアを再構築しようとした。そのなかで、新たな困難に直面したり、再度の方向転換を余儀なくされたりしてその結果、現在、派遣労働に就いていた。

派遣労働者へのウェブ調査の結果からは、女性よりも男性のほうが二〇一五年の労働者派遣法改正の雇用安定措置の恩恵を受けていること、キャリアアップ研修は男性には一定の効果があり、女性には限定的であることがわかった。女性が働く状況のほうが男性より厳しい。

第3章「派遣労働を積極的に選択するのは誰か」（鵜沢由美子）で論じたように、待遇や職務選択の自由を重視し、派遣労働のなかでも期間が決まった有期雇用派遣を積極的に選び、生き生きとキャリアを紡いでいる人もいる。需要がある専門性と高いコミュニケーション能力をもち、派遣元や派遣先に対して労働条件について交渉する働き方は、「自由な働き方」ともいえるだろう。しかし、これが可能なのは仕事のない期間が生じてもすぐには困らない家庭環境や経済状況があったからこそだった。

多くの派遣労働者は賃金に不満で、雇用の安定にも不安をもち、直接雇用か雇い止めかの選別にあったり、ハラスメントを経験したりもしている。社会のなかで派遣労働が自由な働き方と捉えられているのは、正社員がとても不自由な働き方とみなされていることの裏返しではないだろうか。正社員なら、会社や上司から言われたことは、理不尽でも、いやでもやらなくてはならないもの、いつでもなんでも対応すべきなのが正社員と考えられているのではないか。

派遣労働が本当に自由な働き方になっていくには、正社員の働き方を変えていく必要があるだろうし、派遣労働それ自体のあり方を改善する必要がある。派遣労働の賃金を同一価値労働同一賃金の原則にそって支払い、賃金の水準や待遇を上げること、雇用を安定させること、派遣労働を通してスキルを身に付け（教育訓練は有給に）、派遣労働の経験が評価される仕組みを作ること、直接雇用でないことが立場の弱さにつながらないようにすることが必須だろう。

二〇一五年の派遣法の改正を受け、雇用安定措置の一つとして、無期雇用派遣が増えているが、ドイツのように派遣労働者の派遣期間は十八カ月を上限とし、それ以上の期間就労するのであれば、正社員にしていくような仕組みが必要ではないだろうか。

職場で、賃金や待遇以外にも、正規雇用（正社員）と非正規雇用（派遣労働者やパート・アルバイト）の間に明確な差をつけていることが多い。筆者たちの調査からもコロナ禍のなかで派遣労働者はリモートワーク対象外だったり、社内のウェブシステムにアクセスできなかったりすることがわかったが、このような差をつける必要があるのか、一つひとつ点検して是正していくことも必要である。また、派遣労働者の満足度に最も影響を与えていたのは「職場の正社員とコミュニケーションが取れている」か否かだった。職場で派遣労働者と正社員の関係が良好であり、派遣労働者がきちんと処遇されることが重要だろう。

派遣労働のあり方を是正していくとともに、正社員の多様化――所定労働時間の短い正社員や転勤がない正社員など――や、仕事基準の働き方を導入し、仕事として何をおこなう必要があるのか、何が不必要かを可視化すべきだろう。これによって正社員として働くことで生じる理不尽さは減ると考えられる。

これまで、正規雇用と非正規雇用の間に線を引き、派遣労働者の賃金や待遇は正社員より低くて当たり前と思われてきた。直接雇用ではなく間接雇用の派遣労働者は特にこの傾向が強い。この当たり前を問い直すときがきているのではないだろうか。

派遣労働者も正社員も働くことを謳歌できるような方策を考え、それを推進していく必要があるだろう。

[著者略歴]
江頭説子（えとう せつこ）
杏林大学医学部准教授
専攻は労働社会学、地域社会学
共著に『サステイナブルな地域と経済の構想』（御茶の水書房）、『労働者と公害・環境問題』（法政大学出版局）、『「地域の価値」をつくる』（東信堂）、論文に「大気汚染公害訴訟における「地域再生」の視点の意義と現状」（「地域社会学会年報」第27集）など

鵜沢由美子（うざわ ゆみこ）
明星大学人文学部教授
専攻は労働社会学、ジェンダー論
共著に『労働再審3 女性と労働』（大月書店）、『ジェンダー研究が拓く地平』（文化書房博文社）、『女性研究者のキャリア形成』（勁草書房）、論文に「派遣労働における旧「専門業務」の現状と課題」（「大原社会問題研究所雑誌」2018年8月号）、「専門職とジェンダー」（「国際ジェンダー学会誌」第9号）など

田口久美子（たぐち くみこ）
和洋女子大学人文学部教授
専攻は教育心理学、発達心理学
共著に『女性の生きづらさとジェンダー』（有斐閣）、『女性校長はなぜ増えないのか』（勁草書房）、『現代日本の教育を考える』（北樹出版）、『中学・高校教師になるための教育心理学 第4版』（有斐閣）、論文に「東日本大震災後の子どもの発達について」（「心理科学」第38巻第1号）など

[編著者略歴]
大槻奈巳（おおつき なみ）
聖心女子大学現代教養学部教授
専攻は社会学、労働とジェンダー
著書に『職務格差』（勁草書房）、共編著に『大学生のためのキャリアデザイン入門』（有斐閣）、共著に『なぜ女性管理職は少ないのか』（青弓社）、『同一価値労働同一賃金の実現』（勁草書房）、『ジェンダーで学ぶ社会学 全訂新版』（世界思想社）など

派遣労働は自由な働き方なのか　転換期のなかの課題と展望

発行――2023年7月18日　第1刷
定価――2800円＋税
編著者――大槻奈巳
発行者――矢野未知生
発行所――株式会社青弓社
〒162-0801 東京都新宿区山吹町337
電話 03-3268-0381（代）
http://www.seikyusha.co.jp
印刷所――三松堂
製本所――三松堂

ISBN978-4-7872-3521-3　C0036

大沢真知子／坂田桐子／大槻奈巳／本間道子 ほか

なぜ女性管理職は少ないのか

女性の昇進を妨げる要因を考える

女性が管理職になれない／なりたがらないのはなぜか。統計やインタビューから、職場が抱える構造的な問題、女性の心理的な葛藤、待遇面・役割面での格差などの要因を検証して、リーダーシップ像を提示する。　定価1600円＋税

齋藤早苗

男性育休の困難

取得を阻む「職場の雰囲気」

なぜ仕事を優先することが正当化され、男性育休は職場の逸脱と見なされるのか。長時間労働の経験をもつ社員にインタビューし、「職場の雰囲気」を可視化して、男性の育休取得を困難にする職場のあり方を照射。　定価2000円＋税

山口 浩

就活メディアは何を伝えてきたのか

就職活動でお互いを知るための情報ツールである書籍やウェブサービスなどの就活メディアは、どのような役割を担ってきたのか。明治期から現在までの変遷をたどり、就活メディアと日本社会の変容をあぶり出す。　定価1800円＋税

束原文郎

就職と体育会系神話

大学・スポーツ・企業の社会学

体育会系の学生は就職活動で本当に有利なのか――。歴史と統計、そして当事者の語りから「体育会系神話」の実態とそれを成立させる構造のダイナミズムを描き出し、大学スポーツとアスリートの未来を構想する。　定価2400円＋税

鈴木貴宇

〈サラリーマン〉の文化史

あるいは「家族」と「安定」の近現代史

各時代の文学作品や漫画、映画、労働組合の文化活動はサラリーマンをどのように描いてきたのか。「ありふれた一般人」の集合体が一億総中流の象徴として「安定と平凡な家庭生活」を求めた実態を分析する労作。　定価4000円＋税